«... dass du bis zuletzt leben kannst.»

T0161684

**T V Z**

# Beiträge zu Theologie, Ethik und Kirche

Herausgegeben vom Schweizerischen Evangelischen Kirchenbund SEK

Martina Holder-Franz

# «... dass du bis zuletzt leben kannst.»

Spiritualität und Spiritual Care bei Cicely Saunders

**TVZ**
Theologischer Verlag Zürich

Bibliografische Informationen der Deutschen Nationalbibliothek

Die Deutsche Nationalbibliothek verzeichnet diese Publikation in der Deutschen Nationalbibliografie; detaillierte bibliografische Daten sind im Internet über http://dnb.d-nb.de abrufbar.

Umschlaggestaltung
Simone Ackermann, Zürich, unter Verwendung einer Fotografie von Cicely Saunders © St. Christopher's Hospice, London

Druck
Rosch-Buch GmbH, Scheßlitz

ISBN 978-3-290-17637-2
© 2012 Theologischer Verlag Zürich
www.tvz-verlag.ch

# Inhalt

# Sterben ist ein Prozess –
# Palliative Care eine Unterstützung dabei

Menschen werden heute älter, haben weniger Kinder als frühere Generationen, und die Nachkommen wohnen oft weit weg von ihren Eltern. Jeder hat mehr Möglichkeiten und eine grössere Freiheit. Der Preis dafür ist: Weniger Kontakte zu haben und sich kaum gegenseitige Unterstützung im Alltag bieten zu können.

Solange alle gesund und leistungsfähig sind, ist dies kein Problem. Sobald Krankheiten, Einschränkungen, Familienpflichten u. ä. bewältigt werden müssen, fehlt vielen diese Nähe. Ganz besonders spürbar wird dies in den letzten Lebenswochen. Bei Befragungen wünschen sich mehr als achtzig Prozent der Menschen, zu Hause sterben zu dürfen, begleitet, geliebt und umsorgt. Wie realistisch ist dieser Wunsch? Wer kann heute die gebrechliche Mutter, den alten Vater daheim pflegen? Die berufstätige Tochter in den USA oder der Sohn, der eine Stunde Fahrzeit braucht, um die Eltern zu besuchen? Die moderne westliche Welt bietet nicht nur eine effizientere Medizin, sondern durch hohe Mobilität und die Individualisierung der Lebensstile auch eine höhere Einsamkeit und eine geringere Verbindlichkeit in den zwischenmenschlichen Beziehungen. Das trifft uns besonders dort, wo wir am verletzlichsten sind: beim Sterben.

Tatsächlich sterben die meisten Menschen in Krankenhäusern, Pflegeheimen oder in anderen Institutionen. Der Tod wird zunehmend institutionalisiert, medikalisiert und ökonomisiert. Füllte in früheren Zeiten die Familie das Sterbezimmer, so sind es heute die Spezialistinnen und Spezialisten rund um Sterben und Tod: Mediziner, Pflegepersonal, Trauerbegleitende, Schmerztherapeuten, Ernährungsspezialisten, Psychoonkologen, Brückenschwestern, Fatigue-Spezialisten, Sozialarbeiter und Rechtsberatende. Im Hintergrund arbeiten Supervisoren, welche die wiederum betreuen, die in der ehrenamtlichen Palliativpflege oder der Hospizarbeit tätig sind. Die Krankenkassen und ihre Vertreter werden immer wichtiger. Sie entscheiden darüber, was bezahlt wird und was nicht. Um einen professionell betreuten Sterbenden kümmern sich direkt oder indirekt rund fünfzig Personen. Die Folge davon ist, dass die Familie immer mehr in den Hintergrund tritt. Sterben wird zum Geschehen, dass der Einzelne mit den Spezialisten bewältigen muss. Wirtschaftlich unüberhörbar ist auch die Frage: Wer bezahlt dieses Sterben? Der letzte Lebensabschnitt ist, so rechnen die Krankenkassen vor, der kostspieligste Lebensabschnitt überhaupt. Zwei Drittel der Krankenhauskosten, für die sie aufkommen müssen, fallen heute in den letzten Lebensmonaten eines Menschen an.

Es ist bereits gängige Praxis, dass keine lebensverlängernden Massnahmen eingeleitet werden, wenn überleben bedeutet, dass möglicherweise gravierende geistige und körperliche Einschränkungen in Kauf genommen werden müssten. Viele unterzeichnen dafür auch eine Patientenverfügung. Sich über das eigene Sterben und auch die Komplikationen beim Sterbevorgang Gedanken zu machen, ist wichtig. Wie diese Auseinandersetzung mit abnehmenden Lebenskräften und dem Tod im Alltag von Gesunden konkret Platz finden kann, bleibt offen. Berührungspunkte mit dem Tod gibt es nur wenige, der alltägliche Umgang mit sehr kranken oder sterbenden Menschen ist heute Professionellen vorbehalten. Dadurch können nur wenige erleben, dass auch mit Einschränkungen, die wir als gesunde Menschen als vollkommen undenkbar ablehnen, so gelebt werden kann, dass Zufriedenheit und Glück erfahren werden kann wie im «normalen Leben».

Kirchen begleiten seit zwei Jahrtausenden Sterbende. Sie stehen damit in der Nachfolge von Jesus, der sich allen Menschen, vor allem aber Leidenden und Marginalisierten zugewendet hat. Auch heute tritt die Kirche insbesondere für sterbende Menschen ein, die nicht mehr für sich selbst sorgen können, nicht als gleichwertige Glieder der Gemeinschaft betrachtet werden, die zur Last fallen und an denen nur zu oft mit Verdrossenheit die notwendigen sozialen oder medizinischen Massnahmen vollzogen werden.

Die Pionierin im Bereich Palliative Care, Cicely Saunders, hat durch ihre Arbeit bewiesen, dass die letzten Tage im Leben eines Menschen angenehm und nahezu schmerzfrei gestaltet werden können. Sie wies darauf hin, wie wichtig diese letzte Zeit im Leben ist für den Abschied vom Leben, den Angehörigen und für das Danken. In einer Gesellschaft, welche die Würde des einzelnen Menschen nur zu oft an Status und Leistungsfähigkeit festmacht, fällt es vielen schwer, hilfsbedürftig zu sein. Christlicher Glaube weist darauf hin, dass jeder Mensch dadurch Würde erhält, dass er von Gott erschaffen ist. Kein Mensch kann mehr, aber auch nicht weniger sein als Geschöpf Gottes. Das gesellschaftliche Stigma vor allem alter Menschen, die über längere Zeit bis zu ihrem Tod pflegebedürftig sind, wurzelt darin, dass diese Gleichheit nicht akzeptiert wird, sondern Würde mit Selbständigkeit und mit Leistungsfähigkeit verwechselt wird. Die Angst davor, zu viele Kosten zu verursachen, bevormundet zu werden, zur Last zu fallen oder auch vergessen zu sein, treibt immer mehr ältere Menschen zu Suizidgedanken.

In dem Masse wie das Leben «Warencharakter» bekommt, wird es gleichgültig. Nicht Gottes Geschöpf in seiner Einmaligkeit steht im Leben und im Sterben im Mittelpunkt, sondern die Belanglosigkeit der «Ware Mensch» und der Kostenfaktor «Pflegebedürftigkeit».

Cicely Saunders hat mit ihrem Palliativkonzept einen ganzheitlichen Weg des Sterbens gezeigt. Aus tiefem Glauben setzte sie sich ein für die Achtung des schwer kranken Menschen und lehnte die Etablierung von organisierter Suizidbeihilfe ab. Die ganzheitliche palliative Pflege soll Schwerkranken und Sterbenden gleichsam mit einem Mantel (lateinisch: pallium) umgeben. Wie ein Kind im Mutterleib ins Leben hineinreift, so reifen die Menschen in ihr Sterben hinein. Sterben wird nicht als punktuelles Ereignis, sondern als Prozess verstanden. Diese Zeit gut zu gestalten, als Teil des Lebens, war das Ziel von Cicely Saunders Bemühungen.

Die reformierte Landeskirche Aargau, in der Martina Holder-Franz elf Jahre als Pfarrerin tätig war, nimmt die Erkenntnisse dieser Pionierin dankbar auf in ihren Kursen, die sie zusammen mit dem Roten Kreuz und mit der katholischen Landeskirche gestaltet. Cicely Saunders Mut beeinflusst weit über ihren eigenen Tod hinaus andere in ihrer Überzeugung und ermöglicht es Sterbenden, ihre letzte Zeit als Teil des eigenen Lebens zu gestalten – begleitet, geachtet und geliebt.

*Claudia Bandixen*
Direktorin von mission 21, ehemalige Kirchenratspräsidentin
der Evangelisch-reformierten Landeskirche des Kantons Aargau

# Palliative Care –
# Chance und Herausforderung für die Seelsorge

Cicely Saunders war Visionärin und Praktikerin. Weil sie beides war, wirkt sie bis heute so innovativ: mit ihrem umfassenden Verständnis des Menschen und seines grossen Schmerzes, mit ihrer Vision, wie Sterbenden nicht nur geholfen werden kann zu sterben, sondern zu leben, aber auch mit ihren revolutionären medizinischen Erkenntnissen und durch die institutionellen Strukturen, die sie gegen Widerstände aufbaute. Sie hat dieser Vision und Praxis – für sie auch eine Vision und Praxis des Glaubens – eine konkrete Adresse gegeben, damals in London, heute in unzähligen Städten auf der ganzen Welt.

Saunders' Verständnis von Palliative Care ist auch für die Seelsorge Chance und Herausforderung. Zu einer umfassenden Sicht der Gesundheit, aber auch des Sterbens, das so lebendig sein kann, braucht es eine neue Kunst der medizinischen Behandlung, ein vertieftes Verständnis für die geistigen Bedürfnisse der Sterbenden und eine neue Sensibilität für die soziale Vernetzung auch des Sterbens. Neben den somatischen, psychischen und sozialen gehören aber auch die spirituellen Bedürfnisse zu einer ganzheitlichen Begleitung sterbender Menschen und ihrer Angehörigen. Kranke, die in einer religiösen Tradition verankert sind, aber auch solche mit grosser Distanz zu Kirche und Religion sind zu verstehen als Menschen, die in der so alltäglichen Extremsituation des Sterbens letzte Fragen artikulieren und darin nicht nur gehört, sondern auch verstanden werden und Antworten darauf finden möchten – auch wenn es auf letzte Fragen eigentlich keine letzten Antworten gibt. Spiritualität, das Fragen nach den letzten Fragen, gehört zur «Natur» des Menschen, ist elementares Bedürfnis wie Atmen, Ausscheiden, Essen.

Dieser Impuls kam von medizinischer Seite. Seelsorge gerät in Palliative Care deshalb nicht in Verdacht, ihre eigenen Pfründen zu bewirtschaften, wenn sie sich aktiv einbringt. Sie kann sich auf ein Verständnis von Gesundheit beziehen, das sich nun auch die WHO auf ihre Fahnen geschrieben hat und das heute in schweizerischer Gründlichkeit in eine «Nationale Strategie Palliative Care» umgesetzt wird.

So wird Palliative Care aber auch zur Herausforderung für die Seelsorge. Was kann sie denn wirklich einbringen in die interdisziplinäre

Begleitung Sterbender und ihrer Angehörigen? Natürlich: Es ist ihre Professionalität. Ein professionell geschultes Ohr. Der Blick für die systemische Vernetzung jedes Lebens und jedes Sterbens. Erfahrung mit Trauer, Ausweglosigkeit, Grenzen. Die Schweigepflicht. Es ist aber noch mehr. Seelsorgende verkörpern ein Lebenswissen, das sich in der Begleitung von Sterbenden und Trauernden während Jahrhunderten bewährt hat. Sie erinnern an die Kraft einer *ars moriendi*, die im Sterben mehr als einen medizinischen Betriebsunfall sieht. Sie haben es durchlitten, gerade als seelsorgliche «Ohnmacher» hilfreich zu sein – ohne die Macht zu machen, aber mit dem Mut zu Präsenz, Begleitung, Aushalten, Schweigen. Sie hüten die heisse Frage «Warum?», die sich nicht beantworten lässt und zur Würde der Leidenden gehört. Sie erzählen ihre Geschichten, die Raum schaffen für die Geschichten der Sterbenden – und derjenigen, die weiterleben. Sie hören die Bitte des *Christus praesens*: «Watch with me!» und träumen den Traum eines wachen Lebens auch im Sterben. Solche Stärken bringt Seelsorge ins interdisziplinäre Gespräch und in die Begleitung Sterbender und ihrer Angehörigen ein.

Martina Holder macht klar, wie zentral für Cicely Saunders die Verankerung in der christlichen Tradition war. Ein Teil der Faszination ihrer Person liegt auch in ihrem weiten, ökumenisch offenen theologischen Verständnis, das Universalität und Partikularität verbindet, die interreligiöse Begegnung in ihrem Zentrum nicht nur duldet, sondern aktiv sucht und die «xenologische» Herausforderung durch den fremden Tod, aber auch den fremden Nächsten annimmt, der auch im Sterben manchmal noch so anders anders ist, als wir ihn gerne hätten. Seelsorge ist herausgefordert, gerade auch dieses Erbe Cicely Saunders' in der Debatte um Palliative Care wach zu halten. Das ist nicht ganz ohne Risiko. Palliative Care hat sich heute in vieler Hinsicht vom christlichen Hintergrund verabschiedet – und damit auch von Cicely Saunders. Ein etwas verwaschener Begriff von Spiritualität ist in die Leerstelle gerutscht, die dadurch entstanden ist. An die Theologie Saunders zu erinnern, wie dies Martina Holder tut, heisst: Daran zu erinnern, dass Spiritual Care keinen Passepartout zu letzten Fragen besitzt, sondern auf der Höhe der Zeit bleibt, wenn sie an die Erfahrung von Jahrhunderten anschliesst, in denen immer wieder gefragt wurde, ob es mehr gibt, als es gibt. Daran zu erinnern, dass Palliative Care sich nicht nahtlos ins bestehende Gesundheits- oder besser: Krankheitswesens einfügen lässt, ohne dass ihr Anspruch totalitär wird. Das widerständige Potenzial christlicher Spiritualität wach zu halten und ihr ihren emanzipatorischen Stachel nicht zu ziehen. Daran zu erinnern, dass Sterbende und

Trauernde begleiten kann, wer sich als Mensch nicht nur einsetzt, sondern auch aussetzt, nicht nur Sinn behauptet, sondern eine «spiritual journey» unter die Füsse nimmt, nicht nur einen einsamen Kampf kämpft, sondern sich als Glied einer «community of the unlike» versteht.

Ich gehöre zur Generation der Babyboomer. Jetzt gelten wir noch als junge Alte. Wie wird es aber sein, wenn wir die Pflegeeinrichtungen fluten? Werde ich noch sterben dürfen oder werde ich gegangen werden, wenn ich zu teuer werde? Cicely Saunders hat mit ihrer Vision und Praxis der Palliative Care Antworten gegeben, die solche Fragen auch für meine Generation etwas weniger schrill klingen lassen. Ich bin ihr ganz persönlich dankbar dafür.

*Christoph Morgenthaler*
Emeritierter Professor für Seelsorge und Pastoralpsychologie
an der Universität Bern

For Dan

*«Christ is often close to us in this work, for the place of weakness and death is His own chosen way. The glimpses of reconciliation and new life which we see again and again are surely His Resurrection, made present once again for us all. ‹In my end is my beginning.› (T. S. Eliot, Four Quartets)»*

Cicley Saunders, A place to Die. In: Selected Writings, 128

# Vorwort

Seit mehr als vierzehn Jahren bin ich als Gemeindepfarrerin tätig, seit Oktober 2009 in der Vorstadtgemeinde Riehen bei Basel. Immer wieder werde und wurde ich von Gemeindegliedern oder von Angehörigen gebeten, Menschen in ihren letzten Wochen und Monaten zu begleiten. Eine besonders intensive Zeit erlebte ich in der Begleitung eines Jugendlichen und seiner Familie, der aufgrund eines nicht operablen Hirntumors über eine lange Zeit existenzielle Fragen an mich stellte, um Leben und Sterben für sich auszuloten. Mich bewegte damals seine Pflegesituation, die für alle Beteiligten unbefriedigend war. Lange Monate war er im kantonalen Krankenhaus, in der Rehabilitationsklinik und später in einem Pflegezentrum untergebracht. Im Pflegezentrum, in dem vorwiegend ältere Menschen betreut wurden, fühlte er sich fehl am Platz. Einen geeigneten Ort für ihn und seine letzten Wochen schien es nicht zu geben.

Im Jahr 2006 konnte ich meine Erfahrungen und Fragen in der Begleitung kranker und sterbender Menschen erstmals ausführlicher im Austausch mit anderen reflektieren: Zusammen mit meiner Familie ging ich für drei Monate nach Oxford, wo ich verschiedene Palliativstationen kennenlernte, darunter auch ein Kinder- und Jugendhospiz. In den Begegnungen und Gesprächen während dieser Monate wurde ich mit dem Ansatz von Cicely Saunders vertraut, verschiedene Mitarbeitende in den Hospizeinrichtungen empfahlen mir ihre Schriften. Um Saunders' Konzept besser kennenzulernen, besuchte ich 2007 den englischen Palliativforscher David Clark, einen profunden Kenner ihres Palliativkonzeptes und Herausgeber zahlreicher Schriften von Cicely Saunders, der mich ermutigte, einen kleinen Schriftenband von Saunders ins Deutsche zu übersetzen. Dieser erschien 2009 unter dem Titel «Sterben und Leben. Spiritualität in der Palliative Care» im TVZ. Die Beschäftigung mit den theologischen Fragen in Saunders' Konzept, die ich mit David Clark diskutieren konnte, weckte in mir den Wunsch, für die deutschsprachige Leserschaft den Werdegang von Cicely Saunders unter besonderer Berücksichtigung ihrer spirituellen Entwicklung darzustellen und herauszuarbeiten. Diese Möglichkeit bot sich, als mich Prof. Christoph Morgenthaler in diesem Vorhaben unterstützte und ich zu diesem Thema im Dezember 2011 meine Arbeit zur Erlangung eines Master of Advanced Studies in Pastoral Care and Pastoral Psychology (MAS PCPP) der Universität Bern einreichen durfte.

Besonders freute ich mich, dass der Rat des Schweizerischen Evangelischen Kirchenbunds SEK vorschlug, diesen Beitrag in seiner Schriftenreihe «Beiträge zu Theologie, Ethik und Kirche» zu veröffentlichen. PD Dr. Christina Tuor-Kurth, Leiterin der Abteilung für Theologie und Ethik des SEK, begleitete diesen Weg und motivierte mich durch fachkundiges Nachfragen, gewisse Überarbeitungen für die vorliegende Publikation vorzunehmen. Auch Prof. Frank Mathwig als Theologie- und -Ethikbeauftragter des SEK war mir ein wertvoller Diskussionspartner. Ich danke dem Schweizerischen Kirchenbund, dass er mit dieser Publikation die Verdienste von Cicely Saunders gerade für die Spiritual Care würdigt und dadurch ermöglicht, ihre konzeptionellen Überlegungen auf die gegenwärtige Diskussion um Palliative Care zu beziehen.

Einen besonderen Dank möchte ich auch an Lisa Briner und Evelyne Schönholzer vom TVZ richten, sie begleiteten die Publikation kompetent und sorgfältig. Nicht vergessen möchte ich Dr. Elke Sippel, die die Masterarbeit, aus der die vorliegende Publikation entstand, vor Abgabe an der Universität durchsah. Ohne die grosse Geduld und das Verständnis meiner Familie wäre wohl dieses Buch nicht entstanden. Mein Mann und Kollege Dan Holder liess sich immer wieder für Saunders' Ideen begeistern und nahm es mir nicht übel, wenn ich stundenlang über Archivfunde oder Einzelheiten ins Schwärmen geriet. Auch unsere Kindern Sophia, David, Benedict und John wissen inzwischen, wer Cicely Saunders war und freuen sich mit mir, dass dieses Buch nun vorliegt.

*Martina Holder-Franz*

# 1. Einleitung

*«‹Welche Philosophie steckt hinter dem, was ich tue? Welchen Glauben versuche ich zu erfahren, weiterzuentwickeln und zu hinterfragen?› Auch das meine ich. Ich glaube, dass jeder, der es auf sich nimmt, denen beizustehen, die sich ausgeliefert fühlen und Abschied nehmen müssen, irgendwann erkennt, dass er sich eine grundlegende Philosophie zurechtlegen muss. Solch eine Philosophie muss einerseits dem Einzelnen gerecht werden, andererseits aber auch die Gemeinschaft im Auge haben.»*[1]

Cicely Saunders

## 1.1. Cicely Saunders – Begründerin der modernen Hospizbewegung

Die Frage nach dem Leben schliesst die Frage nach Sterben und Tod mit ein. In der von Cicely Saunders mitbegründeten internationalen Palliativbewegung ist immer wieder davon die Rede.

In den fünf Jahrzehnten, in denen Saunders schwer kranke und sterbende Menschen begleitete, beschreibt sie immer wieder, dass Leiden und Schmerzen eines Menschen erst richtig wahrgenommen werden, wenn sowohl medizinische, soziale, emotionale, psychologische wie auch spirituelle Faktoren berücksichtigt werden.

> «Palliative care is the active total care of patients and their families by a multiprofessional team at a time when the patient's disease is no longer responsive to curative treatment and life expectancy is relatively short. It responds to physical, psychological, social and spiritual needs, and extends if necessary to support in bereavement.»[2]

---

1 Cicely Saunders, Brücke in eine andere Welt, eingeleitet und hg. von Christoph Hörl, Freiburg 1999, 17f. Christoph Hörl führte 1997 und 1998 ausführliche Gespräche mit Saunders, die 1999 auf Deutsch erschienen. Diese Aufzeichnungen geben Einblick in persönliche Erfahrungen und Begegnungen am Ende von Saunders' Leben und lassen erkennen, welche Ereignisse und Einflüsse sie rückblickend als wesentlich und wertvoll erachtete. Das hier vorliegende Zitat stammt von 1998.

2 Robert Twycross, Palliative Care, Oxford 1995, 2.

Total Pain – unter diesem Stichwort ist diese interdisziplinäre Sicht von Leiden und Schmerz bekannt geworden. Die Umsetzung und Differenzierung dieses Ansatzes begründete die «moderne» Palliativbewegung. Das deutschsprachige Pflegekompendium über Palliative Care von Pflege- und Palliativexpertin Cornelia Knipping[3] würdigt Saunders als Begründerin der «modernen Palliativbewegung» und weist darauf hin, dass Cicely Saunders ihr Engagement im christlichen Glauben verortete.

Saunders Total-Pain-Gedanke hat jedoch nicht nur Eingang in alle internationalen Diskussionen um Palliativmedizin und Palliative Care gefunden, sondern die wissenschaftlichen Arbeiten und Erkenntnisse ihres Forschungsinstitutes, des Training and Research Center at St. Christopher's Hospice in London, haben auch die von der WHO entwickelte Definition von Palliative Care[4] massgeblich beeinflusst.

## 1.2. Cicely Saunders und die Rezeption im deutschsprachigen Raum

Im deutschsprachigen Raum aufgenommen wurde Cicely Saunders' Anliegen und Konzept in den 1970er Jahren. Pater Reinhold Iblacker (1930–1996) konnte damals das Zweite Deutsche Fernsehen ZDF für einen Film über Cicely Saunders' Hospiz gewinnen. Saunders erteilte die Erlaubnis, einen Tag in St. Christopher's Hospice zu filmen, der Film «Nur noch 16 Tage» wurde 1971 ausgestrahlt.[5] Pater Iblacker trug nicht nur das wissenschaftliche, sondern auch das geistige Konzept von Saunders nach Deutschland und entwickelte dieses erst für die Hauspflege, dann für die Hospizarbeit in München weiter.[6]

---

3    Cornelia Knipping (Hg.), Lehrbuch Palliative Care, Bern 2006, 291.

4    1990 formulierte die WHO erstmals eine Definition von Palliative Care, die 2002 abgeändert wurde. In beiden Definitionen wird der Total-Pain-Ansatz von Cicely Saunders aufgenommen. In der zweiten Definition wird der interdisziplinäre Ansatz noch stärker betont; vgl. Lea Siegmann-Würth, Ethik in der Palliative Care, Bern 2010, 26f. Siehe dazu auch Kapitel 4.4.

5    Nähere Ausführungen siehe Oliver Seitz/Dieter Seitz, Die moderne Hospizbewegung in Deutschland auf dem Weg ins öffentliche Bewusstsein, Herbolzheim 2002, 143ff.

6    Heute ist das Münchner Interdisziplinäre Zentrum für Palliativmedizin (IZP) mit zwei Professuren für Spiritual Care ein wichtiges Zentrum, um die Stellung der Seelsorge innerhalb der Palliative Care zu reflektieren und in die Praxis umzusetzen.

Heute nehmen im deutschsprachigen Raum Autorinnen und Autoren verschiedener Fachgebiete, die zum Thema Palliative Care und Palliativmedizin veröffentlichen, auf Saunders Bezug[7], beispielsweise der Palliativarzt Johann Christoph Student[8] oder die Pflegespezialistinnen und Palliativforscherinnen Cornelia Knipping und Sabine Pleschberger[9]. Auch Oliver und Dieter Seitz[10] mit ihrer Analyse der Hospizbewegung in Deutschland, Uwe Gerstenkorn[11], der Sterbebegleitung als Handlungsfeld in der modernen Gesellschaft untersucht, oder der Schweizer Theologe und Pflegespezialist Settimio Monteverde[12] zitieren Saunders und machen auf ihre Bedeutung aufmerksam. Oder wie es der Theologe Ralph Charbonnier formuliert: «Als Beginn der neuen Hospizbewegung lässt sich die Gründung des St. Christopher's Hospice in London im Jahr 1967 und eines ambulanten Hospizdienstes im Jahr 1969 durch Dame Cicely Saunders ansehen.»[13] So ist es umso erstaunlicher, dass es bislang wenig deutschsprachige Literatur zu Saunders gibt und eine Darstellung ihrer spirituellen Entwicklung gänzlich fehlt.

---

7    Elisabeth Kübler-Ross, die sich ebenfalls stark mit der Situation sterbender Menschen auseinandersetzte und die Saunders persönlich kannte, wurde früher und häufiger im deutschsprachigen Raum rezipiert und übersetzt als Cicely Saunders, so z. B. Elisabeth Kübler-Ross, Interviews mit Sterbenden, München 2001; dies., Reif werden zum Tode, München 2004, vgl. Cicely Saunders, Selected Letters 1959–1999, hg. von David Clark, Oxford 2002, 181.

8    Vgl. z. B. Johann Christoph Student, Das Hospizbuch, Freiburg [4]1999. Er beschreibt die mittelalterliche Hospiztradition und verbindet diese mit der modernen Hospizbewegung. Siehe auch Helmuth Beutel/Daniela Tausch (Hg.): Sterben – eine Zeit des Lebens. Ein Handbuch der Hospizbewegung, Gütersloh [2]1989.

9    Vgl. Sabine Pleschberger/Andreas Heller (Hg.), Sterbefall Mensch. Neue Perspektiven für die Zukunft, Wien 2007.

10   Siehe z. B. Oliver Seitz/Dieter Seitz (Hg.), Die moderne Hospizbewegung, 143f.

11   Uwe Gerstenkorn, Hospizarbeit in Deutschland. Lebenswissen im Angesicht des Todes, Stuttgart 2004.

12   Settimio Monteverde, Die entzauberte Selbstbestimmung. Niemand stirbt für sich allein – eine Kultur der Spiritualität als Kennzeichen der Palliative Care. In: Matthias Mettner/Regula Schmitt-Mannhart (Hg.), Wie ich sterben will. Autonomie, Abhängigkeit und Selbstverantwortung am Lebensende, Zürich 2003, 287ff.

13   Ralph Charbonnier, Seelsorge in der Palliativversorgung. In: Wege zum Menschen, Heft 6, November/Dezember 2008, 512. Charbonnier verweist auch auf Sabine Pleschberger und ihren Artikel zur historischen Entwicklung der Palliative Care. Sabine Pleschberger, Die historische Entwicklung von Hospizarbeit und Palliative Care. In: Knipping (Hg.), Lehrbuch Palliative Care, 24–29. Auch Derek Murray streicht die Bedeutung von Saunders heraus. In: Derek Murray, Faith in Hospices. Spiritual Care and the End of Life, London 2002, 8ff.

## 1.3. Aktuelle Entwicklungen in der Schweiz

In der Schweiz wurde und wird die Debatte um Sterben, Sterbebegleitung und Sterbehilfeorganisationen[14] kontrovers und intensiv geführt. Die Diskussion um Sterbehilfeorganisationen wie «Exit» und «Dignitas» haben in der schweizerischen Öffentlichkeit die Diskussion um Alternativen, d. h. um Palliative Care vorangetrieben. Vertreterinnen und Vertreter aus Politik, Kirche und Gesellschaft sehen mehr und mehr im Palliative-Care-Konzept eine Möglichkeit, landesweit neue Schwerpunkte zu setzen. Das Schweizerische Amt für Gesundheit (BAG) entwickelt gegenwärtig eine «Nationale Strategie Palliative Care 2010–2012», in der ausdrücklich darauf hingewiesen wird, dass derzeit nicht genügend Palliative-Care-Angebote vorhanden sind und dass es wichtig ist, neben neuen Angeboten auch Forschungs- und Bildungsangebote in diesem Bereich zu fördern:[15]

> «Hauptziel der nationalen Strategie Palliative Care: Bund und Kantone verankern Palliative Care gemeinsam mit den wichtigsten Akteuren im Gesundheitswesen und in anderen Bereichen. Alle schwer kranken und sterbenden Menschen in der Schweiz erhalten damit ihrer Situation angepasste Palliative Care und ihre Lebensqualität wird verbessert.»[16]

Auch die Kirchen nehmen aktiv an diesem Diskurs teil. Beispielsweise hat der Schweizerische Evangelische Kirchenbund SEK 2007 in seiner Schrift «Das Sterben leben. Entscheidungen am Lebensende aus evangelischer Perspektive»[17] eine differenzierte Stellungnahme veröffentlicht. Verschie-

---

14   Vgl. Mettner/Schmitt-Mannhart (Hg.), Wie ich sterben will, 257ff.

15   Ralph Charbonnier weist in seinem Artikel in «Wege zum Menschen» darauf hin, dass auch in Deutschland trotz längerer Hospiztradition die palliativen Angebote bei weitem nicht ausreichen und über eine bessere Palliativversorgung und die Finanzierung von Spiritual Care diskutiert werden müsse. Charbonnier, Seelsorge in der Palliativversorgung, 512ff.

16   Bundesamt für Gesundheit, www.bag.admin.ch/themen/medizin/06082/10907/index.html?lang=de, eingesehen am 12. Juli 2012.

17   Schweizerischer Evanglischer Kirchenbund, Das Sterben leben. Entscheidungen am Lebensende aus evangelischer Perspektive. In: Stefanie Schardien (Hg.), Mit dem Leben am Ende. Stellungnahmen aus der kirchlichen Diskussion in Europa zur Sterbehilfe, Göttingen 2010, 144ff. Vgl. auch Frank Mathwig, Zwischen Leben und Tod. Die Suizidhilfediskussion in der Schweiz aus theologisch-ethischer Sicht, Zürich 2010.

dene Kantone und ihre Kirchenbehörden bemühen sich, die Debatte in ihrer Region aufzunehmen.[18]

## 1.4.   Die Diskussion innerhalb der Kirchen Europas

Auch über die Landesgrenzen hinweg entstehen Diskussionsforen. Ein wichtiges Gremium ist die Gemeinschaft der Evangelischen Kirchen in Europa (GEKE). Diese verabschiedete im Frühling 2011 eine Stellungnahme, die Kirchenleitungen und Kirchen eine Orientierungshilfe bieten soll, wenn es um Entscheidungen am Ende des Lebens und um Palliative Care geht.[19] Eine Schweizer Delegation hat an diesen Richtlinien mitgearbeitet. Bereits vor dieser europäischen Stellungnahme hat die deutsche Theologin Stefanie Schardien in ihrem Buch «Mit dem Leben am Ende»[20] Stellungnahmen aus der kirchlichen Diskussion in Europa zusammengetragen. Es ist unverkennbar, dass die hier aufgeführten Dokumente für eine stärkere Umsetzung der Palliative Care plädieren,[21] da diese das christliche Verständnis von Person und Leben aufnimmt und nach praktischen

---

18   Z. B. die Evangelisch-reformierte Landeskirche Aargau mit ihrer Tagung von 2009 «Ganz Mensch bis zum Tod», siehe auch Frank Worbs, Ganz Mensch bis zum Tod, Zürich 2009. In der Aargauischen Kirche gibt es auch eine Weiterbildung im Bereich Palliative Care. Zahlreiche Freiwillige werden derzeit für ehrenamtliche Tätigkeiten in diesem Bereich ausgebildet.

19   «A time to live, and a time to die; an aid to orientation» – the CPCE Council on death-hastening decisions and caring for the dying, Wien 2011 (www.leuenberg.net/sites/default/files/A_Time_to_Live_0.pdf, eingesehen am 12. Juli 2012).

20   Schardien (Hg.), Mit dem Leben am Ende.

21   Es gibt eine Reihe von Richtlinien in der Palliative Care. Nach Steffen Eychmüller ergeben sich für die Palliative Care vier Hauptziele: 1. Beste Möglichkeiten der Symptombehandlung und Empowerment zur Selbsthilfe in der Symptombehandlung; 2. Schrittweise, selbstgesteuerte Entscheidungsfindung, konkrete Vorausplanung von möglichen Komplikationen («Was machen wir, wenn?»); 3. Aufbau eines Sicherheitsnetzes (insbesondere auch ausserhalb des Krankenhauses); 4. Aufbau von Unterstützungssystemen für die Familie, auch über den Tod eines Familienmitgliedes hinaus. Steffen Eychmüller, Die Lebenssinfonie fertig schreiben, Journal VSAO-ASMAC, Heft 1, Januar 2008, 11f. Nach Heinz Pilchmaier sollen Palliative Care und Hospizidee eine wirksame und gute Alternative zur aktiven Sterbehilfe zu sein. Er formuliert vier Kernpunkte: 1. Im Sterben nicht allein gelassen zu werden, sondern an einem vertrauten Ort, möglichst zu Hause, inmitten vertrauter Menschen zu sterben. 2. Im Sterben nicht unter starken körperlichen Beschwerden leiden zu müssen. 3. Letzte Dinge regeln zu können. 4. Sinnfragen stellen zu dürfen. Heinz Pilchmaier, Hospiz und Hospizbewegung. In: Lexikon der Bioethik, Bd. 2, Wilhelm Kotff u. a. (Hg.), Gütersloh 1998, 233f.

Resonanzmöglichkeiten im jeweiligen gesellschaftlichen Kontext sucht.[22] Dabei wird nicht verschwiegen, dass Palliative Care kein «Heilmittel» für alle Entscheidungen am Lebensende ist, sondern dass es neben der grundsätzlichen Befürwortung von Palliative Care auch Entscheidungsbereiche gibt, die schwierig bleiben und einen ethischen Diskurs erfordern.[23]

Damit Mitmenschlichkeit und Solidarität am Lebensende nicht leere Worthülsen bleiben, bedarf es eines grossen Engagements seitens der Politik, privater Trägerschaften und der Kirchen. Die Suche nach finanziellen Ressourcen wird auch in den westlichen Industriestaaten derzeit immer schwieriger. Der Effizienz- und Spardruck führt dazu, dass Organisationen und Institutionen, zu denen auch die Kirchen gehören, sich auf ihre Kernaufgaben konzentrieren müssen. Dass man dabei die Spiritual Care und Seelsorge nicht vernachlässigen möchte, ist ein gutes Zeichen. Doch was heisst es, diese wichtige Aufgabe wahrzunehmen und umzusetzen?

Die vorliegende Arbeit soll die Diskussion um diese Fragen unterstützen, indem sie Palliative Care aus der Entwicklung einer ihrer wichtigsten Gründerpersönlichkeiten heraus beschreibt und die Bedeutung von Spiritualität und Spiritual Care herausarbeitet.

## 1.5.   Zielsetzung, Vorgehen und Aufbau der Arbeit

Ziel meiner Arbeit ist es, Saunders' spirituelle Entwicklung und ihr Spiritual-Care-Konzept darzustellen. Es ist mir bewusst, dass hierbei verschiedene wichtige Aspekte ihres Gesamtwerks, wie beispielsweise ihre medizinische Forschung und die Entwicklung im Bereich der Palliative Care, nicht aufgenommen werden. Da Saunders' persönliche Spiritualität ihr Spiritual-Care-Konzept massgeblich beeinflusste, erachte ich es als notwendig und sinnvoll, ihre Biografie ausführlicher darzustellen und auch Bezüge zu Persönlichkeiten zu schaffen, die ihre spirituelle Entwicklung entscheidend mitgeprägt haben.

---

22   Hier schliesst die Diskussion an den Diskurs um Solidargemeinschaft versus Kooperationsgemeinschaft an, wie ihn beispielsweise Wolfgang Kersting führt. Vgl. Wolfgang Kersting, Recht, Gerechtigkeit und demokratische Tugend, Frankfurt a. M. 1997, 177ff.

23   Vgl. unter 5.2.

Hierbei stehen folgende Fragestellungen im Vordergrund: Wie hat sich Cicely Saunders' Verständnis von Spiritualität und Spiritual Care im Laufe ihrer Biografie entwickelt? Welche Einflüsse waren wirksam? Welche theologie- und philosophiegeschichtlichen Besonderheiten lassen sich ausmachen? Welche Begegnungen und Erfahrungen waren für Saunders prägend und weiterführend? Wo sind spezifisch christliche, wo andere Impulse in ihrem Verständnis von Spiritual Care auszumachen?

Cicely Saunders arbeitete zu theologischen Themen nicht systematisch konzeptionell, ihrem Konzept liegt keine theologische Theorie zugrunde. Diese Arbeit stellt daher eine Rekonstruktion ihres Praxiskonzeptes dar. Sie reflektiert die Bedeutung und Gestaltung von Spiritual Care innerhalb ihres Gesamtkonzeptes, um den impliziten theologischen Gehalt von Saunders' Verständnis von Spiritual Care zu erschliessen. Dazu gibt es bislang keine wissenschaftlichen Forschungsarbeiten. Meine Analyse geschieht anhand von Erzählungen, wie Saunders in der Praxis gehandelt hat, und durch Auswertung verschiedener Stellungnahmen in Saunders' Vorträgen, Predigten und Briefen. Ihre fragmentarische und narrative Zugangsweise zu Spiritualität und Glauben stellt eine besondere Herausforderung dar. Für sie war theologische Reflexion immer kontextgebunden: Es geht um das Sterben eines bestimmten Patienten, um persönliche Erfahrungen, um die Verarbeitung von Literatur, um Gespräche …

Der biografische Teil (Kapitel 3) stützt sich zum einen auf die von Shirley du Boulay und Marianne Rankin herausgegebene Biografie «Cicely Saunders – The founder of the Modern Hospice Movement». Shirley du Boulay, eine BBC-Journalistin, trat Anfang der 1980er Jahre mit dem Anliegen an Saunders heran, mit ihr zusammen eine Biografie herauszugeben. Saunders gab ihr die Erlaubnis, sämtliches Material einzusehen[24] und erklärte sich einverstanden, eine Reihe von Interviews durchzuführen. Wie engagiert und persönlich diese Zusammenarbeit war, wird durch den Briefwechsel der beiden deutlich.[25] 1984 erschien die Biografie im Londoner Hodden and Stoughton Verlag.[26] Pater Reinhold Iblacker setzte sich bereits kurze Zeit später für eine deutsche Version ein. «Ein Leben für Sterbende» erschien 1987 im Tyrolia Verlag, Innsbruck. Nach Saunders' Tod erweiterte du Boulay die Biografie in Zusammenarbeit mit der Reli-

---

24 Cicely Saunders bewahrte zahlreiche Briefe und ihre Veröffentlichungen auf.
25 Saunders, Selected Letters, 212; 227–228; 236.
26 Shirley du Boulay, Cicely Saunders – The founder of the Modern Hospice Movement, London 1984.

gionswissenschaftlerin Marianne Rankin, die die letzten Jahre von Saunders Wirkens und Sterbens beschrieb.[27] Zum anderen nehme ich die für Cicely Saunders' Spiritualitätsentwicklung relevanten Aussagen aus ihren Briefen und Schriften auf, die David Clark 2002 und 2006 ediert hat.[28] Hinzu kommen auch bislang unveröffentlichte Quellentexte von Saunders aus ihrem Archiv in den Londoner King's College Archives. Wichtig war mir auch, innerhalb von Saunders' Biografie die theologie- und philosophiegeschichtlichen Einflüsse darzustellen. So finden sich immer wieder Exkurse zu Personen, die Saunders' Denken und Schaffen entscheidend mitgeprägt haben.

Nach diesem biografischen Teil und der Darstellung von Cicely Saunders' Spiritualitätsverständnis und dessen Auswirkungen auf ihr Spiritual-Care-Konzept (Kapitel 4), frage ich danach, welche Bedeutung Saunders' Sicht von Spiritualität und Spiritual Care in den gegenwärtigen Herausforderungen von Palliative Care hat und ob sich durch die Auseinandersetzung mit Saunders Spiritual-Care-Ansatz bleibende Impulse für die Seelsorge und Ethik gewinnen lassen (Kapitel 5). Ein Ausblick, welche Anregungen und Fragen sich aufgrund der Auseinandersetzung mit Cicely Saunders für die Kirche heute ergeben, schliesst das Buch ab (Kapitel 6).

Dem biografischen Teil voranstellen möchte ich einige Begriffsklärungen (Kapitel 2): Da im Buch immer wieder von Spiritual Care, Spiritualität und Seelsorge die Rede ist, soll auf diese drei Begriffe vorab kurz eingegangen werden. Die Begrifflichkeit für Fragen zur Sterbehilfe wird kontrovers diskutiert und es werden unterschiedliche Begriffe verwendet. Während im englischen Sprachraum der Begriff «Euthanasia» nicht ungewöhnlich ist, spricht man im deutschsprachigen Raum von Sterbe- und Suizidhilfe. In der folgenden Arbeit habe ich mich für den Terminus Suizidhilfe entschieden.[29]

---

27   Shirley du Boulay/Marianne Rankin, Cicely Saunders – The founder of the Modern Hospice Movement, London 2007.

28   Cicely Saunders, Selected Letters 1959–1999, hg. von David Clark, Oxford 2002; Cicely Saunders, Selected Writings 1958–2004, hg. von David Clark, Oxford 2006.

29   Zur derzeitigen schweizerischen Gesetzgebung: «Das Tötungsverbot gilt in der Schweiz uneingeschränkt. Die direkte aktive Sterbehilfe (gezielte Tötung zur Verkurzung der Leiden eines Menschen) ist somit verboten. Die indirekte aktive Sterbehilfe (Einsatz von Mitteln, deren Nebenwirkungen die Lebensdauer herabsetzen können) sowie die passive Sterbehilfe (Verzicht auf die Einleitung lebenserhaltender Massnahmen oder Abbruch solcher Massnahmen) sind hingegen – ohne ausdrücklich gesetzlich geregelt zu sein –

## 2.    Zu den Begriffen Spiritual Care, Spiritualität und Seelsorge

### 2.1.    Spiritual Care

Der Begriff Spiritual Care wird derzeit im deutschsprachigen Raum vor allem in der Palliativmedizin und Palliativpflege verwendet und mit dem Begriff *spirituality* verbunden.[1] Im englischsprachigen Raum verdrängt er über den Palliativbereich hinaus immer stärker den Begriff *counselling*.[2] Cicely Saunders und andere Pionierinnen und Pioniere der Palliative Care entwickelten diesen spezifischen Care-Begriff anhand des Total-Pain-Konzeptes. Diesen Total-Pain-Begriff stellte Saunders bereits in den 1960er Jahren durch Artikel und Veröffentlichungen einer breiten Öffentlichkeit vor,[3] die vor allen Dingen an medizinischer Forschung interessiert war. Spiritual Care entspringt somit nicht genuin der Seelsorgediskussion der christlichen Theologie, sondern wurde durch ein spezielles Setting im medizinischen Care-Bereich begründet, entwickelt und eingefordert.[4] Spirituelle Begleitung wird als vierte Säule einer somatischen, psychischen und sozial ausgerichteten ganzheitlichen Begleitung schwer kranker und sterbender Menschen verstanden.

### 2.2.    Spiritualität

Im deutschsprachigen Raum wird «Spiritualität» meist losgelöst von seinen christlichen Wurzeln als Ausdruck für religiöses Empfinden und existenzielles Bewegtsein verwendet. Ein bekannter Vertreter dieser neuen Spiritualitätsbewegung ist Fritjof Capra, der zwar den Dialog zum Christentum sucht, aber – wie viele andere auch – neue Wege aufzeigen will, über Sein,

unter gewissen Voraussetzungen straflos.» Vgl. www.bj.admin.ch/bj/de/home/themen/gesellschaft/gesetzgebung/sterbehilfe.html, eingesehen am 21. September 2012.

1    Siehe Heller/Heller (Hg.), Spiritualität und Spiritual Care.

2    Vgl. John Swinton, Spirituality and Mental Health Care. Rediscovering a «Forgotten» Dimension, London 2001.

3    Saunders, Selected Letters, 17ff.

4    Vgl. unter 3.2., Kapitel «Total Pain».

Universum und Gott nachzudenken.[5] Die New-Age-Bewegung hat die Verwendung des Begriffs Spiritualität in den letzten Jahrzehnten zunehmend mitgeprägt.[6] Diese Anwendungsbreite des Begriffs ist nicht von vornherein abzuwerten, drückt sich doch darin das Bedürfnis von Menschen nach Transzendenzerfahrung und die Abwehr rein materialistischer, kausal determinierter Lebenskonzepte aus. Es bleibt aber mit dem Palliativforscher Andreas Heller kritisch einzuwenden:

> «Heute ist Spiritualität zu einem Containerbegriff mit vielen Sinngebungen geworden. Man spricht z. B. von Biospiritualität und feministischer Spiritualität, von Spiritualität der Grünen ... Besonders in der esoterischen Szene hat sich dieses Wort durchgesetzt.»[7]

R. A. Emons nennt Spiritualität ein «enorm reiches und vielschichtiges Konstrukt, das sich einer simplen Definition ebenso entzieht wie einer leichten Messbarkeit».[8]

Innerhalb der theologischen Diskussion gibt es einen differenzierten Diskurs darüber, was unter Spiritualität zu verstehen sei. Der Eintrag im «Handwörterbuch religiöser Gegenwartsfragen» beschreibt Spiritualität als «Hingabe des Menschen an Gott und seine Sache».[9] Der Begriff Spiritualität taucht vermehrt seit Ende der 1960er Jahre auf und scheint den traditionellen Ausdruck «Frömmigkeit» weitgehend ersetzt zu haben. Die sprachlichen Wurzeln des Wortes reichen in die biblische Tradition – das lateinische *spiritualis* ist die Übersetzung des griechischen Begriffs

---

5    Fritjof Capra/David Steindl-Rast, Wendezeit im Christentum, München 1991; Fritjof Capra, Wendezeit. Bausteine für ein neues Weltbild, Bern/München [9]1985.

6    Der Kulturhistoriker und Religionswissenschaftler Wouter J. Hanegraaf weist in seinem Buch «New Age Religion and Western Culture» (Leiden 1996) auf bedeutende Unterschiede zwischen der Bewegung der 1960er und jener der 1980er Jahre hin. Während sie in den 1960er Jahren vorwiegend von politisch links orientierten Jugendlichen getragen wurde, die zu radikalen politischen Aktionen neigten, beschränkte sich die Bewegung in den 1980er Jahre nicht mehr auf eine bestimmte Generation. Politische Aktionen gehörten nicht mehr zum typischen Handlungsrepertoire, vielmehr wurde auf Meditation und spirituelle Techniken der Bewusstseinserweiterung Wert gelegt.

7    Gerhard Ruhbach, Geistlich leben. Wege zu einer Spiritualität im Alltag, Giessen 1996, 17.

8    Zitat von R. A. Emons. In: Ehrhard Weiher, Das Geheimnis des Lebens berühren. Spiritualität bei Krankheit, Sterben, Tod. Eine Grammatik für Helfende, Stuttgart [2]2009, 21.

9    Giesbert Greshake, Spiritualität. In: Handwörterbuch religiöser Gegenwartsfragen, hg. Ulrich Ruh/David Seeber/Rudolf Walter, Freiburg i. Br., 1989, 443.

πνευματικός – und in die Zeit der Alten Kirche sowie des Mönchtums zurück. Im französischen Sprachraum hatte im 17. und 18. Jahrhundert der Ausdruck *spiritualité* Hochkonjunktur und gewann vor allem in der katholischen Tradition grosse Bedeutung.[10] Wichtig ist ausserdem die ökumenische Bewegung des 20. Jahrhunderts. Bei der Weltmissionskonferenz in Bangkok (1972) und der Fünften Vollversammlung des Ökumenischen Rates der Kirchen in Nairobi (1975) wurden entscheidende Anstösse zu einer intensiveren Beschäftigung mit Fragen der «christlichen Spiritualität»[11] gegeben. «Spiritualität», so Holger Eschmann[12], wurde zu einer Art «Hoffnungsträger», da der Begriff wegen seiner Bedeutungsvielfalt Glauben, *praxis pietas* und Lebensstil auf eine ganzheitliche Weise zusammenzubinden und «Mystisches und Emanzipatorisches»[13], kontemplative und aktive Elemente aufzunehmen vermochte.

## 2.3. Seelsorge

Wie der Begriff Spiritualität so hat auch der Begriff Seelsorge sehr verschiedene Bedeutungen, die verschiedene Verständnismöglichkeiten zum Ausdruck bringen. «Seelsorge» ist kein biblischer Begriff, obwohl gerade im Neuen Testament «Sorge» und «Fürsorge» als zentrales Anliegen für die christliche Gemeinde verstanden werden (vgl. z. B. Johannesevangelium 10; 2. Korintherbrief 11; Philipperbrief 2). Für das neutestamentliche Verständnis von Sorge und Fürsorge ist es zentral, dass die gesamte Gemeinde einbezogen ist.[14] Im Laufe der geschichtlichen Entwicklung der Kirchen und ihrer stärkeren Institutionalisierung wurde auch die Seelsorge in die gesamtkirchlichen Aufgaben und Ordnungen eingebunden.[15] Basilius von Caeserea (ca. 330–378) verwendete als einer der ersten Theologen den Seelsorgebegriff und bezog ihn auf die Aufgabe des kirchlichen

---

10    Berhard Fraling, Geistliche Erfahrung machen. Spiritualität im Seelsorge-Verbund, Würzburg 1992.

11    Hans-Martin Barth, Spiritualität (Ökumenische Studienhefte 2), Göttingen 1993.

12    Holger Eschmann, Theologie der Seelsorge, Neukirchen-Vluyn 2000, 227.

13    Manfred Seitz, Erneuerung der Gemeinde. Gemeindeaufbau und Spiritualität, Göttingen 1985, 269.

14    Vgl. dazu: Christoph Morgenthaler, Seelsorge im Gemeindeaufbau. Von der amts- zur gemeindezentrierten Seelsorge. In: Ralph Kunz (Hg.), Gemeindeaufbau konkret. Arbeitsfelder einer lebendigen Kirche, Zürich, 2001, 11–30.

15    Vgl. Morgenthaler, Seelsorge, Gütersloh 2009, 34.

Amtes (*cura animarum*). Bereits hier wird deutlich, dass Seelsorge viele verschiedene Gestaltungsformen aufweisen kann. Seelsorge kann sich beispielsweise in Predigten, Schriftauslegungen, liturgischen Feiern, Briefen, Begegnungen oder Gesprächen manifestieren.[16] In der Zeit des Mittelalters entwickelte sich besonders die Beichtpraxis, die bestimmten Amtspersonen vorbehalten war. Die reformatorische Bewegung kritisierte die damals herrschende Beichtpraxis und betonte gegenüber der einseitigen Akzentuierung von Sünde und Sühne Gottes Gnade und Trost.[17] Es war Huldrych Zwingli selbst, der in seiner Schrift «Der Hirt» von 1523 eine erste umfassende protestantische Seelsorgelehre entwickelte. Seelsorge ist für ihn «Hirtendienst» und «Wächteramt» für die Gemeindeglieder. Die Seelsorge ist in seiner Schrift zwar an das Amt gebunden, geht aber darüber hinaus: Seelsorge ist auch Aufgabe der ganzen Gemeinde.

Innerhalb der evangelischen Kirchen setzte der Pietismus des 17. und 18. Jahrhunderts neue Akzente. Hier wurde Seelsorge als Erbauung des inneren Menschen und als Stärkung des Glaubens verstanden.[18] Das seelsorgerliche Gespräch wurde wichtiger; auch Frauen durften sich stärker einbringen und wurden vermehrt seelsorgerlich-diakonisch tätig.[19]

Im 19. Jahrhundert begründete Friedrich Schleiermacher die Praktische Theologie als eigene theologische Disziplin. Er hob hervor, dass die Seelsorge die Freiheit und Mündigkeit des einzelnen Gemeindegliedes stärken solle.[20] Zusammen mit Carl Immanuel Nitsch prägte er das neuzeitliche Seelsorgeverständnis im deutschsprachigen Raum. In welcher Form Verkündigung und Seelsorge miteinander verbunden sind, ist bis heute Teil eines anhaltenden Diskurses. Während beispielsweise Hans Asmussen[21] und Eduard Thurneysen[22] in der ersten Hälfte des 20. Jahrhunderts besonders die biblische Botschaft und das Gespräch darüber als unverzichtbaren Teil des Seelsorgegeschehens ansahen, betonten eine Vielzahl

---

16    Vgl. z. B. Aufzeichnungen der Wüstenmütter und Wüstenväter der frühen Kirche.

17    Vgl. Luthers Rede vom «gnädigen Gott». Dazu mehr in: Christian Möller, Geschichte der Seelsorge, Göttingen 1994, 185.

18    Vgl. Morgenthaler, Seelsorge, 45ff.

19    A. a. O., 46.

20    Friedrich Schleiermacher, Kurze Darstellung des theologischen Studiums, Berlin 1830.

21    Hans Asmussen, Die Seelsorge. Ein Handbuch über Seelsorge und Seelenführung, München 1934.

22    Eduard Thurneysen, Die Lehre von der Seelsorge, Zollikon-Zürich 1946; Eduard Thurneysen, Seelsorge im Vollzug, Zürich 1968.

von Theologinnen und Theologen in den letzten Jahrzehnten, dass neben der Bindung an die christliche Tradition eine vermehrte Integration psychologischer, aber auch sozialwissenschaftlicher Erkenntnisse nötig sei. Immer stärker setzten sich seit Ende der 1960er Jahre die Arbeitsmethoden einer Seelsorgebewegung durch, die ihre Aufgabe auch therapeutisch und beratend verstand. Diese Seelsorgebewegung entstand in den USA und wurde im deutschen Sprachraum bekannt durch die niederländischen Theologen Heije Faber und Ebel van der Schoot.[23] Zusammen mit Wybe Zijlstra wiesen sie auf die klientenzentrierte Gesprächsmethode von Carl Rogers hin und übertrugen das Clinical Pastoral Training bzw. Clinical Pastoral Education (CPT bzw. CPE) in den europäischen Kontext.[24] Diese Tendenz, Arbeitsmethoden anderer Disziplinen in die Seelsorge zu integrieren, hält nach wie vor an und damit auch das Ringen um Verständnismöglichkeiten von Seelsorge im 21. Jahrhundert. Ein interdisziplinärer Ansatz bleibt jedoch für die gesamte Seelsorgeentwicklung von grosser Bedeutung, da sie es erlaubt, professionell in institutionellen Kontexten wie Gefängnis, Schule, Heimen, Beratungsstellen oder Krankenhäusern zu arbeiten.

Gerade dieser interdisziplinäre Ansatz war für Saunders Palliativarbeit entscheidend. Es ging ihr gerade in ihrem Forschungs- und Ausbildungszentrum immer wieder darum, für eine bessere Wahrnehmung der Patientensituation einzutreten und für einen Diskurs zu sorgen, in der alle an der Palliative Care beteiligten Personen und Professionen voneinander lernen. Dies gilt für sie in besonderer Weise auch für die Spiritual Care. Auch für Saunders war diese Entwicklung innerhalb der Theologie und Seelsorge wichtig. So nahm sie durch die Veröffentlichungen von Henri J. M. Nouwen neue interdisziplinäre Zugänge für den Bereich Pastoral Care

---

23   In ihrem Buch «Praktikum des seelsorgerlichen Gesprächs» (Göttingen 1968) betonen sie, dass nicht nur die Inhaltsebene, sondern besonders die interpersonale Beziehung zwischen Seelsorgerin und dem oder der Seelsorge Suchenden von zentraler Bedeutung ist. Der deutsche Theologe Dietrich Stollberg zeichnet in seiner Dissertation «Therapeutische Seelsorge» (1969) die Entstehungsgeschichte der Seelsorgebewegung in den USA nach, der er durch sein späteres Buch «Annehmen und Wahrnehmen» (1978) auch zu nachhaltigem Einfluss im deutschsprachigen Raum verhalf. Dietrich Stollberg, Therapeutische Seelsorge. Die amerikanische Seelsorgebewegung, Darstellung und Kritik mit einer Dokumentation, München 1969; ders., Wahrnehmen und Annehmen, Gütersloh 1978.

24   Wenige Jahre später, 1971, erschien zudem Howard J. Clinebells Lehrbuch über *pastoral counselling* in deutscher Sprache (Modelle beratender Seelsorge, München, 1971); zehn Jahre danach erscheint «Unter vier Augen. Beispiele gelungener Seelsorge» von Hans van der Geest, der Protokolle von Seelsorgegesprächen kommentiert (Zürich ⁴1990).

wahr und setzte sich intensiv mit seinen Schriften auseinander.[25] Seine Schriften und weitere Entwicklungen innerhalb der Seelsorge diskutierte sie mit ihrem Freund, dem Theologen und Seelsorger Michael Mayne[26].

---

25    Vgl. den Exkurs zu Henri J. M. Nouwen.

26    Michael Mayne war ein guter Freund und Weggefährte von Saunders. Er war Theologe und Pfarrer an der Universität von Cambridge und zugleich mit Radiosendungen bei der BBC (Religious Programmes) betraut. Er erkrankte selbst schwer an Krebs, als er bereits mit dem Buch «The Enduring Melody» begonnen hatte. Seine Erfahrungen und Gedanken als sterbender Mensch versuchte er aufzuschreiben. Saunders verfolgte die Entstehung dieses Buches bis zu ihrem Tod mit. Die Publikation hat sie nicht mehr erleben können. Vgl. Michael Mayne, The Enduring Melody, London 2006.

# 3.    Biografie unter besonderer Berücksichtigung von Cicely Saunders' spiritueller Entwicklung

Saunders' Leben – und auch ihre *spiritual journey* – gliedert sich in drei grosse Zeitabschnitte: Ihre frühen Jahre, Ausbildungen, Patientenbegegnungen und Vision eines Hospizes (3.1.), die Hospizgründung 1967 und die Leitung des Hospizes (3.2.) und ihre späteren Jahren mit der Vollendung ihres Lebenswerks (3.3.).

## 3.1.    Frühe Jahre

### Familie und Kindheit

Geboren wurde Cicely Mary Strode Saunders am 22. Juni 1918 in Barnet, einem Aussenbezirk von London. Zwar war ihr Grossvater mütterlicherseits, Fred Knight, Ende des 19. Jahrhunderts nach Burgersdorp in Südafrika ausgewandert, um dort für sich und seine Familie eine neue Existenz aufzubauen. Saunders' Mutter Chrissie und zwei Söhne wurden in Südafrika geboren. Doch Fred Knight scheiterte als Geschäftsmann und musste 1913 – Chrissie Knight war damals dreizehn Jahre alt – wieder nach England zurückkehren. Saunders' Grossvater väterlicherseits war ebenfalls Geschäftsmann und baute eine Kette von Fotografiegeschäften in Südengland auf. Er starb früh, das Geld war nach seinem Tod schnell aufgebraucht und siebzehn Kinder aus zwei Ehen mussten versorgt werden, darunter Saunders' Vater Gordon. Gordon Saunders durfte dennoch die landwirtschaftliche Schule Dauntsey in Wiltshire besuchen. Anschliessend stieg er in den Immobilienhandel ein und bildete sich umfassend an Abendschulen weiter. Chrissie Knight und Gordon Saunders begegneten sich kurz vor dem Ersten Weltkrieg in London und heirateten bald darauf.[1]

---

1    Vgl. du Boulay/Rankin, Cicely Saunders, 2ff.

Cicely Saunders war das erste von drei Kindern. Ihr Bruder John
wurde 1920, ihr Bruder Christopher 1926 geboren. Da die Geschäfte ihres
Vaters gut gingen, konnte sich die Familie je länger je grosszügigere Häuser in Barnet leisten. Cicely Saunders besuchte zuerst in Lindon Lodge
eine Tagesschule. Als sie zehn Jahre alt war, entschlossen sich ihre Eltern,
sie in ein Internat in Seaford zu schicken. Die dortige Rektorin, Daisy
Saunders, war Cicley Saunders' Patin, die Schwester ihres Vaters. Diese
Tante sollte eine wichtige Bezugsperson für Saunders bleiben, auch als sie
mit vierzehn Jahren auf ein anderes Internat in Roedean, in der Nähe von
Brighton, geschickt wurde. Saunders wurde in die Entscheidung, sie auf
eine andere Schule zu schicken, nicht einbezogen, und war in Roedean,
wie sie selbst äusserte, einsam und unglücklich. Ihr Erleben schärfte den
Blick für die Situation derer, die wie sie unter Einsamkeit litten.[2]

Aber auch innerhalb der Familie gab es Schwierigkeiten. Zwar gelang
der Familie der gesellschaftliche Aufstieg, doch war die Ehe von Cicely
Saunders Eltern nicht glücklich. Saunders' Mutter fühlte sich auf dem
grossen Anwesen nicht wohl, auch der Umgang mit der Dienerschaft
machte ihr Mühe. Cicely Saunders' Beziehung zu ihrer Mutter war oft
angespannt. Sie beschreibt später, dass sie zu ihrer Tante Daisy stets das
bessere Verhältnis als zu ihrer eigenen Mutter hatte.[3] Die Tante war nach
Saunders' Geburt als Hilfe ins Haus geholt worden, doch als Saunders sie
bald schon der eigenen Mutter vorzog, wurde sie wieder weggeschickt.
Erst vier Jahre später gestattete man Tante Daisy, Cicley Saunders und
ihren Bruder John wieder zu besuchen. Diese Aufenthalte haben Saunders
stets viel bedeutet.

Aus späteren Interviews[4] wird deutlich, dass Cicely Saunders bereits
in ihrer frühen Kindheit vertraute Bezugspersonen vermisste und darunter litt, dass sich ihre Mutter mehr und mehr aus dem Familienalltag
zurückzog. Sie spricht Verlusterfahrungen, Trauer und die Sehnsucht nach
Nähe und Vertrautheit mehrfach an.

Mit ihrem Vater konnte sich Saunders dagegen gut auseinandersetzen.
Sie liebte es, mit ihm über Grundsatzfragen zu debattieren. Dabei kam es
durchaus zu heftigen Diskussionen. Saunders sagte über ihren Vater: «All

---

2   A. a. O., 7.
3   «If I could have chosen my mother I would have chosen Aunt Daisy.» Du Bou-
lay/Rankin, Cicely Saunders, 12.
4   Du Boulay/Rankin, Cicely Saunders, 1–32.

my father's geese were swans, he was marvellous at inspiring people.»[5]
Jahre später würde man dasselbe von ihr sagen.

## Von der Krankenschwester zur medizinischen Sozialarbeiterin

Cicely Saunders wollte am Ende ihrer Schulzeit in Roedean nach Oxford
zu gehen, um dort zu studieren. Aber für die gewünschten Fakultäten
bekam sie weder in Oxford noch in Cambridge eine Zulassung. Mit der
Absage gab sie sich nicht zufrieden und versuchte es mit einer Bewer-
bung bei der «Society for Home Students» in Oxford, welche später das
St. Anne's College bildete. Dort wurde sie aufgenommen und studierte
Philosophie, politische Wissenschaften und Ökonomie. Nach ihrem ersten Jahr in Oxford brach der Zweite Weltkrieg aus, Saunders studierte
noch ein weiteres Semester am College, aber der Gedanke, das Studium
fortzusetzen, während der Krieg tobte, wurde ihr zunehmend unerträg-
lich. Sie wollte sich nützlich machen und absolvierte beim Roten Kreuz
einen Ausbildungskurs für Heimpflege und Erste Hilfe. Die Idee, einen
Pflegeberuf zu ergreifen, war ihr bereits in der Schulzeit gekommen. Von
ihren Eltern wurde sie damals in diesen Plänen nicht unterstützt. Doch
in der veränderten Situation verbanden sich Neigung und Pflichtgefühl,
und sie entschloss sich, entgegen den Wünschen ihrer Familie, Oxford zu
verlassen und Krankenschwester zu werden.

Miss Butler, ihre Dozentin in Oxford, konnte zwar ihre Beweg-
gründe nachvollziehen, fand es dennoch schade, dass sie ihre Ausbildung
abbrach.[6] Saunders liess sich nicht beirren. Sie schrieb an das St. Thomas'
Hospital in London, dass durch die Rotkreuz-Ausbildung ihr Interesse
an der Krankenpflege so nachhaltig geweckt worden sei, dass sie diese
Laufbahn einschlagen wolle. Bevor sie in St. Thomas' Hospital beginnen
konnte, brauchte sie jedoch Referenzen, musste zu Vorstellungsgesprä-
chen und auf einen freien Platz warten. Ein ganzes Jahr musste sich Saunders gedulden, bis sie im November 1940 mit der Ausbildung beginnen
konnte. Bereits 1939 war die Schwesternschule des St. Thomas' Hospital,

---

5    A. a. O., 10.
6    A. a. O., 14: «It is a great pity to break off the training you have already underta-
ken and to take up work which, although extremely useful, can at the present moment be
adequately fulfilled by a large number of people.»

die von Florence Nightingale[7] gegründet worden war, nach Surrey und Hampshire evakuiert worden. Im November und Dezember 1940 konnte Saunders zusammen mit zwanzig anderen Frauen einen Vorbereitungskurs auf dem Land, in Shamley Green besuchen. Wegen des Krieges fand er in ungeheizten Räumen statt, überall musste verdunkelt werden, jede und jeder hatte vor den Vorlesungen Pflichten im Haushalt zu erfüllen. Nach dem Vorkurs folgte eine dreijährige Ausbildung, bei der Saunders und ihre Kommilitoninnen zwischen den Heimen Hydestile, Godalming und Botley's Park in Chertsey wechseln mussten. Alle drei Orte waren ehemalige psychiatrische Kliniken, die während des Krieges in Krankenhäuser umfunktioniert worden waren. Cicely Saunders erinnerte sich, dass alle drei Heime kahle und unfreundliche Gebäude waren: Überall Gitterstäbe, die Gummizellen waren noch erhalten, die Fenster liessen sich nur zentimeterweit öffnen. Eine Privatsphäre für die Auszubildenden gab es nicht. Saunders schlief zeitweise in einem Raum mit fünf anderen Frauen zusammen, andere teilten ihren Schlafraum sogar mit vierzehn oder zwanzig Personen. Das Essen war rationiert und der Jahresverdienst betrug in diesen Kriegsjahren fünfzig Pfund. Trotz dieser Bedingungen war Cicely Saunders, wie sie selbst schilderte[8], glücklich. Sie hatte Freundinnen, war beliebt und fand in ihrer Tätigkeit die Erfüllung, nach der sie sich so lange Zeit gesehnt hatte. Noch vierzig Jahre später erzählte Saunders voller Begeisterung, dass es ihr damals vorgekommen sei, als hätte sie endlich ihren Ort gefunden, «had ‹come home»[9]. Da ihr Vater sie finanziell unterstützte, musste sie sich auch in Kriegszeiten nicht um ihr Auskommen sorgen.

Während ihrer Ausbildungszeit arbeitete Saunders auf verschiedenen Stationen: in der Inneren Medizin, der Chirurgie, Pädiatrie, Gynäkologie, aber auch im Operationssaal und in der Diätküche. Mit Kindern arbeitete sie gern, wenn sie auch rückblickend einräumte, dass ihr viel zu viel Verantwortung übertragen wurde: «I didn't knew anything about children and I was in charge and I had somebody who knew even less than I did as my number two and the night sister wasn't pediatric trained and two or three

7   Florence Nightingale (1820–1910) erneuerte die Krankenpflegeausbildung und schuf die Grundlagen für die Professionalisierung der Krankenpflege. Die Ausbildung an ihrer Schule stand für hohe Qualität in der Pflege und einen grossen persönlichen Einsatz.
8   Du Boulay/Rankin, Cicely Saunders, 16.
9   Du Boulay zitiert hier ein Interview mit Cicely Saunders. Du Boulay/Rankin, Cicely Saunders, 16.

babies died and it was really wearing.»[10] Sie erinnert sich an Reggie, einen kleinen Jungen, den sie, als er starb, selbst ins Totenzimmer trug, weil sie für diese Aufgabe nicht den Krankenhausträger kommen lassen wollte.

Infolge der langen Arbeitszeit und der strengen körperlichen Arbeit litt Saunders wieder vermehrt an Rückenschmerzen. Schon in ihrer Kindheit hatte sie aufgrund einer angeborenen Verkrümmung des Rückgrates unter Rückenproblemen zu leiden gehabt, dazu kam, dass sie zu Beginn der Ausbildung einen schweren Bandscheibenschaden erlitten hatte, der ihre Schmerzen verstärkte. Sie verbrachte Stunden auf dem Boden liegend, damit sie nur ja ihre Ausbildung überstehen konnte. Kurz vor ihrem Abschluss war sie derart entkräftet, dass sie nach einem Nachtdienst – Nachtdienst hiess damals zwölf Nächte Dienst hintereinander – zusammenbrach und ihr Hausarzt sie längere Zeit krankschreiben musste. Ihr

---

10   A. a. O., 18.

Abschlusszeugnis nahm sie als Zweitbeste entgegen, aber als Krankenschwester konnte sie nicht mehr arbeiten.

Doch Saunders war fest entschlossen, sich fortan im Gesundheitswesen nützlich zu machen. So bewarb sie sich erneut in Oxford am St. Anne's
College, wo es einen Ausbildungsgang zur medizinischen Sozialarbeiterin[11] gab. Dafür musste sie das Examen in Sozialarbeit ablegen und das
Verwaltungsdiplom in der allgemeinen Kranken- und Sozialversicherung
erwerben.

Nachdem sie sechs Monate in St. Thomas' Hospital ausgeholfen
hatte, befand sie sich Ende Oktober 1944 wieder an ihrem alten College. Zwei Jahre später erhielt sie einen Preis für ihre College-Studien,
was ihr zusammen mit ihrer beendeten Ausbildung als Krankenschwester einen akademischen Grad einbrachte. Kurze Zeit später erhielt sie ihr
Verwaltungsdiplom. Sie fand rasch eine Arbeit im Institut für Sozialarbeit in London, daneben verrichtete sie praktische Arbeit in verschiedenen Krankenhäusern. Betty Read, Dozentin am Institut für Sozialarbeit
und Vorgesetzte in St. Thomas' Hospital, war von Saunders' Fähigkeiten
überzeugt und hoffte, sie würde weiterstudieren. Doch trotz interessanter
Aufgaben war der direkte Kontakt zu den Patienten für Cicely Saunders
noch immer das Wichtigste. Als diplomierte medizinische Sozialarbeiterin
trat sie 1947 in London 29-jährig ihre erste Stelle am St. Thomas' Hospital
an. Sie wurde dort als Sozialarbeiterin mit der Leitung der Northcote-
Stiftung betraut, die sich speziell um Krebskranke kümmerte.[12] Trotz vieler Entbehrungen, die die Ausbildung in Kriegszeiten mit sich gebracht
hatte, hatte Cicely Saunders durch ihre beruflichen Kontakte Anerkennung erfahren und waren freundschaftliche Bindungen entstanden. Bis zu
ihrem Lebensende pflegte sie die Kontakte zu Krankenschwestern, die sie
in diesen Ausbildungsjahren kennengelernt hatte.

## Cicely Saunders' religiöse Entwicklung

Kaum hatte Saunders ihr Studium abgeschlossen, erfuhr sie von Tren-
nungsabsichten ihres Vaters. Da ihr Vater und ihre Mutter nicht mehr miteinander sprachen, liess sich Cicely Saunders dazu drängen, zwischen beiden zu vermitteln. Sie war es, die nach Unterredungen mit dem Vater (und
engeren Freunden der Familie) beauftragt wurde, der Mutter zu eröffnen,

---

11   Damals war die offizielle Bezeichnung *almoner*, «Fürsorgerin».
12   Du Boulay/Rankin, Cicely Saunders, 23.

dass der Vater nicht mehr länger mit ihr zusammen leben wolle. Sie war es auch, die ihrer Mutter dabei half, in ein Haus in der Nähe von Bedford zu ziehen. Ihre Mutter konnte sich nur schwer an ihre neue Situation gewöhnen und hielt es allein in diesem Haus nicht aus. So brachte Saunders sie zu einer Freundin nach St. Albans. Während dieser Zeit äusserte ihre Mutter zunehmend Suizidgedanken. «With a monotonous regularity [...] she would go out of Cicely's flat saying she was going to walk under the nearest bus.»[13] Schliesslich erklärte Lilian Gardner, die frühere Hausangestellte der Eltern, sich damit einverstanden, für Saunders' Mutter zu sorgen. Die Situation entspannte sich ein wenig, in eine Scheidung willigte Saunders' Mutter jedoch zeitlebens nicht ein. Die beiden Eheleute sahen sich nach dieser Trennung nie wieder. Cicely Saunders war in dieser Zeit auch beruflich stark gefordert. Die Ehekrise und Trennung ihrer Eltern stellten zusätzlich eine grosse Belastung dar.[14]

In dieser Zeit suchte Cicely Saunders nach religiöser Orientierung, wenngleich man sich in ihrer Herkunftsfamilie nicht stark mit religiösen Fragen beschäftigt hatte. Ihre Tante Daisy, eine überzeugte Christin, die von Saunders manchmal spöttisch-liebevoll als «Heilige Mutter Gottes» betitelt wurde, war in ihrer Kindheit der einzige religiös orientierte Mensch gewesen.[15] In der Schule hatte Saunders an den Gottesdiensten teilgenommen, ohne sich davon angesprochen zu fühlen. Als Jugendliche äusserte sie gegenüber anderen, dass sie es vorziehe, Atheistin zu sein. Sie war zwar Anglikanerin, ging jedoch nur zum Gottesdienst, wenn sie als Mitglied des Kirchenchors ihrer Schule mitwirkte. Auch in Oxford konzentrierte sie sich auf die Ausbildung, ein geistlich religiöses Leben gab es für sie nicht.
 Erst zu Beginn des Krieges, als sie auf ihre Anstellung als Krankenschwester warten musste, las sie das Buch «Good God» von John Hadham, das damals eine grosse Verbreitung gefunden hatte. Von da an begann sie, christliche und philosophische Literatur zu lesen.[16] Wichtig

---

13 A. a. O., 26.

14 Sie beschreibt dies im Interview mit du Boulay, vgl. a. a. O., 25f.

15 A. a. O., 26: Cicelys Bruder John Saunders konnte sich nur an eine einzige Gelegenheit erinnern, bei der sein Vater freiwillig zur Kirche ging.

16 Vgl. Cicely Saunders, Beyond the Horizon. A Search for Meaning in Suffering, London 1990, z. B. 2ff., 15; 24; 51; 59; 71; 81. In dieser Sammlung ihrer Prosa und Lyrik, die Cicely Saunders 1990 selbst herausgab, beschreibt sie, welchen bleibenden Einfluss z. B. John Austin Baker, Victor Frankl, Teilhard de Chardin oder jüdische Literatur (z. B. Levi Yitzhak) auf sie ausübten.

## C. S. Lewis (1898–1963)

Der Schriftsteller und Literaturwissenschaftler C. S. Lewis, bekannt vor allem durch die «Chroniken von Narnia» wuchs im nordirischen Belfast auf. Seine Schulzeit verbrachte er nach dem frühen Tod seiner Mutter in verschiedenen Internaten. Sein Studium in Oxford musste er aufgrund des Ersten Weltkrieges unterbrechen: 1917 wurde er Soldat der britischen Armee und kämpfte in Frankreich. Mehrere Monate später kehrte er schwer verwundet nach England zurück. Fragen und Zweifel waren ihm seit der Kindheit vertraut. Durch Freunde in Oxford wie etwa J. R. R. Tolkien wurde Lewis immer wieder auf die «christian story» aufmerksam. Tolkien, selbst praktizierender Katholik, war der Meinung, dass das Erzählen und Wiedererzählen von Mythen ein Weg sei, an Gottes Wirken in dieser Welt anzuknüpfen. Am 28. September 1931, so schreibt C. S. Lewis in seiner autobiografischen Schrift, veränderte sich seine Perspektive grundlegend: «When we set out I did not believe that Jesus Christ is the Son of God, and when we reached the zoo I did.» (Surprised by Joy, London 1955, 283) Weihnachten 1931 ging er in die Kirche, um nach fast zwei Jahrzehnten erstmals wieder an einem Abendmahlsgottesdienst teilzunehmen. Lewis begann nun, christliche Bücher zu schreiben. Er begründete auch die christlich geprägte Schriftstellerverbindung «Inklings» mit.

### C. S. Lewis' Bedeutung für Saunders

Saunders begegnete C. S. Lewis bereits zu Beginn ihres Studiums in Oxford, wo er seit 1925 am Magdalen College lehrte, und nahm

waren unter anderem Autoren wie C. S. Lewis oder William Temple oder auch Dorothy Sayers Buch «The Man Born to be King».[17] Auch Gottesdienstbesuche wurden für sie wichtiger. Als sie 1944 für ihre Ausbildung zur Sozialarbeiterin zum zweiten Mal nach Oxford zurückkehrte, besuchte sie die Gottesdienste am Balliol College, wo sie wiederum im Kirchenchor mitsang. Sie schrieb sich bei der «Socratic Society» ein, in der Suchende, Atheisten und Christen unter der Leitung von C. S. Lewis diskutierten.[18] Für Saunders war dies eine spannende intellektuelle Auseinandersetzung.

Als Literaturwissenschaftler hatte sich C. S. Lewis damals bereits einen Namen gemacht, seine dezidiert christliche Orientierung dagegen wurde gerade unter Intellektuellen kritisch diskutiert. Zusammen mit seinem Schriftstellerkollegen J. J. R. Tolkien, ebenfalls Professor in Oxford, versuchte er mit Akademikerinnen und Akademikern öffentlich über das Wesen des Christentums zu debattieren. C. S. Lewis selbst hatte sich nie für einen Theologen gehalten. Wenn er über theologische Fragen

---

17 Wie bedeutsam diese Auseinandersetzung mit christlicher Literatur war, beschreibt sie im Interview mit Christoph Hörl am Ende ihres Lebens. Vgl. Saunders, Brücke in eine andere Welt, 144f.

18 Hier ist der erste Hinweis darauf, dass Saunders es schätzte, sich mit ganz verschiedenen christlichen Zugangsweisen auseinanderzusetzen. Dies spiegelt sich m. E. auch später im Prozess um die christliche Ausrichtung ihres Hospizes wider.

schrieb und sich mit dem christlichen Glauben auseinandersetzte, dann tat er das «as one amateur to another»[19]. Bei Lewis erlebte Saunders, dass auch Nichttheologen sich durch ihr anders strukturiertes Wissen und ihre eigenen Perspektiven mit theologischen Fragen auseinandersetzen können.[20] Saunders gefiel, dass sich Lewis selbst als einen Christen beschrieb, der angewiesen sei auf die Meinung von Fachpersonen unterschiedlicher Konfessionen, Religionen und Fachrichtungen. Für ihn war Theologie auch «experimental knowledge»[21], das von Menschen mit einer Gottesbeziehung erlebt und beschrieben werden kann.

Einige Freundinnen von Saunders waren engagierte Christinnen. Sie mieteten sich im Sommer 1947 für zwei Wochen einen Bungalow in Cornwall, um sich unter der Leitung von Meg Foote[22], zu Erholung und Austausch zurückzuziehen. Bibelstudium, Gebet und Diskussion gehörten auch zum Programm. Saunders war nicht eingeladen, man fürchtete, sie würde den Urlaub mit ihren Fragen durcheinanderwirbeln. Auf ihr Drängen durfte Saunders doch

an Debatten und Diskussionen mit ihm teil. Sein während der ersten Monate des Zweiten Weltkriegs geschriebenes Buch «The problem of pain» (1940), das sich im englischsprachigen Raum rasch verbreitete, war auch für Saunders in den Kriegsjahren eine wichtige Lektüre. Ihr Anliegen, Schmerz nicht nur körperlich zu verstehen, wurde durch Lewis' Überlegungen verstärkt. Auch die Frage nach dem Sinn und nach dem Leiden, die Saunders so umtrieb, nahm Lewis hier auf. Er beschreibt das Paradox, dass der christliche Glaube alles daran setzen muss, Leiden und Schmerz zu mindern und zugleich den leidenden Menschen Gottes Barmherzigkeit und Nähe zuspricht, weil er, wie das Christusgeschehen zeigt, gerade dort mit den Menschen ist (Über den Schmerz, München 1978, 111). In Lewis' Erörterung über Schmerz taucht auch der Begriff «community of the unlike» auf, der für Saunders zentral wurde: «Aristoteles hat uns gesagt, eine Stadt sei eine Gemeinschaft von Ungleichen; und der Apostel Paulus, der Leib sei eine Einheit aus verschiedenen Gliedern (1. Korinther 12, 12–30). So ist der Himmel eine Stadt und ein Leib, weil die Seligen ewig voneinander unterschieden bleiben; eine wirkliche Gemeinschaft, weil ein jeder all den anderen immer neue und immer frische Neuigkeiten mitzuteilen hat von ‹meinem› Gott, den jeder in Ihm findet und den doch alle preisen als ‹unseren› Gott.» (Über den Schmerz, 153) Das Thema des Schmerzes nimmt Lewis in verschiedenen Schriften auf, die er gegen Ende seines Lebens verfasste, etwa in «Till We Have Faces» (1956); «Reflections on the Psalms» (1958), «The Four Loves» (1961). Welche Dimensionen Liebe und Verlust

---

19   Jeffery D. Schultz/John G. West Jr. (Hg.), The C. S. Lewis Readers' Encyclopedia, Michigan, 1998, 399.

20   Vgl. Cicely Saunders, Watch with Me, Lancaster 2003, 39. Dort macht sie darauf aufmerksam, wie wichtig für sie die Auseinandersetzung mit C. S. Lewis war.

21   C. S. Lewis, Mere Christianity, London 1952.

22   Spätere Vizepräsidentin von «All Nations Bible College».

haben können, schildert er vor allem in seiner Schrift «A Grief Observed» (1961), der Erzählung über die Krebserkrankung seiner Partnerin, die er kurz vor ihrem Tod heiratete.

Saunders schätzte Lewis eingehende Studien der Kirchenväter, so zum Beispiel zu Augustin, Thomas von Aquin, Thomas a Kempis und den Reformatoren, die ihr einen historischen Blick auf theologische und philosophische Fragestellungen eröffneten, ebenso wie seine Schriften und Briefe, die sich mit dem Thema Gebet befassten. Für Saunders war dies ein zentrales Thema christlicher Spiritualität. Für C. S. Lewis wie Cicely Saunders war das regelmässige Gebet mit Schriftlesung fester Bestandteil ihres Tagesablaufes.

mitfahren. Anfänglich fühlte sie sich nicht wohl und spottete über die «puritanischen Angewohnheiten» ihrer Freundinnen. Gleichwohl erfuhr sie, dass sie alle eine tiefe Zusammengehörigkeit verband. Es war das erste Mal, dass sie erlebte, dass Menschen daran glaubten, dass man sich ganz Gott überlassen könne. «They were saying: ‹Come to God with nothing, because that's all you've got to bring».[23] Nach einem gemeinsam gestalteten Gottesdienst ging Saunders in ihr Zimmer und betete: «Oh God, I must have been emotional or not really meaning it when I said I wanted to try and believe and serve you before, but please can it be all right this time?» Und sie beschreibt, dass ihr war, als spreche Gott zu ihr: «It's not you who has to do anything, I have done it all.» Von dem Augenblick an fühlt Saunders sich verändert: «At that moment I felt that God had turned me round and that it was all right. It was for all the world like suddenly finding the wind at your back instead of battling against it all the time.»[24]

Ein Gedicht, das Saunders in diesen Tagen verfasste, bringt das zum Ausdruck:

We saw Him in the foam of curving waves
That broke in thunder on the sunny shore,
The whiteness of the wind-whipped crests at sea
The surf that rolled in with majestic roar

And touch of water, smooth and cool and clean
The swiftness of the dive down breakers slope,
The fight back out again in tumbling foam,
Were all His gift to us, His call of hope.

---

23   Boulay/Rankin, Cicely Saunders, 28.
24   A. a. O., 28.

We knelt before Him, our Redeeming Lord
We gave ourselves to Him, who in His Love
Had come to seek us who were all His own
That He might send his spirit from above

And in the hush of evening's purple clouds
The truth came flooding through our minds so dim
That He so loved us that He sought our hearts
And peace and joy came in to dwell with Him.


Wir sahen Ihn im schäumenden Wirbel bewegter Wellen,
Die brachen im tosenden Donner herein
Im Weiss des windigen Strandes
Peitschten Wassergipfel ins Meer.
Die erhabenen Wellen, sie kamen mir entgegen,
Mit majestätischem Rufen.

Und die Berührung von Wasser,
Glatt, kühl und klar.
Die Schnelligkeit tauchender Wellen,
Und der Kampf in stürzender Bewegung ins Meer zurück,
War alles Sein Geschenk an uns,
Sein Ruf zur Hoffnung.

Wir knieten vor Ihm, unserem Erlöser,
Wir gaben uns Ihm hin,
Der in seiner Liebe gekommen war, uns zu suchen
Auf dass Er Seinen Geist sende.

Und im Schweigen der purpurnen Abendwolken
kam Wahrheit flutend zu matten Gemütern,
Weil Er uns liebte, suchte Er unsere Herzen
Und brachte Frieden, ja die Freude, in Ihm zu sein.

*Cicely Saunders, übertragen von Martina Holder-Franz*


Rückblickend beschrieb Cicely Saunders diese Zeit als einen Neubeginn.
Sie kam von diesen zwei Wochen in Cornwall verändert zurück und wollte
allen Bekannten erzählen, dass sie nun eine ganz neue Gottesbeziehung
lebte. Die Reaktionen fielen gemischt aus, selbst ihre christliche Tante vermochte ihren Enthusiasmus nicht richtig einzuordnen und reagierte mit

Zurückhaltung.[25] Saunders Leben war nun erfüllt von christlichen Betätigungen. Allerdings nahm sie wahr, dass viele Bekannte und Freunde ihre entschiedene christliche Einstellung befremdete. Sie konnten nicht verstehen, dass Saunders bereits vor dem Frühstück zur Bibel griff oder vor der Arbeit ein Gebetstreffen organisierte. Gleichgesinnte fand sie in dieser Zeit in der Londoner Kirchgemeinde «All Souls», die vom anglikanischen Pfarrer John Stott[26] geleitet wurde, der zu den *Evangelicals* innerhalb der anglikanischen Kirche gehörte.

## David Tasmas' Vermächtnis

Cicely Saunders war nun also diplomierte Krankenschwester und medizinische Sozialarbeiterin. Sie verstand sich als Christin und versuchte in dieser Perspektive ihr Leben zu gestalten. In dieser Zeit, im Herbst 1947, begegnete sie David Tasma.

David Tasma war Patient auf der ersten Station, die sie als junge medizinische Sozialarbeiterin in St. Thomas' Hospital übernahm.[27] Er war polnischer Jude und während des Krieges aus dem Warschauer Getto geflohen. Er war nicht sehr gebildet und sprach von sich als «rough old fellow».[28] Er hatte als Kellner gearbeitet und selbst keine Familie. Als ihn Cicely Saunders im Krankenhaus kennenlernte, war er vierzig Jahre alt und an einem unheilbaren Krebs erkrankt. Saunders wusste sehr wenig über ihn, nur dass er einer von vier Söhnen war, seine Mutter sehr früh verloren hatte und dass sein Grossvater in Polen Rabbiner gewesen war und gern mit den Enkelsöhnen diskutiert hatte. David Tasma wurde zunächst aus dem Krankenhaus entlassen, seine Zimmervermieterin wandte sich jedoch bald an Cicely Saunders, weil er nicht länger ohne medizinische Hilfe zurechtkam. Erneut wurde David Tasma ins Krankenhaus eingeliefert und nun sprach er Cicely Saunders auf seine Krankheit an: ob er sterben müsse? Sie bejahte und er ahnte, dass ihm nicht mehr viel Zeit

---

25  Du Boulay/Rankin, Cicely Saunders, 31.

26  John Stott war zu dieser Zeit einer der bekanntesten Theologen dieser Richtung. Zu seinen Predigten in der Kirche «All Souls» im Zentrum von London kamen Zuhörerinnen und Zuhörer von weit her. Er prägte nicht nur die Kirchgemeinde, sondern auch angehende Prediger und Pfarrer.

27  Saunders, Brücke in eine andere Welt, hg. von Christoph Hörl, 26. Saunders nennt vier Gründerpatienten für ihr Hospiz: David Tasma, Antoni Michnewchicz, Mrs. G. und Louie.

28  Du Boulay/Rankin, Cicely Saunders, 33.

blieb. Von da an besuchte sie ihn regelmässig, zunächst in rein beruflicher Funktion, doch bald schon wuchs eine intensive Freundschaft. Nicht mehr als zwei Monate blieben ihnen, und so war jedes Treffen kostbar. Saunders notierte jede Begegnung in ihr Tagebuch. David Tasma sagte von sich selbst, dass er jüdischer Agnostiker sei. Ihre unterschiedlichen spirituellen Standpunkte scheinen sie in ihren geistlichen Gesprächen, dem eigentlichen Herzstück ihrer Beziehung, nicht getrennt zu haben. David Tasma fragte Saunders am Ende seines Lebens, ob sie ihm nicht etwas sagen könne, was ihn wirklich zu trösten vermöge. Saunders betete zunächst Psalm 23. Dann versuchte sie sich an den Text von Psalm 95 zu erinnern und bot ihm an, ihm daraus vorzulesen. Doch er wehrte ab und wünschte, nur das von ihr zu hören, was sie in ihrem Gedächtnis und ihrem Herzen trug.[29] Noch in derselben Nacht lernte sie für ihn Psalm 130 auswendig. Sie entdeckte in diesen Begegnungen, dass neben der medizinischen und pflegerischen Betreuung von Schwerkranken geistliche, spirituelle Fragen zentral sind und dass Patientinnen und Patienten es als Hilfe empfinden, wenn sie Zeit und Gelegenheit bekommen, darüber zu sprechen. David Tasma starb und Cicely Saunders blieb zurück mit einem Foto und 500 Pfund, die David Tasma ihr vererbt hatte und die anzunehmen das Krankenhaus ihr die Erlaubnis gegeben hatte. Es war David Tasmas Wunsch, dass sie sein ganzes Geld bekomme und es dafür verwende, die Vision eines Hospizes für schwer kranke und sterbende Menschen zu realisieren: «I'll be a window in your home.»[30] Für sie waren diese Worte mehr als nur ein Vermächtnis, sie wusste jetzt, welche Lebensaufgabe sie in Angriff zu nehmen hatte.

Es fiel ihr schwer, diesen Verlust zu verarbeiten. Nachdem sie dafür gesorgt hatte, dass David Tasma nach jüdischem Ritus beigesetzt wurde, reiste sie für einige Tage nach Schottland. Die Frage, wie jüdische und christliche Hoffnung zu vereinbaren seien, beschäftigte sie. Sie berichtete, dass sie in diesen Tagen Gottes Gegenwart in ungewohnter Weise erfuhr und ihr dies Frieden brachte.[31]

---

29 «No», he said, ‹I only want what is in your mind and in your heart.» Du Boulay/ Rankin, Cicely Saunders, 35, und in: Saunders, Watch with Me, 40.

30 Z. B. in: Saunders, Watch with Me, 40.

31 «I remember feeling that I'd stepped into the timeless now, and David was there somewhere and that it didn't matter whether I was nearer him than that. He was alright and this was all right. It was so strong and comforting.» Du Boulay/Rankin, Cicely Saunders, 37.

Die Fragen nach Sinn und Halt waren Saunders nicht fremd. Dass sie jedoch bereits zu Beginn ihrer beruflichen Tätigkeit einen Menschen traf, den das genauso beschäftigte, prägte sie. Sie lernte von David Tasma, dass in der Pflege von Kranken und Sterbenden die Frage nach Sinn und nach Gott nicht ausgeklammert werden darf. Sie beobachtete auch, dass sich Ärzte und Pflegende selten dieser Fragen annahmen und Patientinnen und Patienten häufig mit diesen Themen allein gelassen wurden. Es war für David Tasma eine schmerzliche und prägende Erfahrung, als er als junger Mann durch den Krieg aus dem Leben gerissen wurde und seinen Platz nicht mehr zu finden vermochte. Was ihm fehlte, war ein Ort des Gehaltenseins, um solche Fragen nach Sinn zuzulassen und mit Menschen seines Vertrauens zu sprechen. Saunders war nach dieser Begleitung fest davon überzeugt, dass es ihre Berufung sei, einen solchen Ort zu schaffen und andere zu ermutigen, dies auch zu tun.

"I will be a window in your Home"

the promise of
David Tasma of Warsaw
who died 25 February 1948 and who
made the first gift to St. Christopher's

## Medizinstudium und freiwillige Mitarbeit in St. Luke's Hospital

1948, bereits kurz nach dem Tod von David Tasma, meldete sich Cicely Saunders als freiwillige Mitarbeiterin für die Abende in St. Luke's Hospital in London. St. Luke's Hospital war ein Heim unweit ihrer Wohnung, in dem Schwerkranke gepflegt wurden. Durch diese Arbeit wollte Saunders mehr über die Situation schwer kranker Menschen in Erfahrung bringen und gleichzeitig prüfen, ob sie für eine derartig fordernde Arbeit berufen sei. Das St. Luke's Hospital wurde 1893 als «Haus für Sterbende» gegründet. Es war von Anfang an eine christliche Einrichtung, aber konfessionell nicht gebunden. Unter dem damaligen Leiter Howard Barrett gab es verschiedene Umstrukturierungen, da er das Haus immer stärker in ein Krankenhaus umfunktionierte. Das Konzept von St. Luke's Hospital hat Cicely Saunders später in ihren Überlegungen bezüglich ihres eigenen Hospizes stark beeinflusst.[32] Sie schätzte in St. Luke's, dass der einzelne Mensch mit seiner Lebensgeschichte sehr viel Beachtung fand. Was sie aber am meisten erstaunte, war, wie hier mit Medikamenten umgegangen wurde. In der Ausbildung zur Krankenschwester hatte sie immer wieder erleben müssen, dass bei Patientinnen und Patienten, die durch häufige operative Eingriffe, Chemotherapien und andere Behandlungen sehr stark litten, Betäubungsmittel eingesetzt wurden, durch die viele ins Koma fielen. In St. Luke's erfuhr Saunders zum ersten Mal, dass es möglich war, schwer kranken Menschen so zu helfen, dass sie sich einigermassen wohl fühlten und ansprechbar blieben. Dies wurde durch die regelmässige Abgabe von Schmerzmitteln erreicht: Man wartete nicht, bis die kranke Person nach Schmerzmitteln verlangte, sondern verabreichte sie gleich von Anfang an. Diese Methode sollte eine der Grundlagen für Saunders später entwickeltes «Pain Management» werden.[33] Im Vortrag «A Personal Therapeutic Journey»[34] schaute sie auf diese Zeit zurück.

Zu verdanken hatte St. Luke's Hospital diese Methode einer couragierten Pflegefachfrau, die auch engagiertes Heilsarmeemitglied war, Mrs. Pipkin. Sie hatte diese damals ungewöhnlichen Massnahmen eingeführt und sie war es auch, die die Medikamente nach Möglichkeit in Pillenform verabreichte, während in vielen anderen Einrichtungen Injektionen üblich waren. Die Abgabe von Schmerzmitteln als Pillen wurde besonders dort geschätzt, wo Patientinnen und Patienten teilweise oder vorübergehend zu Hause gepflegt wurden.

Ihre berufliche Tätigkeit in St. Thomas' Hospital erfüllte Saunders weit weniger als ihre freiwillige Arbeit in St. Luke's Hospital und so überlegte sie ernsthaft, ob sie sich nicht eine andere Stelle suchen sollte. Sie wechselte deshalb als Sekretärin zu Norman Barrett, dem bekannten Chirurgen des St. Thomas' Hospital. Obwohl sie damit neue Kompetenzen gewann, vermisste sie ihre Patientinnen und Patienten im Krankenhaus. Norman

---

32  Cicely Saunders war sich längere Zeit nicht sicher, inwieweit ihr Hospiz religiös ausgerichtet sein sollte. Ihr Ringen um den Charakter ihres Hospizes wird im weiteren Verlauf dieser Publikation noch genauer dargestellt.

33  Vgl. Cicely Saunders, The Management of Patients in the Terminal Stage. In: Cancer, Vol. 6, 1960, 403–417; abgedruckt in Saunders, Selected Writings, 21ff.

34  Cicely Saunders, Eine Lebensreise im Bereich der Therapie, 57ff. In: Dies., Sterben und Leben, hg. von Martina Holder-Franz, Zürich 2009.

Barrett machte ihr Mut sich weiterzubilden und empfahl ihr, ein Medizinstudium aufzunehmen. «‹Go and read medicine›, he said. ‹It's the doctors
who desert the dying.›»[35] Cicely Saunders war inzwischen dreiunddreis-
sig Jahre alt und zögerte, diesen Vorschlag in die Tat umzusetzen. Doch
sie beschloss, es zu versuchen. Bei den Aufnahmegesprächen äusserte sie
sich aber nicht zu ihrer Vision, ein Hospiz für Sterbende aufzubauen. Sie
gab lediglich an, dass sie ihr Wissen durch dieses Studium grundlegend
erweitern und sich besonders auf die Schmerzkontrolle spezialisieren
wolle. Medizinische Ausbildung im Bereich der Palliative Care gehörte
nicht zum Fächerkanon und so musste sie während ihres Studiums diese
Visionen vorerst auf die Seite legen. Was Cicely Saunders während der
Studienzeit nicht auf die Seite zu legen brauchte, war ihr Organisationsta-
lent. Sie organisierte Nachhilfegruppen, führte Musicals auf, veranstaltete
Freizeiten und war aktiv in der Christian Union, die es sich zur Aufgabe
gemacht hatte, Diskussionsforen aufzubauen und allgemeine Fragen der
Wissenschaft mit Impulsen aus der christlichen Tradition zu verbinden. In
St. Thomas' Hospital sorgte sie sogar dafür, dass Patientinnen und Patienten in einem Chor mitsangen. Obwohl die meisten von ihnen keine Noten
lesen konnten, spielte Saunders die einzelnen Stimmen so lange auf dem
Klavier vor, bis der Chor mehrstimmige Lieder singen konnte. Sie selbst
war Mitglied einer Musikgesellschaft in Oxford, die musikalische Auffüh-
rungen auf hohem Niveau pflegte. Um sich ganz auf ihr Staatsexamen zu
konzentrieren, zog sie in ein neues Zimmer und gab niemandem ihre Tele-
fonnummer, ihre Post wurde an die Krankenhausadresse des St. Thomas'
Hospital geschickt. «I acquired a record player and I absolutely slogged for
that year.»[36] Mit fast neununddreissig Jahren, im April 1957, bestand sie die
Prüfungen mit Auszeichnung in den Fächern Chirurgie und Gynäkologie.

## Schmerzforschung in St. Joseph's Hospital

Nach dem Examen machte ihr Vater sie mit seinem alten Freund Harold
Stewart bekannt, der Leiter der Pharmakologie am St. Mary's Hospital in
London-Paddington war. Sein Spezialgebiet war die Schmerzforschung.
Zum damaligen Zeitpunkt gab es so gut wie keine Forschung im Bereich
der Palliativmedizin, es war selbst für ihn ein neues Gebiet. Er schlug
Saunders vor, mit einem Forschungsstipendium der Halley-Stewart-Stif-

---

35  Du Boulay/Rankin, Cicely Saunders, 40.
36  A. a. O., 43.

tung bei ihm zu arbeiten. Kurze Zeit später konnte Cicely Saunders mit zwanzig anderen Forschenden mit der Arbeit beginnen.

Bereits vor ihrer Forschung hatte sie einen Artikel veröffentlicht, in dem sie Fallgeschichten von vier Patienten mit einem infausten Krebsgeschwür beschreibt.[37] Schon hier betont Saunders, dass sterbende Menschen eine spezielle Begleitung benötigten.[38] Im Zuge ihrer Nachforschungen für Harold Stewart stiess sie zufällig auf das St. Joseph's Hospital im Londoner Stadtteil Hackney. St. Joseph's Hospital war 1905 von den Irish Sisters of Charity als römisch-katholisches Hospiz gegründet worden. Diese Ordensschwestern nahmen sich besonders der Krankenpflege der Armen an. Cicely Saunders verbrachte jeweils drei Tage pro Woche in St. Joseph's, um so mehr über die Anwendung von Medikamenten in Erfahrung zu bringen. Als sie dort zu arbeiten begann, gab es 150 Betten, davon zwischen 40 bis 50 für Kranke mit Krebsleiden, die anderen Betten waren für ältere und chronisch Kranke reserviert. Nur drei der dort wirkenden Ordensschwestern waren in der Pflege ausgebildet, die anderen waren Hilfsschwestern, die meist aus Irland stammten. Eigene Ärzte gab es keine. Mit Cicely Saunders bekam St. Joseph's zum ersten Mal eine eigene Ärztin, noch dazu eine, die sich auf die Schmerzkontrolle spezialisiert hatte. Die Ordensschwestern waren die ersten, die die von Saunders vorgeschlagenen Verbesserungen begrüssten und umsetzten. Die ersten Änderungen, die Saunders bereits in St. Luke's Hospital kennengelernt hatte, bestanden im Wesentlichen aus drei Punkten: 1. Die regelmässige Abgabe von Schmerzmitteln, 2. das Führen einer detaillierten Krankengeschichte und 3. der Einbezug des Familien- und Sozialsystems als wichtigen Teil der Begleitung.

Saunders begann zunächst damit, das von den Schwestern bereits verwendete Omnopon zu verordnen, nach und nach ging sie aber zu einer Mischung aus Morphium und Heroin über. Damals hatten die meisten Fachleute grösste Bedenken, da sie fürchteten, diese Suchtmittel würden zum einen abhängig machen, zum anderen durch Gewöhnung eine immer grössere Dosis erfordern. Cicely Saunders erbrachte umfassende Forschungsergebnisse, die diese Bedenken oder Vorurteile widerlegten.[39]

Bereits in dieser ersten Zeit nach ihrem Medizinstudium setzte sie sich mit ethischen Fragen auseinander. Durch die gesellschaftliche Diskussion

---

37  Cicely Saunders, Dying of Cancer. In: Dies., Selected Writings, 1ff.
38  A. a. O., 6.
39  Cicely Saunders, When the Patient is Dying. In: Dies., Selected Writings, 17ff.

angeregt, ergriff sie öffentlich das Wort in der Debatte um Suizidhilfe, die in Grossbritannien unter dem Begriff «Euthanasia» auch ins Parlament eingebracht wurde und wird.[40] Durch ihr Engagement und ihre eindeutige Haltung war Saunders in der Öffentlichkeit präsent, unterstützt wurde sie dabei von Vertreterinnen und Vertretern der anglikanischen Kirche und Mitgliedern des Parlaments, die ebenfalls den palliativen Ansatz stärken wollten. Bereits in den ersten Schriften, die schon in ihrer Ausbildungszeit entstanden, macht Cicely Saunders deutlich, dass sich die Situation leidender, sterbender Menschen verbessern lässt, bevor man durch die Gesetzgebung andere Wege eröffnet. Dies blieb bis zum Ende ihres Lebens einer ihrer Grundsätze.

In all ihren Schriften wird ausserdem deutlich, dass sie ihre Forschungen zur Schmerzbekämpfung von Anfang an nicht auf Physiologisches beschränkte. Ihre Erfahrungen und Beobachtungen hatten ihr gezeigt, dass Schmerzempfinden auch soziale, spirituelle und emotionale Komponenten aufweist. All diese Ebenen beeinflussen sich gegenseitig und müssen bei der Schmerzlinderung beachtet und reflektiert werden. Durch ihre Erfahrungen als Krankenschwester und Sozialarbeiterin, aber auch in ihrer Arbeit als Ärztin wurde Saunders immer klarer, wie entscheidend wichtig die sozialen Bezüge eines Menschen waren und wie positiv sich gute Beziehungen auf den Gesundheitszustand eines Patienten, einer Patientin auswirken konnten. Aus diesem Grunde setzte sie sich entschieden dafür ein, dass die Familie und das soziale Umfeld der Patientinnen und Patienten in die Pflege miteinbezogen wurden.

In einer frühen Schrift «Should a Patient Know …?»[41] von 1959 befürwortet sie, offen mit den Patientinnen und Patienten über den bevorstehenden Tod zu sprechen und die Fragen nach Gott, nach dem Sinn des Lebens, aber auch Gefühle wie Ärger, Wut oder Angst zuzulassen. Sie beschreibt in mehreren Briefen, wie sie Patientinnen und Patienten auch spirituell begleitet, mit ihnen über Hoffnungen und Ängste spricht, mit ihnen betet oder sie auf ein Buch oder Gedicht hinweist.[42] Immer wieder nimmt sie das Bild der Reise – *journey* – bzw. der Pilgerreise auf und betont, dass Menschen in ein Hospiz kommen, weil sie auf ihrer zu Ende

40 Vgl. Cicely Saunders, Brief an Peggy Nuttall oder an Leonard Colebrook von 1959. In: Dies., Selected Letters, 14, 17.

41 Vgl. Cicely Saunders, Should a Patient Know …? In: Dies., Selected Writings, 13.

42 Cicely Saunders, Brief vom 30. August 1960 an Schwester Françoise in der Schweizer Kommunität Grandchamp. In: Selected Letters, 36.

gehenden Lebensreise Rast und Stärkung suchen und Fragen nach Sinn und Bedeutungszusammenhängen stellen.[43] Dieses Bild der Reise fand auch Aufnahme in die Namensgebung ihres eigenen Hospizes. Bereits in einem Brief von 1959 schreibt Saunders von ihrem zukünftigen Hospiz als «St. Christopher's Hospice».[44]

Die Nachricht vom Erfolg der in St. Joseph's eingeführten Neuerungen begann sich zu verbreiten. Es war unverkennbar, dass viele Patientinnen und Patienten zufriedener und geistig reger wirkten als zuvor. An Betty Read, ihre ehemalige Dozentin für Sozialarbeit, schrieb Cicely Saunders, dass sie Leonard Colebrook, Mitglied der Gesellschaft für Suizidhilfe («Euthanasia Society»), das St. Joseph's Hospital gezeigt habe. Er sei, so schreibt sie, so beeindruckt gewesen, dass er am Schluss ganz verstört gewirkt habe.[45] Eine Gruppe von Soziologiestudenten, denen Saunders 1960 das Krankenhaus zeigte, verfasste einen Bericht, aus dem hervorging, dass wenige Patientinnen und Patienten über Schmerzen klagten und die meisten von ihnen interessiert und nicht schläfrig wirkten. Sie vermerkten, dass eine besondere Atmosphäre im Haus dafür sorge, dass Patient, Personal und Besucher sich wahrgenommen wüssten. Zudem fiel ihnen auf, dass es für ein dezidiert christliches Hospiz erstaunlich sei, dass man sich um Agnostiker, Atheisten und religiös anders geprägte Menschen gleichermassen liebevoll kümmere.[46] All diese Erfahrungen sollten in den folgenden Jahren Saunders in ihrer Vision für ihr Hospiz beeinflussen.

Zu den Verbesserungen, die Cicely Saunders in St. Joseph's Hospital einführte, gehörte auch die Einrichtung einer Patientenkartei. Bei ihrer Ankunft gab es dort weder Krankengeschichten noch Behandlungskarten, lediglich ein Medikamentenkontrollbuch war vorhanden. Saunders dokumentierte während ihrer ganzen Zeit Krankengeschichten und Behandlungen ausgesprochen detailliert. Als sie St. Joseph's verliess, verfügte das Krankenhaus über mehr als tausend vollständig dokumentierte Fallgeschichten von Krebspatientinnen und -patienten. Ursprünglich hoffte Saunders, in dieser Zeit ihre Dissertation über die Anwendung von Betäubungsmitteln in der Pflege abschliessen zu können. Diese blieb jedoch unvollendet.

---

43  Vgl. Student, Hospizbuch.
44  Cicely Saunders, Brief an Jack Wallace vom 26. November 1959. In: Dies., Selected Letters, 17.
45  Du Boulay/Rankin, Cicely Saunders, 48.
46  A. a. O., 48.

Cicely Saunders war beeindruckt von der Art und Weise, wie sich bei den Ordensschwestern in St. Joseph's Hospital praktisches Engagement und offene Haltung mit einer tiefen Christusliebe verbanden.[47] Schon hier erlebte sie, was es hiess, Teil einer «community of the unlike» zu sein. Sie unterstrich immer wieder, dass die Gemeinschaft der Schwestern wesentlich zur guten Atmosphäre im Hospiz beitrug. Sie lebten eine bestimmte Art von Pflegeethos, das Saunders auf andere Institutionen und Palliative-Care-Projekte ausweiten wollte.

In den folgenden Jahren sollten sich ihre Visionen verdichten. Sie nahm zu Personen Kontakt auf, die sie für die Idee, ein Hospiz für Sterbende zu gründen, begeistern konnte oder die zumindest bereit waren, sich mit solch einem Projekt auseinanderzusetzen. Sie publizierte Artikel in verschiedenen Fachzeitschriften (When a Patient is Dying, 1959; The Management of Patients in the Terminal Stage, 1960; And From Sudden Death, 1961; A Patient, 1961; The Care of the Dying, 1961; Terminal Illness, 1961[48]), pflegte eine immer umfangreicher werdende Korrespondenz und versuchte auch in anderen Ländern, beispielsweise in Holland, Amerika oder Australien, Kontakte zu knüpfen. Ausserdem nahm sie Stellung zu staatlichen Untersuchungen im britischen Gesundheitswesen, die erhebliche Mängel in der Gesundheitsversorgung anprangerten.[49] Von Anfang an waren persönliche Kontakte innerhalb der Kirche von Bedeutung, beispielsweise zum Bischof von Stepney, Evered Lunt, oder zur Theologin Olive Wyon mit denen sie über Jahre hinweg korrespondierte.[50] Olive Wyon lehrte an verschiedenen theologischen Fakultäten Grossbritanniens. Ihre Studien zum kommunitären christlichen Leben faszinierten Saunders. Durch Wyon erhielt Saunders entscheidende theologische Anregungen, sie war es auch, die Saunders empfahl, die Schweizer Kommunität Grandchamp kennenzulernen und so ihren *community*-Gedanken weiterzuentwickeln.

**Olive Wyon (1881–1966)**
Die schottische Theologin Olive Wyon lehrte lange Zeit in Edinburgh. Sie übersetzte Werke von Karl Barth und die gesamte Ausgabe von Emil Brunner ins Englische. Bekannt wurde sie durch ihr Engagement für die Ökumene und ihre eingehenden Studien über kommunitäre christliche Bewegungen nach dem Zweiten Weltkrieg. In ihrem einflussreichen Werk «The Living Spring» von 1963 geht es Olive Wyon

---

47    Dies wurde auch für Saunders' Hospiz grundlegend.
48    Saunders, Selected Writings 17ff.; 21ff.; 37ff.; 41ff.; 49ff.; 53ff.
49    Du Boulay/Rankin, Cicely Saunders, 56f.
50    Saunders, Selected Letters, 23f.; 39ff.; 45; 67f.; 80; 106f.

## Die Gründerpatientinnen Mrs. G. und Louie

Neben ihrer medizinischen und sozialen Bildung war die Begegnung mit Patientinnen und Patienten die grösste Quelle von Saunders' Palliative-Care-Konzeption: «Für mich, das werden Sie alle wissen, stellen Patientinnen und Patienten das wichtigste, das tragende Fundament unseres Hospizes dar.»[51]

Die Pflege, die medizinische Betreuung und die Begleitung sterbender Menschen weckten bereits sehr früh Saunders' Verständnis für die Vielschichtigkeit der Nöte und Bedürfnisse Sterbender. Es gibt keinen Vortrag, keine Gastpredigt, in denen sie nicht von einzelnen kranken Menschen erzählt. Dabei war es ihr wichtig, immer wieder die besondere Individualität eines leidenden Menschen in den Blick zu nehmen, damit sich Methode und Konzept im Dialog mit konkreten Situationen und Fragestellungen ausdifferenzieren und weiterentwickeln.

«Die Patientinnen und Patienten, die ich in den nächsten Jahren traf, waren alle zusammen Gründungsfiguren für die moderne Hospizbewegung. Neben David, Antoni Michniewicz und Mrs. G.

um eine Neuinterpretation des gemeinsamen christlichen Lebens, das sich ihrer Meinung nach auch im Protestantismus nach dem Zweiten Weltkrieg wieder stärker neuen kommunitären Lebensformen zuwendet. Das Buch ist Schwester Geneviève, der Gründerin der Schweizer Kommunität Grandchamp, gewidmet und zeugt von grosser ökumenischer Offenheit. Weitere wichtige Bücher von Olive Wyon sind «The School of Prayer» (1943) und «The Altar Fire» (1953).

### Olive Wyons Bedeutung für Saunders

Olive Wyons ökumenische Offenheit war für Saunders und ihre Vision eines Hospizes wegweisend. Bereits 1960 schrieb sie Wyon einen Brief, um sich hinsichtlich der Verortung von St. Christopher's von ihr beraten zu lassen. Damals lebte und lehrte Wyon in Cambridge. In den Jahren nach 1960 wurde Olive Wyon zu einer engen Vertrauten und theologischen Beraterin. Sie schlug Saunders vor, so bald wie möglich in die Schweiz zu reisen, um dort die Kommunität Grandchamp kennenzulernen, da dort der Dienst an der Welt in ökumenischer Freiheit eine wichtige Rolle spiele.

Nachdem Saunders Wyon ihre Gedanken und Fragen zur Ausrichtung ihre Hospizes geschildert hat, berichtet sie in einem Brief vom 6. Dezember 1960 erleichtert: «We have decided that it shall be an interdenominational foundation [...] The chapel will be open for all denominations to use [... ]» (Saunders, Selected Letters, 39f.) Wyon erkannte, dass Saunders sowohl eine medizinische als auch eine spirituelle Vision verfolgte, die beide miteinander verwoben waren. «So I am really faced with two problems. On the spiritual side, I know that the spiritual work is of paramount impor-

---

51  Saunders, Sterben und Leben, 13, vgl. in der englischen Fassung: Saunders, Watch with Me, 1: «I think that you all know that I like best of all to think of St Christopher's as being founded on patients.»

tance while it goes hand in hand all the time with our medical work [...].» (Brief vom 1. März 1960, in: Saunders, Selected Letters, 23) Auch Wyons Buch «School of Prayer» beeinflusste Saunders nachhaltig. Dieses Werk erschien bereits 1954 auf Deutsch übersetzt unter dem Titel «Schule des Gebets». Wyon ermutigt darin Menschen, die Kraft des Gebets selbst wieder neu zu entdecken. Sie zeigt durch verschiedene Alltagsbeispiele auf, dass gerade im Gebet Körper, Seele und Geist als Einheit erfahren werden können. Dabei geht es ihr nicht um eine ausschliesslich kontemplative zurückgezogene Lebensweise, sie will im Profanen, Alltäglichen das «Sakrament des gegenwärtigen Augenblicks» (Olive Wyon, Schule des Gebets, Gütersloh 1954, 70) wahrnehmen und für die persönliche Spiritualität fruchtbar machen. Saunders hat ihren letzten grossen Vortrag nach einer Schrift Wyons, benannt: «Consider Him. Three Meditations on the Passion Story» (Vgl. Olive Wyon, Consider Him. Three Meditations on the Passion Story, London 1956).

Man kann davon ausgehen, dass Saunders durch die Gespräche mit Wyon und der Auseinandersetzung mit der von ihr empfohlenen Literatur entscheidende Impulse für die Spiritual Care erhielt. Dies zeigt sich in der Bedeutung des regelmässigen Gebets in St. Christopher's, aber auch an Ausdrücken wie «Sakrament des Wasserbechers» oder «neue Aufgaben für die Theologie» (Saunders, Watch with Me, 6) und der «Verantwortung gegenüber aller leidenden Kreatur», die Saunders mehrfach in ihren Vorträgen und Interviews verwendete.

Wie stark Wyon auch ihren *community*-Gedanken geprägt hat, lässt sich ebenfalls in «Watch with me» erkennen: «Above all, I think that it is here that we see the very

möchte ich noch eine andere Patientin erwähnen, Louie. Sie alle waren für mich Schlüsselfiguren, durch die ich viel lernte.»[52]

Saunders veröffentlichte 1961 in «Nursing Times» einen Artikel, der sich ausschliesslich Mrs. G. widmete. Es handelt sich dabei um eine ausführliche Fallbeschreibung. Saunders hat später keine weitere derart ausführliche Patientenbeschreibung mehr veröffentlicht.[53]

**Mrs. G.**

1954 traf Cicely Saunders als junge Studentin Mrs. G. beim Abendgottesdienst in St. Thomas' Hospital. Die 33-Jährige litt an einer seltenen, fortschreitenden Paralyse und war nach mehreren Krankenhausaufenthalten fast erblindet. Bei Saunders' Beschreibung fällt auf, dass sie sehr knapp über den Krankheitszustand der Patientin berichtet und bereits im zweiten Abschnitt ausführlich auf ihr soziales Umfeld eingeht. Dabei berichtet sie nicht nur von Mrs. G.'s Ehemann und dem gemeinsamen Sohn, sondern auch von den Eltern und anderen wichtigen Bezugspersonen. Zu dieser Beschreibung gehört auch, wie sich Mrs. G.'s Kontakt zu Bezugspersonen gestaltet:

52  Saunders, Sterben und Leben, 77.
53  Vgl. Cicely Saunders, A Patient. In: Dies., Selected Writings, 41ff.

«Neither her husband nor her mother ever missed a visit, always being first through the ward door; they were always truly interested in all her doings and friends in the ward and yet kept her in the centre of all their plannings of family affairs until the end.»[54]

Mrs. G. freute sich, wenn andere Menschen zu ihr kamen, um ihr vorzulesen. Eine der Vorleserinnen war Saunders selbst. Sie berichtet, dass Mrs. G. Besuch von einer Frau hatte, die ihr eine Karte mit einem Bibelwort vorlas. Es waren die Worte aus dem Johannesevangelium (Joh 8,12): «I am the light of the world. He that followeth me shall not walk in darkness but shall have the light of life.» Später

great need for a religious foundation. We must remember that we belong to the much wider community of the whole Church, to the whole communion of saints and, indeed, to the whole community of all men. It is because of this that St Christopher's is ecumenical and undenominational. We will welcome people of all sorts and kinds and be of all sorts and kinds ourselves. We are not emphasising that there is just one way but rather that there is one Person coming in many ways.» (Saunders, Watch with Me, 5) Olive Wyon hielt bis zu ihrem Tod 1966 einen regen Briefkontakt zu Saunders. Sie war auch bei der Grundsteinlegung von St. Christopher's anwesend, zusammen mit dem Bischof von Stepney. Durch Wyon lernte Saunders die verschiedenen christlichen Konfessionen besser kennen und verstehen und erhielt wesentliche Impulse, um das Hospiz als *community* zu verstehen und zu gestalten.

fragte Mrs. G. Saunders, was denn diese Worte bedeuteten und woher sie stammten. Seit dieser Zeit führten Mrs. G. und Saunders oft Gespräche, in denn auch viele theologische Fragen erörtert wurden.[55] Mrs. G. war in ihrer Jugend nur entfernt mit der Kirche in Berührung gekommen. Sie suchte keine rein intellektuelle Auseinandersetzung, sondern vertrauensvolle Beziehungen, die ihr ein Reden über ihre Fragen ermöglichten. Saunders erfuhr durch diese intensive Begegnung und Freundschaft, wie wichtig diese geistige Auseinandersetzung war und welche Dialogform

---

54 A. a. O., 41.

55 Saunders, Brücke in eine andere Welt, 27f.: «Wir waren sieben Jahre lang befreundet, bevor sie starb und über diese sieben Jahre hinweg wurde sie langsam blind und gelähmt, bis sie nur noch eine Bewegung mit dem rechten Arm machen konnte. Sie war eine ganz zauberhafte Person. Ich habe Stunden um Stunden mit ihr verbracht, las ihr vor, sprach und schwatzte mit ihr. Sie wurde Christin in dieser Zeit. Von der Herkunft her war sie ganz ungebildet. ‹War da nicht irgendetwas mit einem Abendmahl?›, sagte sie einmal zu mir. Sie war wunderbar. [...] Und als sie starb, schrieb ich ihre Geschichte für die *Nursing Times* auf. Sie hinterliess nichts als wunderschöne Erinnerungen – und vor allem die Zuversicht, dass einem fast alles genommen werden kann und man dennoch die Person bleibt, die man war. Man kann sogar noch wachsen, so wie sie.»

Mrs. G. weiterhalf. So schenkte sie ihr das Büchlein «Daily Light», in dem sie selbst jeden Tag las.[56]

Mrs. G. war es auch, die St. Christopher's seinen Namen gab: «Cicely was telling her about the concept of a hospice and Mrs. G. said ‹A place for travellers? Well, it will have to be St. Christopher's, won't it?›»[57]

Cicely Saunders schildert in ihrem Aufsatz, dass Mrs. G. immer wieder danach fragte, was Saunders dachte und glaubte, was ihr selbst in ihrem Leben Halt gab: «Does this help you? Do you believe it?»[58] Für Cicely Saunders waren diese offenen und direkten Reaktionen sehr hilfreich. Sie zeigten ihr, dass Spiritual Care an die Persönlichkeit und an die Kommunikationsmöglichkeiten des *Caregivers* gebunden ist. Durch Mrs. G. lernte sie, dass Spiritual Care auch bedeutet: sich selbst einbringen, sich verwundbar zeigen, sich selbst auf einen Prozess einlassen.[59] Dabei werden Unterschiede und verschiedene Erfahrungen nicht nivelliert, vielmehr kommt es durch die Anerkennung der Unterschiedlichkeit und der geistigen Suche zu einer Weggemeinschaft, die dem anderen Freiheit und Selbstbestimmung lässt. Individualität und Gemeinschaft kommen zusammen und werden als gleichwertig erfahren. In Bonhoeffers Worten: «Die gesamte Geistigkeit des Menschen ist in die Sozialität hineingewoben und ruht auf der Grundbeziehung von Ich und Du. Alle Geistigkeit des Menschen wird erst aneinander offenbar; das ist das Wesen des Geistes: Selbstsein durch Sein im anderen.»[60]

Saunders beschreibt in ihrem Aufsatz, dass Mrs. G. trotz fortschreitender Krankheit Entwicklungen erfahren habe. Sie spürte, dass Mrs. G. einen geistigen Weg beschritten hatte und sich ihr Neues zeigte. Sie hinterfragte ihren Glauben und konfrontierte ihn mit dem alltäglichen Geschehen und ihrem Leiden. Dabei lernte Saunders von Mrs. G., dass neben medizinischer Behandlung und Pflege Emotionen und soziale Einflüsse einen entscheidenden Einfluss auf den Krankheitsverlauf haben. Obwohl

---

56  «Daily Light» ist ein Andachtsbuch für das tägliche Bibellesen, vergleichbar mit den Herrnhuter Losungen, nur wird die festgesetzte Sammlung von Bibelversen nicht jedes Jahr verändert.

57  Du Boulay/Rankin, Cicely Saunders, 55.

58  Saunders, A Patient. In: Dies., Selected Writings, 42.

59  Vgl. die Werke von Henri J. M. Nouwen und Jean Vanier. Diese beschreiben dieses Miteinander-unterwegs-Sein in ähnlichen Dimensionen; z. B. in: Henri J. M. Nouwen, Seelsorge, die aus dem Herzen kommt, Freiburg 1989; Henri J. M. Nouwen, Du bist der geliebte Mensch, Freiburg 1993; Jean Vanier, The broken body, London 1988; Jean Vanier, Einfach Mensch sein, Freiburg 2001.

60  Dietrich Bonhoeffer, Sanctorum Communio, München 1986, 45.

die Fachkräfte glaubten, sie würde gewisse Krankheitsphasen nicht überstehen, erholte sie sich immer wieder. Was ihr neben ihren sozialen und familiären Beziehungen Lebensqualität und Lebenswillen gab, wird in Saunders Beschreibungen ebenfalls deutlich: eine feste Bezugsperson im Pflegeteam,[61] die Einhaltung der Tagesroutine und regelmässige Kontakte zu einem Seelsorger.[62] Mrs. G. äusserte sich immer stärker, welche Formen geistlicher Unterstützung sie benötigte. Sie wünschte sich z. B. bestimmte Lieder oder Gebete, mit denen sie im Laufe der Zeit vertraut geworden war.

Ihr letztes Weihnachtsfest und ihr Sterben erzählt Saunders einfühlsam und sie beschreibt, in welcher Freude und Intensität Mrs. G. ihre letzten Tage verlebte. Am Ende ihres Berichts betont Saunders, dass Mrs. G. sieben Jahre auf intensive Pflege angewiesen war und wie viel sie und andere von ihr lernen duften.

**Louie**

Eine andere Patientin, die für Saunders' Entwicklung wichtig wurde, war Louie. Cicely Saunders berichtet:

> «Louie war ihr ganzes Leben lang wegen eines äusserst fragilen Knochenbaus ans Bett gefesselt. Als sie wusste, dass sie bald sterben würde, und wir darüber sprachen, fragte ich sie eines Tages: ‹Was wird das Erste sein, was du zu ihm sagen wirst, Louie?› Ohne zu zögern, antwortete sie: ‹Ich kenne dich.›»[63]

> «Sie kannte ihn, sie hatte nicht nur von ihm gehört. Für sie bedeutete Glaube liebendes Vertrauen und nicht, sich an Glaubenssätzen oder dogmatischen Konzepten zu orientieren. Ihr Glaube war tatsächlich kaum in Worte zu fassen.» [64]

Louies Worte wiederholte Saunders 2003 in ihrem letzten grossen Vortrag «Consider Him».[65] Im Interview mit Christoph Hörl ging Saunders 1997 noch einmal auf die vier wichtigsten «Gründerpersonen» von St. Christopher's ein, darunter Louie. «Hier in meinem Büro hängen Fotos

---

61  Als diese St. Thomas' Hospital verliess, hatte Mrs. G. nicht mehr die Kraft, sich auf eine neue Pflegerin einzulassen. Sie starb kurze Zeit später.

62  «The chaplain became one of her many close friends.» Saunders beschreibt, dass Mrs. G. sich von einem Bischof segnen liess. Siehe Saunders, A Patient. In: Selected Writings, 45.

63  Saunders, Sterben und Leben, 77.

64  A. a. O., 25f.

65  Saunders, Watch with Me, 45, in der deutschen Fassung: Saunders, Sterben und Leben, 77.

von vier ‹Gründerpatienten›, die ich alle wirklich geliebt habe – zwei Männer und zwei Frauen.»[66] Saunders lernte Louie in St. Joseph's Hospital
kennen. Sechs Jahre dauerte ihre Freundschaft, bis Louie 1964 starb. Louie
nahm angeregt an Saunders Plänen für St. Christopher's teil und tauschte
sich mit ihr darüber aus.

> «Sie wollte immer wissen, wann genau ich einen Vortrag halten würde, und sagte:
> ‹Ich werde dort dabei sein.› Und sie war es, die gegen Ende zu mir sagte: ‹Ich
> werde immer in St. Christopher's dabei sein, denn ich weiss, wie es ist, einen
> solchen Ort zu brauchen.› Ein Bild, das sie gestickt hat, hängt dort neben mei
> nem Schreibtisch. Sie stickte, obwohl sie nur eine Hand bewegen konnte und ihr
> Zeigefinger geschient war.»[67]

Saunders lernte durch Louie in St. Joseph's auch Alice und Terry kennen,
beides Freundinnen von Louie und wie sie auf der Abteilung für Langzeitpatientinnen und -patienten.[68] Saunders besuchte sie regelmässig. Die
drei Frauen machten es sich zur Aufgabe, für Cicely Saunders' Projekt zu
beten. Es war eine jüdisch-christliche Gebetsgruppe.

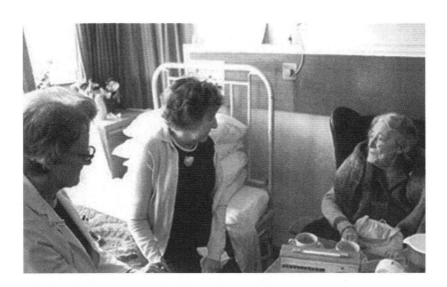

---

66  Saunders, Brücke in eine andere Welt, 26.
67  A. a. O., 28.
68  Alle sind erwähnt in: Saunders, Watch with Me, 11.

## Antoni Michniewicz

Während ihrer beruflichen Tätigkeit am St. Joseph's und inmitten der Planungsarbeiten für St. Christopher's lernte Saunders 1960 Antoni Michniewicz kennen.

> «Er war ein sehr bemerkenswerter Mensch. Er war sehr reif. Er war in Sibirien gewesen und in der Achten Armee – ‹Krieg ist furchtbar, tot, tot, tot.› Er war emigriert, hatte seine Frau verloren, machte sich Sorgen um seine Tochter. Und dann die sieben Monate in St. Joseph's, wo es immer noch die altmodischen Krankenzimmer gab, und er konnte sich nicht so frei bewegen, wie es ihm vielleicht möglich gewesen wäre. Antoni hatte, weiss Gott, über eine lange Zeit hinweg enorme Rückschläge erlitten und hatte sich dennoch seine Integrität bewahrt – und seine ganz persönliche Art.»[69]

In den Monaten seines Aufenthaltes war Saunders seine zuständige Ärztin. Erst wenige Wochen vor seinem Tod gestand er ihr seine Liebe. Ausführlich hielt sie Konversationen, Begegnungen, persönliche geistliche Erfahrungen in jenen Wochen fest. «During the next few weeks we lived a lifetime.»[70] Ihre bisher unveröffentlichten Tagebuchnotizen geben darüber Auskunft. Antoni Michniewicz war praktizierender Katholik. In St. Joseph's Hospital fiel er den Pflegenden und Mitpatientinnen und -patienten durch seine liebenswürdige Art auf. Auch Cicely Saunders war von seiner Ausstrahlung beeindruckt.[71] Er ahnte, dass ihm nicht mehr viel Zeit zum Leben blieb, aber er wollte unbedingt noch miterleben, wie seine Tochter Anna ihr Abschlussexamen bestand. Als diese mit ihrem Abschluss zum Vater ins Krankenhaus eilte, war Saunders auch anwesend. Sie notierte in ihr Tagebuch:

> «His daughter heard about her exams and I went to congratulate her while she was visiting him. And when his eyes filled with tears again I took his hand. And when he kissed it she said: ‹My father has so much fallen in love with you, doctor.› Then he said: ‹I do not know how to express it and please do not be offended.› And I said: ‹Indeed no, — I am grateful.› And I left them. But my world was suddenly unmade without warning.»[72]

---

69   Saunders, Brücke in eine andere Welt, 30.
70   Saunders, Watch with Me, 23 und 43.
71   Saunders, Sterben und Leben, 73. Dort blickt Saunders kurz auf diese Begegnung zurück.
72   Cicely Saunders, Tagebuch, 21. Juli 1960 (Archiv Cicely Saunders).

Saunders kehrte nach dieser Nachricht erst am Abend wieder auf die Station zurück, beide führten ein langes Gespräch. Am Ende dieses Gespräches fragte er Saunders, ob er bald sterben müsse und nach anfänglichem Zögern bestätigte sie ihm, dass ihm nicht mehr viel Zeit bliebe:

> «That evening I went back and talked a bit about his daughter. We were rather at cross purposes and I don't really know what it was about. His English was not very good. … Then I sat on his bed and he asked me if he was going to die. And I said … ⟨Yes⟩. And he said ⟨Not long?⟩ … And I said, ⟨No. And he said ⟨Thank you. Was it hard for you to tell me that?⟩ And I said, ⟨Well, yes, — it was.⟩ And he said, ⟨Thank you, it is hard to be told, but it is hard to tell too, thank you.»[73]

Hier wendete Saunders an, was sie als ihre seelsorgerliche und ärztliche Sorgepflicht im Aufsatz «Should a Patient Know …?»[74] ein Jahr zuvor beschreibt:

> «If they do ask I believe they should be told. I think it is rarely right for us to take the initiative and even when we are asked we must sometimes judge and prevaricate where we judge the patient to be unready as yet to face the full knowledge. I do not pretend that it is easy either to decide or to carry out our decision nor that we will not have regrets.»[75]

Jahre später nahm sie in einem erweiterten Kontext dazu Stellung. In ihrer Schrift «Facing Death» von 1984 geht sie auf die Verantwortung ein, Beziehungen am Ende des Lebens bewusst zu gestalten und nimmt indirekt Bezug auf die Erfahrung, die sie mit Antoni Michniewicz machte.

> «Deshalb ist es wichtig, dass die, welche nun die Gebenden sind, dies mit Sensibilität tun. Diese Zeit kann als eine erlebt werden, in der Bitteres verheilt, in der Versöhnung gefunden und – wie so oft in Krisenzeiten – erfahren werden kann, dass vieles sich überraschend schnell bewegt und verändert (⟨Wir lebten eine Lebensspanne in drei Wochen⟩). Damit das aber gelingen kann, ist es wichtig, dass der Ernst der Situation zumindest teilweise angesprochen wird. Familien haben oft das Gefühl, die sterbende Person vor der vollen Wahrheit schützen zu müssen, aber fast immer ist das der falsche Weg. Denn meist erfahren es die Patientinnen und Patienten auf anderen Wegen und fühlen sich dadurch noch stärker isoliert, weil sie ihre eigenen Anliegen und Sorgen um andere mit

73  A. a. O., 2.
74  Saunders, Should a Patient Know …? In: Selected Writings, 14ff.
75  A. a. O., 15.

niemandem besprechen können. Immerzu zu verdrängen, ist für beide Seiten hemmend und erschöpfend.»[76]

In den folgenden Tagen und Wochen schaute Saunders täglich kurz bei Michniewicz vorbei. Sooft er sich kräftig genug fühlte, erzählte er ihr aus seinem Leben, von dem Landgut in Polen, seiner Familie, der Stadtwohnung in Wilno, seiner Liebe zu Strauss und Schubert. Er erzählte ihr von seiner Zeit in Sibirien, aber auch von seinen Hobbys, zu denen die Ornithologie gehörte. Dabei erlebte Saunders, dass es in der Begleitung Sterbender auch Zeiten gibt, in denen die Sterbenden zu erschöpft für jegliche Kontaktaufnahme sind: «He was too tired to think of listening or talking, or of any demonstration of love.»[77] In ihrem Tagebuch lässt sich nachlesen, wie sie, in den konkreten Phasen der Begleitung Gott um Hilfe bat und wie sie versuchte in Gottes Liebe und Hinwendung zum Menschen letztlich auch menschliche Liebe als gehalten zu verstehen. Ihre selbst formulierten Gebete erinnern teilweise an Texte von Juliana von Norwich, die über Gottes Liebe und menschliche Liebe meditierte. In ihrer Mystik thematisiert diese bekannte englische Mystikerin des Mittelalters, die mit den theologischen Fragen ihrer Zeit vertraut war, das Leiden Christi wie auch das menschliche Leiden und unterstreicht das Mitleiden – die *compassion* – Gottes mit den Menschen.[78]

Saunders nimmt Gedanken von Juliana von Norwich auf. In einem Gebet im August 1960 formuliert sie: «O Lord, I do not deserve so

**Juliana von Norwich (um 1342–1413)**
Juliana von Norwich lebte im 14. Jahrhundert als Einsiedlerin und Mystikerin in Norwich, England. Sie war belesen und der lateinischen Sprache mächtig. Es lässt sich nachweisen, dass sie mit Boethius, Augustin und mit der theologischen Literatur ihrer Zeit vertraut war (vgl. Joan M. Nuth, Wisdoms Daughter, The Theology of Julian of Norwich, New York 1991, 8ff.)

Sie bewohnte einen kleinen abgeschlossenen Raum, der an die Kathedrale in Norwich angebaut war. Sie wurde bekannt durch die Texte ihrer «16 Showings», Visionen, die sich auf die Passion Christi beziehen. Sie beschreibt in verschiedenen Texten, wie ihre Visionen gedeutet werden können («Parable of the Lord and the servant»). Ihre Visionen empfing Juliana von Norwich mit dreissig Jahren, im Mai 1373, zu einem Zeitpunkt, da sie davon überzeugt war, dass sie bald an der Krankheit,

---

76  Saunders, Sterben und Leben, 45f., in der englischen Fassung: Saunders, Watch with Me, 23 und 43.

77  Cicely Saunders, Tagebuch, 9. August 1960 (Archiv Cicely Saunders).

78  Joan M. Nuth, Wisdoms Daughter. The Theology of Julian of Norwich, New York, 1991.

an der sie litt, sterben würde. Zu den Visionen schrieb sie in den folgenden zwanzig Jahren ihres Einsiedlerinnenlebens einen Kommentar. Sie entfaltete darin ihre zwei Hauptthemen: «Perfect love» und «Intimacy with God». In ihren Offenbarungen erkennt Juliana, dass Gottes Heilshandeln allen Menschen und seiner ganzen Schöpfung gilt. Eine Besonderheit von ihr ist, dass sie in ihren Ausführungen mehrfach von der «Mutterschaft Christi» («Motherhood of Christ») spricht. Juliana von Norwich zählt zu den wichtigsten Mystikerinnen des Mittelalters im angelsächsischen Sprachraum. Bereits zu ihren Lebzeiten zog es viele Menschen nach Norwich, die bei Juliana geistlichen Beistand oder Rat suchten.

*Juliana von Norwichs Bedeutung für Saunders*
Cicely Saunders las Juliana von Norwichs Texte in der Originalfassung im Lauf der Zeit mehrere Male. Am Ende ihres Lebens wurde diese Lektüre ihre ständige Begleiterin. Sie zitiert Juliana in mehreren Veröffentlichungen, beispielsweise in «Beyond the Horizon»: «Wouldst thou learn thy Lord's meaning in things? Learn it well: Love was his meaning. Who showed it thee? Love. What showed He thee? Love. Wherefore showed it He? For love.» (Saunders, Beyond the Horizon, 31)
Julianas mystische Erfahrungen unterstreichen das Mitleiden – die *compassion* – Gottes mit den Menschen. Hierin sah Saunders eine besondere Stärke und Wirkkraft von Julianas Schriften. Dass sie Versöhnung, Erlösung und Freude Gottes in Christus als Heilshandeln derart zu ertasten versucht, dass schlussendlich nichts und niemand ausgeschlossen wird, war Saunders besonders in den späteren Jahren ihres theologischen Nachdenkens zentral. Für Saunders verbanden sich gewisse Traditionslinien von Juliana von Norwich mit

wonderful a gift in any way ever, but just accept it with open hands and heart. A quiet heart at last. And now he is comforted, and now he can see the Saviour, he is in His presence now and for evermore.»[79]

Ende Juli 1960 trat eine deutliche Verschlechterung von Michniewiczs Zustand ein, was für Saunders eine Zeit grosser Unruhe und Sorge bedeutete. Sie wollte viel und lange bei ihm sein, aber sie wollte nicht, dass andere Patienten darunter litten oder vernachlässigt wurden. Schwester Antonia, die auf der Station arbeitete, meinte Jahre später, sie habe nie etwas von dem besonderen Verhältnis zwischen Saunders und Michniewicz bemerkt.

In der «spirituellen Begleitung» waren ihr nonverbale Kommunikationsformen (z. B. die Hand halten, Schweigen mit Blickkontakt), Symbole (z. B. Kruzifix), verschiedene Gebetsformen (z. B. persönliches Fürbittgebet, Psalmwort, Segenswort, kurzes gemeinsames Gebet, Unservater) und auch Lieder bzw. Liedtexte oder Melodien wichtig. Regelmässig fragte sie Antoni Michniewicz, ob er lieber für sich sein möchte oder ob er Begleitung wünsche. Es war ihr klar, dass auch, wenn man den Sterbenden noch so genau wahrzunehmen versucht,

---

79   Du Boulay/Rankin, Cicely Saunders, 83.

andere Menschen oftmals nicht wissen können, was ein sterbender Mensch in einem bestimmten Moment braucht oder wünscht.

Erst im Nachhinein nahm sie wahr, wie viel Kraft sie diese Lebenserfahrung gekostet hatte, obwohl sie in ihrem Tagebuch von Antoni Michniewicz immer wieder als einem kostbaren Geschenk sprach. Sie brauchte einige Monate, um mit der Trauer nach seinem Tod – er starb im Sommer 1960 – umzugehen, die sie wie damals beim Tod von David Tasma mehr oder weniger allein bewältigen musste. Sich in dieser Verwundbarkeit und Offenheit einem sterbenden Menschen zuzuwenden, konnte sie als wichtige Erfahrung in ihre zukünftige Arbeit mit einbringen. Als Christoph Hörl sie 1998 fragte, ob sie denn davon ausgehe, dass eine so intensive Zuwendung hilfreich gewesen sei, bejahte sie dies ohne Zögern, gab aber zu verstehen, dass es natürlich nicht möglich sei, in dieser Weise mit vielen Menschen in emotionaler Verbindung zu stehen. Sie betonte jedoch, wie entscheidend diese Erfahrung für sie war, um anderen sterbenden Menschen begegnen zu können:

Teilhard de Chardin («créer c'est unir»). Saunders sah in Julianas theologischen Ausführungen auch eine neue Zugangsweise zu Gott («Christ as Mother») und seiner Zuwendung zu den Menschen. «Ich bin es – die Macht und Güte der Vaterschaft. Ich bin es – die Weisheit und Freundlichkeit der Mutterschaft. Ich bin es – das Licht und die Gnade, die ganz und gar segensreich Liebe ist. Ich bin es – die Dreifaltigkeit. Ich bin es – die Einheit. Ich bin es – die erhabene Güte [...] Ich bin es, der die Liebe in dir weckt und deine Sehnsucht. Ich bin es – die unendliche Erfüllung deines wahren Verlangens.» (Übersetzung nach Elftraud von Kalckreuth, Liebe ist die Antwort, Gespräche mit der Mystikerin Juliana von Norwich, Ostfildern 2007, 52)

> «Aber das soll nicht heissen, dass sich jeder auf dieser Ebene auf seine sterbenden Patienten einlassen sollte. Ich glaube, dass ich die Würde dieser Menschen deutlich machen konnte, weil ich selbst dort war. Und ich habe gezeigt, dass professionelles Pflegepersonal auf einer anderen Ebene auch diese Haltung einnehmen sollte. Ausserdem ist auch wichtig, dass diese Patienten selbst mir ganz Wichtiges mitzugeben haben. Eines der letzten Dinge, die ich zu Antoni sagte, war: ‹Bitte glaube mir, ich habe nicht nur dir viel gegeben, auch du hast mir viel gegeben›, und er sagte: ‹Ich glaube dir.›»[80]

Hier wie auch in anderen Darstellungen wird deutlich, dass Begleitung und Pflege sterbender Menschen ein relationales Geschehen ist, das beide Seiten fordert und verändert. Der kranke und sterbende Mensch ist nicht

---

80   Saunders, Brücke in eine andere Welt, 31.

nur passiver Empfänger von Pflege und Anteilnahme. Er gestaltet bis
zuletzt mit und verleiht seinen Gedanken und Gefühlen Ausdruck. In
ihren Spätschriften schreibt Saunders neben den anderen Dimensionen
von Schmerz auch von «staff pain». Menschen, die Sterbende begleiten,
setzen sich mit ihrer Existenz der Verwundbarkeit des Daseins auseinander und brauchen daher auch Begleitung und Unterstützung.[81]

Saunders' Freundin Betty West wusste von Antoni Michniewicz und
von Cicely Saunders Erleben. Sie schrieb ihr in dieser Trauerzeit mehrere Briefe, die Saunders halfen, ihre persönliche Erfahrung einzuordnen.
Auch hier wird ersichtlich, wie Saunders darum ringt, wie und ob das Erleben menschlicher Liebe in der Gottesbeziehung wurzelt.

> «I have shared this grief and know that there is something stronger behind it
> all — not an answer, no explanation but a presence. We believe, many of us here,
> that this is the presence of God who has shared our suffering with no more than
> the equipment of a man and who, having come through, shares the sorrow of all
> men and will transform them.»[82]

In dieser Zeit setzte sich Saunders auch mit der Schrift «Le Milieu Divin»
von Teilhard de Chardin[83] auseinander, auf die sie wiederum durch
Gespräche mit Olive Wyon gestossen war. Für de Chardin, der sich als
Theologe und Naturwissenschaft-
ler verstand, hat die gesamte
Schöpfung Anteil an einer durch
die Liebe initiierten Bewegung,
auch wenn dies Erdulden und Leiden mit einschliesst. In Christus ist
dieses Erleiden von einer Verheis-
sung getragen. Seine Gedanken
stärkten Saunders, Abschied und
Trauer zu bewältigen. In verschiedenen Schriften, etwa in «Beyond

**Pierre Teilhard de Chardin
(1881–1955)**
Teilhard de Chardin wurde am 1. Mai 1881 in
Orcines in der Auvergne geboren. Er wurde
in einer Jesuitenschule erzogen und trat dem
Jesuitenorden 1899 bei. Zunächst studierte
er Geologie, Physik und Chemie. Nach dem
Abschluss seiner Studien lehrte er drei Jahre
in Kairo Physik und Chemie und unternahm
erste geologische Exkursionen. In dieser Zeit
las er das Werk «L'évolution créatrice» von
Henri Bergson, das auf ihn tiefen Eindruck
machte. Später studierte er in England Theolo-

---

81  Cicely Saunders, Current Views on Pain Relief and Terminal Care. In: Dies.,
Selected Writings, 180.

82  Du Boulay/Rankin, Cicely Saunders, 86.

83  1957 posthum veröffentlicht, da Teilhard de Chardin mit seinen Überzeugungen
als Priester und Wissenschaftler in Konflikt mit der römisch-katholischen Kirche geraten
war. Auf Deutsch erschienen als: Teilhard de Chardin, Das göttliche Milieu. Ein Entwurf
des Inneren Lebens, Düsseldorf/Zürich [11]1990.

the Horizon»[84], zitiert sie aus «Le Milieu Divin».

Hatte David Tasma ihr geholfen, ihre Berufung zu erkennen, verstärkte Antoni Michniewicz Saunders' Gewissheit und gab ihrem Ziel zusätzliches Gewicht. In ihrer Schrift «Watch with Me» von 1965 schreibt sie:

«Der wichtigste Grundstein für unsere Arbeit steckt sicher in jenen schlichten Worten von Jesus im Garten Getsemani, in denen all die Nöte und Bedürfnisse Sterbender zusammengefasst sind: ‹Wachet mit mir!› (Markusevangelium 14,34). Das eine Wort ‹wachet› sagt auf unterschiedlichen Ebenen vieles, was für uns von Bedeutung ist. […] ‹Wachet mit mir›, das bedeutet mehr als Lernen von Pflegetechniken, mehr als unsere Anstrengung, auch seelisches Leiden und Einsamkeit zu begreifen, mehr als unsere Bemühungen, Gelerntes und Erfahrenes weiterzugeben. ‹Wachet mit mir› meint auch, aushalten zu können, was wir nicht verstehen. Es bedeutet nicht: ‹Versteht doch endlich›, und noch weniger bedeutet es ‹Erkläre!› oder ‹Nimm weg!›. Wie stark wir auch Schmerz und Not lindern oder Patientinnen und Patienten dabei helfen können, selbst einen Sinn in dem zu finden, was sie gerade erleben, immer wieder wird es Situationen geben, in denen wir innehalten und realisieren müssen, dass wir wirklich hilflos sind. […] ‹Wachet mit mir› meint also meistens einfach: ‹Bleibt da!›».[85]

gie und wurde 1911 zum Priester geweiht, ein paläontologisches Studium in Paris folgte. Im Ersten Weltkrieg erlebte de Chardin als Sanitäter die Schlacht um Verdun mit. Nach dem Krieg setzte er seine Studien in Paris fort und wurde Professor für Geologie. Er unternahm zahlreiche Studienreisen, besonders bekannt wurde de Chardin durch seine Entdeckungen der Sinanthropus-Funde in den Höhlen von Zhoukoudian bei Peking. Während zwanzig Jahren lebte und forschte er in China, seine letzten Jahre verbrachte er in New York.

*Teilhard de Chardins Bedeutung für Saunders*
Den christlichen Glauben mit naturwissenschaftlichen Erkenntnissen zu verbinden, war ein zentrales Anliegen von Teilhard de Chardins Schaffen. Dies faszinierte Saunders im besonderen Masse, da sie in diesem Ansatz eine Art Geistesverwandtschaft sah. Vernunft und Glaube oder, wie es Saunders in ihren Schriften sagt, «Verstand und Herz» (Saunders, Watch with Me, 14) waren für beide keine Gegensätze. De Chardin beschäftigte sich intensiv mit Evolutionstheorien und ihren Folgen für den glaubenden Menschen. Für ihn war es zentral, die Welt und den Kosmos so zu denken, dass es eine teleologische Bewegung gibt, die ihren Antrieb in der Liebe sieht. Diese Liebe, die das letzte Ziel bereits handelnd und leidend vorwegnimmt, war für de Chardin in Jesus Christus vollkommen verwirklicht. So nennt er Christus mit dem biblischen Hoheitstitel aus der Offenbarung des Johannes (Offbarung 21,6) das Omega oder den «Punkt Omega», Ziel alles Seienden. In dieser kosmischen Christusverbundenheit, die die Liebe Gottes betont, fand Saunders Halt. Für de Chardin stellten Schöpfung und Evolution keinen Gegensatz dar. Theologischer Ansatzpunkt war für ihn die

---

84 Saunders, Beyond the Horizon, z. B. 25; 28f; 46f.
85 Saunders, Sterben und Leben, 13f; 17f.

Lehre des Heiligen Geistes (*spiritus creator*), dessen Wirken kein bloss Vergangenes ist und der mit der geschöpflichen Freiheit zusammenwirkt. Ähnliche Gedanken hatte sich Saunders bereits durch die Beschäftigung mit C. S. Lewis angeeignet. Sie suchte nach mehreren mystischen Gotteserfahrungen nach Möglichkeiten, Christus für die Welt, für den ganzen Kosmos zu denken, zu glauben. Sie war beeindruckt, wie Chardin das «Erleiden des Menschen» in einen kosmischen Zusammenhang stellte, es nicht einfach als «sinnlos» oder «schicksalhaft» deutete. Sie entnahm seinen Gedanken, dass in der Annahme des Leidens eine Kraft freigesetzt werden könne, die Menschen ermöglicht, sich mit Gottes Geist und seiner Liebe zu verbinden. (Saunders, Beyond the Horizon, 46; Saunders, Watch with Me, 43) Auch in ihrem letzten Vortrag «Consider Him» von 2003 bezog sich Saunders auf de Chardin und verlieh damit auch ihrem Sehnen nach universalem Heil Ausdruck.

## Die Schweizer Kommunität Grandchamp

Cicely Saunders verwirklichte nach dem Tod von Antoni Michniewicz ihren Wunsch, die Kommunität Grandchamp in der Schweiz kennenzulernen, auf die sie durch ihre theologische Wegbegleiterin Olive Wyon aufmerksam geworden war.[86] Die Communauté de Grandchamp, eine bis heute bestehende evangelische Schwesterngemeinschaft im Kanton Neuchâtel, entstand 1952 aus unterschiedlichen protestantischen Traditionen und ist mit der Communauté de Taizé verbunden. Die Schwestern sind den «Evangelischen Räten» (Ehelosigkeit, Anspruchslosigkeit und Gehorsam) verpflichtet. Zu ihrem kommunitären Leben gehört klösterliche Gastfreundschaft: Die Kommunität bietet regelmässig Retraiten an, oft sind Gäste anwesend, die für längere oder kürzere Zeit Stille, Gebet und Gemeinschaft miterleben.

Saunders reiste im Juni 1961 zum ersten Mal nach Grandchamp. Briefkontakt zur Kommunität pflegte sie bereits seit 1960.[87] Schwester Françoise hatte sie in einem Brief vom 30. August 1960 von der Sterbebegleitung Antoni Michniewiczs' geschrieben[88] und dass sie einen baldigen Aufenthalt in der Kommunität plane. Weitere Vorbereitungen traf sie mit Schwester Geneviève Anfang 1961[89] und äusserte ihren Wunsch, den

---

86 Saunders kann allerdings auch durch eine anglikanische Schwester aus dem Orden St. Mary of Wantage, Schwester Penelope, auf die Kommunität aufmerksam gemacht worden sein. Vgl. Saunders, Brief an Olive Wyon vom 4. März 1960. In: Selected Letters, 23.
87 Saunders, Briefe an Olive Wyon vom 4. März 1960 und an die Oberin der Communauté de Grandchamp vom 30. März 1960. In: Selected Letters, 24; 29.
88 A. a. O., 36.
89 Saunders, Brief an Schwester Geneviève, Grandchamp, vom 9. Februar 1961. In: Selected Letters, 42.

Schweizer Arzt Paul Tournier und christliche Pflegeeinrichtungen in der Schweiz kennenzulernen.

Kaum angekommen, ging sie zum ersten Mal zur Beichte. Am darauffolgenden Morgen, so schilderte sie es im Interview mit Shirley du Boulay, habe sie ein tiefes mystisches Erlebnis gehabt.

«I went into their beautiful big chapel and I spent ages going through Psalm 95, the Venite. Then I went out alongside the river and the tree sort of changed into a huge cross which was the world, and I had the feeling of ‹Come, for all things are now ready› which is one of the things they say before you go forward to Communion at Grandchamp.»[90]

Als sie ins Haus zurückkehrte, erhielt sie telefonisch die Nachricht vom Tod ihres Vaters. Saunders reiste sofort nach England zurück und besuchte Grandchamp Ende des Jahres erneut.

Kurz nach ihrer ersten Schweizer Reise berichtete sie Schwester Geneviève in einem längeren Brief, wie es ihr gehe, und dass ihr die Begegnung in Grandchamp geholfen habe, die geistliche Fundierung von St. Christopher's neu zu bedenken. «I feel much quieter in my heart about the spiritual side, and my visit to you even though it was so short was such a help there.»[91] Bereits vier Monate später teilte sie Schwester Geneviève mit, dass verschiedene Menschen sich bereit erklärt hätten mitzuhelfen, ihre Vision in die Tat umzusetzen. Sie schilderte ausführlich ganz verschiedene Personen mit unterschiedlichen Qualifikationen, die die Vision mittrugen. Eine «community of the unlike» nahm für sie Gestalt an.[92] Am Ende dieses Briefes äusserte sie konkrete Gebetsanliegen, die sowohl die praktische wie auch die geistliche Dimension ihres Projektes betrafen.[93] Im Archiv lassen sich ausserdem Aufzeichnungen vom Dezember 1961 zu ihren Eindrücken von der Reise nach Bern finden. Nach Grandchamp hatte sie für mehrere Tage das Berner Salem-Krankenhaus besucht und war zu Gast in der Diakonissengemeinschaft Salem gewesen. Wie auch in Grandchamp diskutierte sie mögliche Konzepte des «gemeinsamen

---

90   Du Boulay/Rankin, Cicely Saunders, 88.

91   Cicely Saunders, Brief an Schwester Geneviève, Grandchamp, vom 14. Juli 1961. In: Dies., Selected Letters, 46.

92   Vgl. hierzu auch die Ausführungen von David Clark: David Clark, Originating a movement. Cicely Saunders and the development of St. Christopher's Hospice, 1957–1967. In: Morality, Vol. 3, No. 1, 1998, 34ff.

93   Cicely Saunders, Brief an Schwester Geneviève, Grandchamp, vom 24. Oktober 1961. In: Dies., Selected Letters., 47ff.

Lebens»[94], der Pflege und ihrer Vision von St. Christopher's. «I came away
feeling that I had a most kind welcome into the heart of the community
and their life. […] I loved it, but I did not feel the same life and holiness
there which I found at Grandchamp […]»[95]

In den veröffentlichten und noch unveröffentlichten Briefen Saunders kommt zum Ausdruck, wie sehr die Schwestern in Grandchamp für
ihr zukünftiges Hospiz einstanden und die Vision geistlich mittrugen. So
schrieb Schwester Gilberte an Weihnachten 1961: «I think God has really
sent you to our dear Mother and to us at the very best moment for us
all.»[96]

Cicely Saunders erfuhr Grandchamp als Ort des Gebets, der zugleich
Menschen aus aller Welt und aus allen Konfessionen beherbergte und
an ihren Fragen interessiert war. Sie lernte die Lebensgemeinschaft der
Schwestern als Friedens- und Versöhnungsarbeit kennen, die in grosser
ökumenischer Offenheit sowohl christologisch wie auch schöpfungstheo-
logisch ausgerichtet war.

Ein letzter Kontakt zu Schwester Gilberte lässt sich 1990 ausmachen,
als Saunders ihr erzählte, wie sehr ihr noch immer an der ökumenischen
Ausrichtung ihres Hospizes gelegen sei, und Vergleiche zu der Arbeit in
Grandchamp zog.[97]

---

94  Dietrich Bonhoeffer, besonders das Werk «Gemeinsames Leben» war für die
Entwicklung der Kommunität von Grandchamp und auch für andere Kommunitäten
nach dem Zweiten Weltkrieg von grosser Bedeutung. Hin und wieder zitiert Saunders in
ihren Schriften Bonhoeffer, es ist anzunehmen, dass sie sich mit Olive Wyon darüber aus-
tauschte.

95  Cicely Saunders, Visit to the Salem Hospital, Bern, Dezember 1969 (Archiv
Cicely Saunders).

96  Brief von Schwester Gilberte, Grandchamp, 24. Dezember 1961 (Archiv Cicely
Saunders).

97  Saunders, Brief an Schwester Gilberte, Grandchamp, vom 22. Januar 1990. In:
Selected Letters, 316.

## 3.2.	St. Christopher's Hospice

## Von der Vision zum ersten Konzept

Der englische Psychiater John Hinton hatte 1967 in seinem Buch «Dying»[98] ein düsteres Bild von den Zuständen in britischen Krankenhäusern und Pflegeeinrichtungen gezeichnet. Diese Publikation hatte eine wachsende Diskussion um palliative Medizin und Pflege in Bewegung gesetzt, die auch Cicely Saunders' Hospizgründung zugutekam.

Bereits 1952 lag eine erste staatliche Untersuchung vor, die die Situation von Krebspatienten analysierte, die zu Hause von Angehörigen gepflegt wurden. 7000 Patientinnen und Patienten wurden dabei befragt und das Ergebnis war eindeutig: Es fehlten Möglichkeiten der Entlastung für die Pflege zu Hause und es waren nachweislich wesentlich mehr Menschen auf einen guten Pflegeplatz angewiesen, als damals angeboten werden konnte.[99] Bereits einige Jahre später wurde in England eine Untersuchung über die Pflege sterbender Menschen angeordnet, die die Gulbenkian-Stiftung durchführte.[100] Aus dieser Untersuchung ging hervor, dass die Krankenhäuser es als ihre Pflicht ansahen, die Pflege alter und sterbender Menschen zu übernehmen. Doch auch diejenigen Einrichtungen, die sich darauf konzentrierten, wiesen deutliche Mängel wie Personalmangel und unzureichende Platzverhältnisse auf. Es flossen nicht genügend Mittel, um diese wichtige Aufgabe zu bewältigen. Dass zu dieser Zeit in England ein realer Notstand in der Versorgung chronisch kranker und sterbender Menschen herrschte, war also unwiderlegbar, und ebenso, dass gehandelt werden musste. Dennoch wusste Saunders, dass sie mit Widerständen rechnen musste, wenn sie ihre Vision eines Hospizes für Sterbende vorstellte. Sie schrieb 1960:

> «Some will find it shocking that we should speak of accepting or even preparing for death and will think that both patient and doctor should believe in treatment and fight for life right up to the end. They may question how anyone should be satisfied with what sounds like such a negative role. To talk of accepting death

---

98   Die Studie wird näher beschrieben in: Du Boulay/Rankin, Cicely Saunders, 57.
99   Durchgeführt 1952 vom Joint National Cancer Survey Committee der Marie-Curie-Stiftung und dem Queen's Institute of District Nursing; vgl. du Boulay/Rankin, Cicely Saunders, 55ff.
100  Vgl. du Boulay/Rankin, Cicely Saunders, 56f.

when its approach has become inevitable is not mere resignation on the part of
the patient nor defeatism or neglect on the part of the doctor. Certainly they will
take no steps to hasten its coming, but for both of them it is the very opposite
of doing nothing.»[101]

Dennoch beteiligten sich seit 1959 immer mehr Menschen an Cicely Saunders' Vision eines Hospizes.[102] Sie selbst konnte sogar ein genaues Datum nennen, am dem sie mit der Umsetzung ihrer Vison von Palliative Care begann: Es war der 24. Juni 1959. Wie jeden Tag las Cicely Saunders in «Daily Light». Es gehörte zu ihrem Tagesanfang mit einem Vers aus der Bibel zu beginnen. An diesem Tag war ein Wort aus dem Psalm 37 abgedruckt: «Befiel dem HERRN deinen Weg und vertraue auf ihn, er wird es vollbringen.» (Psalm 37,5)

Sie selbst schildert, dass sie beim Lesen begriff, dass es jetzt an der Zeit war zu handeln und an die Gründungsarbeiten für das St. Christopher's Hospice zu gehen.[103] Sie verstand, so berichtete sie rückblickend, diesen Vers als Aufforderung und weil sie sich nicht im Klaren darüber war, wo und wie sie beginnen sollte, zog sie sich einige Tage zu den anglikanischen Klosterschwestern in St. Mary's zurück. Dort vertraute sie sich einer Schwester an, die ihr davon abriet, sich mit einem bestehenden Werk zusammenzuschliessen und ihr Mut machte, nach neuen Wegen zu suchen. Die Tage in St. Mary's verbrachte sie damit, stundenlang in der Kapelle das Johannesevangelium zu lesen. Einige Monate später schrieb sie an den Bischof von Stepney[104] und bat ihn um Rat. Sie schilderte ihm ihre Vision und sandte ihm auch den ersten Konzeptentwurf für St. Christopher's («The Scheme»).[105] Hier wird nochmals deutlich, dass sie

101 A. a. O., 58. Vgl. auch Gian Domenico Borasio, Spiritualität und Palliativmedizin/Palliative Care. In: Eckhard Frick/Traugott Roser (Hg.), Spiritualität und Medizin, München 2009, 109ff.

102 Saunders, Korrespondenz in den Jahren 1959–1967. In: Selected Letters, 20ff.

103 Siehe in: Du Boulay/Rankin, Cicely Saunders, 60ff.

104 Vgl. Cicely Saunders, Brief an den Bischof von Stepney vom 9. Februar 1960. Der Bischof von Stepney, Evered Lunt, gehört neben Olive Wyon zu den wichtigsten theologischen Beratern von Saunders; vgl. zahlreiche Briefe in: Saunders, Selected Letters, z. B. 21f., 41f., 61f., 112–13, 199, 122.

105 Vgl. Saunders, Brief an den Bischof von Stepney vom 9. Februar 1960. In: Selected Letters, 20. Zwei Wegsprüche begleiteten sie in dieser Zeit: Johannes 14,6: «Jesus Christus spricht: ‹Ich bin der Weg, die Wahrheit und das Leben»», und Sprüche 3,6: «Erkenne ihn auf all deinen Wegen, dann wird er deine Pfade gerade machen.»

das St. Christopher's Hospice als eine christliche Institution verstand, die jedoch nicht einer bestimmten Denomination verpflichtet sein sollte.

Cicely Saunders wollte zuerst eine Art Konzept erstellen, damit sie andere Personen über ihre Grundidee informieren konnte. Sie formulierte 1960 «The Need» und «The Scheme».[106] Diese Dokumente wurden immer wieder ergänzt und abgeändert. «The Need» geht auf die aktuelle Situation kranker und sterbender Menschen ein und bezieht sich dabei auf die erwähnten Untersuchungen. Saunders unterstreicht darin ihr Anliegen, Menschen besser zu unterstützen, sei es durch einen geeigneten Pflegeplatz oder zu Hause. «The Scheme» ist die erste Skizze des zukünftigen St. Christopher's Hospice. Darin finden sich bereits erste Informationen zu Grösse, Zielgruppe, Einrichtungsbedingungen und benötigten Fachpersonen des Hospizes.[107] Dieser erste Entwurf lehnt sich stark an das Konzept des St. Joseph's Hospital an. Dabei kommt zum Ausdruck, dass sich St. Christopher's als eine Art Kommunität verstehen solle.[108] Ausserdem wird beschrieben, dass Saunders mit ihrem Hospiz einerseits eine umfassende, interdisziplinäre *care* anbieten und andererseits eine Institution ins Leben rufen möchte, in der im Bereich der Palliative Care wissenschaftlich geforscht und gelehrt wird.[109] In ihren Ausführungen kann man erkennen, dass sie hier schon Räumlichkeiten, Einrichtung, Garten, Bedürfnisse der Mitarbeitenden, das zukünftige Studienzentrum, Dienste für die Hauspflege und verschiedene Therapieformen in den Blick nimmt. Auch zum Verständnis der *community* führt sie einige Gedanken aus.

> «There is great strength to be gained in the community of suffering, and where patients are wisely placed they are often able to help each other, so long as they are in surroundings where they are loved, and if pain and suffering are not allowed to overwhelm them, then much of the atmosphere of calm trustfulness is

---

106 Beide Schriften sind meines Wissens nicht als eigenständige Publikationen veröffentlicht, sie sind aber im Archiv von Cicely Saunders in London einsehbar.

107 Saunders plante ein Hospiz für ca. 100 Patientinnen und Patienten.

108 Um diesen Gemeinschaftscharakter ringt sie in den folgenden Jahren.

109 Vgl. Cicely Saunders, The Scheme, 1 (Archiv Cicely Saunders). Vgl. auch das Motto zu Kapitel 1 dieser Arbeit, das diese Intention nochmals deutlich macht: «Ich glaube, dass jeder, der es auf sich nimmt, denen beizustehen, die sich ausgeliefert fühlen und Abschied nehmen müssen, irgendwann erkennt, dass er sich eine grundlegende Philosophie zurechtlegen muss.» Saunders, Brücke in eine andere Welt, 91.

their own […] The Home will, of course, be open without any reference whatever to creed or religious opinion or absence of both.»[110]

Bereits in «The Scheme» beschreibt Saunders Aspekte von Spiritual Care. Sie stellt die Kapelle des Hospizes und deren Funktion vor. In dieser Zeit skizzierte sie auch ihre Gedanken zu St. Christopher's Hospice als christliche Institution. Von Anfang an plante sie ein Hospiz auf überkonfessioneller Basis. Saunders schrieb «The Scheme» vor dem Zweiten Vatikanischen Konzil (1962–1965), ihr bewusster Entscheid zur ökumenischen Ausrichtung ihres Hospizes ist deshalb als ein aussergewöhnliches Zeichen zu werten.[111]

In ihrem ersten Grundsatzpapier finden sich auch ausführliche Überlegungen zur Seelsorge. Als Seelsorgerin oder Seelsorger stellt Saunders sich jemanden vor, der im christlichen Glauben verankert und für dieses Amt ausgebildet und eingesetzt ist. Sie macht deutlich, dass sie keine Person möchte, die ausschliesslich religiöse Riten oder Gottesdienste gestaltet, sondern eine, die fähig ist, Kontakte zu den Patienten und Angehörigen aufzubauen und zu pflegen.

«He needs to see those facing suffering, death and bereavement without sentimentality or that type of pity that can be so diminishing. He must believe that each one is brought by God, who has His own purpose in doing so and that He will be meeting them and helping them to have their own death. The patients themselves will have something to do and often to say that is of great importance to us all. The chaplain, like the others who work there, must be prepared to listen rather than to talk and to carry on much of his work in silence.»[112]

Schon hier wird deutlich, dass Saunders eine selbständige Vorstellung von Spiritual Care hat. Die seelsorgerliche Dimension des Hörens, des Präsent-Seins kommt klar zum Ausdruck.

In ihrem Grundsatzpapier spricht sie ausserdem praktische Aufgaben eines Seelsorgers an und führt aus, was sie bei Liturgien, Abendmahls-

---

110 A. a. O., 3.

111 Es liess sich zeigen, dass Olive Wyon grossen Einfluss auf diesen Entscheidungsprozess ausgeübt hat. Saunders pflegte auch einen engen Kontakt mit dem Erzbischof der Russisch-Orthodoxen Kirche, Lord Bishop Bloom. Er wurde später Vizepräsident des St. Christopher's Hospice. Vgl. Saunders, Brief vom 25. Juli 1960 an The Right Reverend the Lord Bishop Bloom. In: Selected Letters, 33.

112 Cicely Saunders, St. Christopher's Hospice. Notes on the religious foundation and the work of the Chaplain, 3 (Archiv Cicely Saunders).

feiern oder Gebetsdienst auf der Station nützlich und hilfreich findet. Es entspricht ihren Vorstellungen, dass das Pflegepersonal selbständig gewisse Aufgaben im Bereich Spiritual Care übernehmen kann. Einige Schwestern gestalten auf der Station eigenständig Morgen- und Abendgebete. Schlichte Abendmahlsfeiern, die liturgisch wiedererkennbare Merkmale aufweisen, hält sie für St. Christopher's für wesentlich und fordert sie seitens der Seelsorge ein. Diese stehen Patientinnen und Patienten, Mitarbeitenden und Angehörigen gleichermassen offen. Diese Feiern können von Beauftragten verschiedener Kirchen geleitet werden. Symbole, Bilder und Musik sind für Saunders ebenso bedeutsame Gestaltungselemente wie das Wort. Die Kapelle soll ein Ort sein, wo man Christus begegnen kann: «[...] in silence and in symbol can Christ be shown as this truth.»[113]

Saunders verschickte ihr Grundsatzpapier «The Scheme» an verschiedene Personen, die sie grösstenteils zur Unterstützung ihres Vorhabens bewegen konnte.[114]

## Gründung der Stiftung und Eröffnung des Hospizes 1967

Bereits zuvor hatte sie eine Gruppe von Freunden für die Mitarbeit gewonnen. Shirley du Boulay nennt zwei Merkmale, die alle verband: Die Verwurzelung im christlichen Glauben und ein spezifisches Fachwissen in ganz unterschiedlichen Bereichen. 1961 wurde St. Christopher's als Stiftung gegründet, für die nun Spenden gesucht wurden. Ein Verwaltungsrat wurde gebildet: Jack Wallace wurde erster Verwaltungsratspräsident, Harold Stewart sein Stellvertreter, ehrenamtlicher Finanzdirektor wurde Captain Lonsdale, erste Sekretärin Muriel Edwards. Betty Read, Peggy Nuttall, Madge Drake und Rosetta Burch unterstützten mit ihrer pflegerischen Erfahrung und ihrer Ausbildung im Gesundheitswesen die Arbeit weiterhin mit grossem Einsatz. Schlüsselfiguren waren auch Sir Donald Allen, der sich mit Erfolg für verschiedene soziale Werke einsetzte und im

---

113 A. a. O., 4.
114 Z. B. Glyn Hughes (ehemaliger Militärarzt, der die Situation von Schwerkranken in Grossbritannien untersucht hatte und über ein grosses Fachwissen in diesem Gebiet verfügte), Betty Read (Dozentin und Sozialarbeiterin mit guten Kontakten im Gesundheitswesen), Harold Stewart (Leiter der Pharmakologie am St. Mary's Hospital), Bischof von Stepney (wichtiger Vertreter der anglikanischen Kirche), Olive Wyon (Theologin und Dozentin), Peggy Nuttall (Pflegespezialistin und Mitherausgeberin der Zeitschrift «Nursing Times»).

ganzen Land Verbindungen zu einflussreichen Personen pflegte,[115] und Dame Albertine Winner. Saunders stattete ihr einen Besuch im Gesundheitsministerium ab, wo sie damals arbeitete. In einem Interview erzählte Dame Winner rückblickend: «Cicely came to see me in the Ministry of Health and described everything, practically as it is now. [...] She was a visionary.»[116] Saunders Auftreten war mutig, denn ihre Vision beinhaltete ja auch eine Kritik am bestehenden Gesundheitswesen. So blieb auch der Widerstand seitens mancher Mediziner und Politiker nicht aus, die das geplante Hospiz für unnötig hielten. Nach mehrjähriger Überzeugungsarbeit und beharrlichem Insistieren von Cicely Saunders unterstützten staatliche Stellen ihr neues Palliativkonzept mit einem einmaligen Entwicklungszuschuss und übernahmen die Kosten für eine kleinere Anzahl Betten.

Wer in Saunders Schriften und Briefen nachliest, ist erstaunt wie viel Öffentlichkeitsarbeit sie im In- und Ausland betrieb, um auf ihr Projekt aufmerksam zu machen. In den USA entwickelten sich schnell hilfreiche Kontakte, z. B. zur Sterbeforscherin Elisabeth Kübler-Ross[117], zum Psychiater Colin Murray Parkes oder zur Pflegespezialistin Florence Wald[118]. Es gelang Saunders, einflussreiche Personen aus Kirche und Gesellschaft als offizielle Vertreter oder Gönner ihres zukünftigen Hospizes zu gewinnen. Auch reagierte sie häufig auf Veröffentlichungen in der Presse zum Thema, indem sie selbst dazu Stellung nahm.

Cicely Saunders suchte in dieser Zeit auch einen geeigneten Bauplatz in London. Wie das Grundstück beschaffen sein sollte, war ihr seit längerer Zeit klar. Obwohl man ihr zunächst anbot, eine Abteilung eines grösseren Krankenhauses als Palliativabteilung zu nutzen oder eine bestehende Einrichtung zu übernehmen, lehnte sie ab. Sie beharrte darauf, dass dieses neue Konzept auch einen Neubau brauche und dieser gut erreichbar sein

---

115 Du Boulay/Rankin, Cicely Saunders, 91f.
116 A. a. O.
117 Cicely Saunders traf Elisabeth Kübler Ross bereits im April 1966 in Yale, USA. 1966 bis 1975 stehen beide in einem regelmässigen Austausch. So erörtert Saunders mit Kübler Ross etwa die Schwierigkeit, sich deutlich von Vertretern der «Euthanisia Society» zu unterscheiden. Vgl. Brief vom 22. August 1972. In: Selected Letters, 153f.
118 Vgl. in Saunders, Selected Letters, 103f., 120., 145f., 149f. 153f., 156, 162. In diesen Briefen wird deutlich, dass beide, Saunders und Wald, sich über ihre Anliegen und ihre Arbeit austauschten. Vgl. auch die Ausführungen von David Clark, A special Relationship. Cicely Saunders, the United States, and the Early Foundations of the Modern Hospice Movement. In: Illness, Crises and Loss, Vol. 9, No. 1, Januar 2001, 15–30.

müsse, das heisst in der Nähe eines Bahnhofes oder einer Bushaltestelle liegen sollte. Ausserdem wollte sie ihr neues Hospiz in einem Teil Londons errichten, wo es noch keinerlei ähnliche Einrichtungen gab. Ihr Bruder John, der, wie einst ihr Vater, im Immobiliengeschäft tätig war, half ihr bei der Grundstücksuche. Ein geeignetes Grundstück fanden sie in der Lawrie Park Road, doch ausser den 500 Pfund von David Tasma verfügte Cicely Saunders zu diesem Zeitpunkt weder über Spenden, noch hatte sie verbindliche Spendenzusagen bekommen. Der Grundstückspreis betrug aber 27 000 Pfund. So vergingen einige Wochen in grosser Ungewissheit, in denen Cicely Saunders versuchte, innerhalb der gesetzten Frist solch eine grosse Summe aufzutreiben. Da erhielt sie die Mitteilung, dass ihr der King Edward's Hospital Fund 30 000 Pfund zusichere, doch das zuständige Bauamt lehnte das Baugesuch vorerst ab. In diesen aufreibenden Wochen wurde Saunders zu Vorträgen in die USA eingeladen. Auch dort gelang es ihr, Menschen für ihre Vision zu begeistern und wichtige Kontakte zu knüpfen. Bald schon gingen noch grössere Beträge als der des King Edward's Hospital Fund ein und man konnte ernsthaft an den Bau des Hospizes denken. 1964 hatte die Stiftung 330 000 Pfund gesammelt.[119]

Als Architekt stellte sich Justin Smith zur Verfügung, der 1958 bereits mit dem Umbau einer Stationsabteilung in St. Joseph's Hospital betraut worden war. Er war anfänglich sehr überrascht, dass Saunders genaue Vorstellungen vom Bau der Einrichtung, ja von sämtlichen Details hatte. So arbeiteten beide in der Folgezeit eng zusammen. Saunders überliess ihm die zwei Grundsatzpapiere «The Need» und «The Scheme», um ihn auch in die Gesamtkonzeption des Hospizes einzuführen.

Cicely Saunders wollte drei Stationen für sterbende und eine für chronisch kranke Menschen einrichten, aufgeteilt in Einheiten zu vier bis sechs Betten, mit je drei zusätzlichen Einzelzimmern. Alle Betten sollten neben einem Fenster stehen, die Zimmer sollten grosszügig angelegt sein. Die Badezimmer wurden so geplant, dass man mit den Betten hineinfahren konnte. Ausserdem sollten separate Stationszimmer eingerichtet werden, was damals in England nicht üblich war. Ein langer, von allen Patientenzimmern zugänglicher Balkon war für jedes Stockwerk vorgesehen. Jede Abteilung bekam einen grosszügigen Aufenthaltsraum, in dem auch kleinere Mahlzeiten zubereitet werden konnten. Therapieräume wurden

---

119 Clark, Originating a movement. In: Mortality, Vol. 3. No. 1, 1998, 47.

integriert und in die geplante Kapelle sollten ebenfalls Betten hineinge-
schoben werden können.

Später, nach der Eröffnung des Hospizes, unterstrich Saunders nochmals, dass in ihrem Gesamtkonzept auch Details wie Einrichtung oder
Farben eine wichtige Rolle spielten: «It means every kind of detail — the
right outlook for a bed, the right kind of day-room, a general feeling of
ease and beauty, not too solemn at all, something that you can feel homely
in: It means trying to understand how to make patients comfortable, what
it is like to be so ill, to be parting.»[120]

Die geplante Station für chronisch Kranke wurde später nicht rea-
lisiert, weil es sich vielmehr bewährte, chronisch kranke und sterbende
Menschen miteinander auf der gleichen Station zu begleiten.[121]

Endlich konnte mit dem Bau des Hospizes an der Lawrie Park Road
begonnen werden. Am 22. März 1965 kam eine kleine Gruppe für den
ersten Spatenstich zusammen. Kurze Zeit später war die Grundsteinlegung, zu der der Erzbischof von Canterbury, Lord Fisher, persönlich
erschien und zu der er zu einem kurzen Gottesdienst einlud. Er stellte
seinen Gedanken das Psalmwort voraus: «Wenn nicht der HERR das Haus
baut, mühen sich umsonst, die daran bauen.» (Psalm 127,1)

Es wurde nun tatsächlich gebaut, obwohl noch keine Gelder für die
Einrichtungen in Aussicht gestellt worden waren. Rückblickend sagte
Saunders, dass es ihr selbst nicht mehr klar sei, wie sie so an das Pro-
jekt herangehen konnte. Nur dank der Unterstützung anderer Kranken-
häuser und Pflegeeinrichtungen kam St. Christopher's günstig zu Betten,
Einrichtungsgegenständen und zu medizinischer Grundausrüstung. Jede
Hilfe wurde dankbar angenommen und alle, die ehrenamtlich mithelfen
wollten, wurden eingesetzt.

Am 24. Juli 1967 wurde das St. Christopher's Hospice in London durch
Prinzessin Alexandra eröffnet und erste Patientinnen und Patienten wurden aufgenommen. Im Prospekt für das Hospiz wurde ausdrücklich darauf hingewiesen, dass es eine Stiftung sei und nur wenig staatliche Sub-

---

120 Du Boulay/Rankin, Cicely Saunders, 102.
121 Vgl. den Film «Nur noch 16 Tage» (ZDF-Produktion von 1971) oder die Bro-
schüre des Hospizes von 1967 «St. Christopher's Hospice, Lawrie Park Road, London, SE
26» (Archiv Cicely Saunders).

ventionen erhalte. Das Ziel sei, dem Sterben Raum und Zeit zu geben und die medizinische, pflegerische und spirituelle Begleitung zu verbessern.

«In the Wisdom literature the Preacher tells us that ‹There is a time to be born and a time to die.› The State lays much emphasis on provision for our being born; it lays far less on the provision for our dying. Unlike the Spartans, who exposed their sickly children on a bare hillside, we take every care to protect both mother and child both before and after parturition, and this is a measure of our civilisation. Our society does not, however, make much special provision for the manner of our death. It tends to shun and put away those who are approaching the end of their lifespan […] A vision became reality with the opening on July 24th of St. Christopher's Hospice, a religious and medical foundation, perhaps unique in modern times.»[122]

Hier wird deutlich, dass Saunders die Hospizgründung auch als eine humanitäre Verpflichtung, als Zeugnis der Menschlichkeit verstand. Rosetta Burch, lange Jahre im Unterstützerkreis von St. Christopher's, sagte über Cicely Saunders, dass es für sie wichtig war, gegenüber der Öffentlichkeit

---

122 St. Christopher's Hospice, Lawrie Park Road, London, SE 26. In: Nursing Times, 1, Juli 1967, 28; 4.

den medizinischen Auftrag in den Vordergrund zu stellen, ohne zu ver-
leugnen, dass es für diesen Auftrag ein spirituelles Konzept, eine Grundüberzeugung brauche. Beide Seiten, medizinisches Arbeiten und Forschen
*und* christliches Ethos gehörten für Saunders zusammen.[123] Dass ihre
christliche Ausrichtung des Hospizes vom Geist der Freiheit geprägt sein
solle, bringt folgendes Zitat aus ihrer Schrift «Hospice – a Meeting Place
for Religion and Science» zum Ausdruck:

> «Hospice is a place of growth and the commitment of many of the staff to
> their own continuing journey of discovery gives a climate in which others find
> it easier to make their search. [...] Above all, we are not concerned with evan-
> gelism, with the desire that people should think as we do. We are ourselves a
> community of the unlike, coming from different faiths and denominations or
> the absence of any commitment of this kind.»[124]

Die erste chronisch kranke Patientin, die im Juli 1967 eintraf, war
Mrs. Medhurst. Sie erlebte eineinhalb Jahre die Gründerzeit des Hospizes
mit. Sie wird des Öfteren erwähnt, da sie das ganze Team ermutigte und
in jener Zeit eine wichtige Ansprechperson war. Eine «community of the
unlike»[125] entfaltete sich bereits hier, indem eintretende Patientinnen und
Patienten als Teil der Gemeinschaft begrüsst wurden, in der alle Gebende
und Nehmende zugleich waren.

## Total Pain

Im Vorwort zum «Oxford Textbook of Palliative Medicine»[126] schreibt
Cicely Saunders 1993 rückblickend:

> «By 1964 it was noted that the single word pain could refer to ‹total pain›
> with mental distress and social and spiritual problems, with patients making
> such statements as ‹it seemed that all of me is wrong›. [...] The opening of
> St. Christopher's in 1967 as the first research and teaching hospice including

---

123 Saunders, Brücke in eine andere Welt, 91.
124 Cicely Saunders, Hospice – a Meeting Place for Religion and Science. In: Dies.,
Selected Writings, 227. Vgl. auch die unveröffentliche Predigt von Cicely Saunders «The
way that leads to peace. Dying they live» vom 25. Mai 1975 in St. Mary's Church, Cambridge (Archiv Cicely Saunders).
125 Ebd.
126 Oxford Textbook of Palliative Medicine, Oxford 1993.

home care, family support throughout illness and bereavement follow up, led to several different systems of offering care.»[127]

Bereits 1958 beschrieb sie in ihrem Artikel «Dying of Cancer»,[128] dass die medizinische Schmerzpalliation für schwer kranke und sterbende Menschen nicht ausreichend und ein interdisziplinärer Ansatz notwendig sei.[129] Bei der Eröffnung von St. Christopher's war von Anfang an klar, dass Medizin, Pflege, Seelsorge, psychologische Beratung, Begleitung von Angehörigen, besondere Therapieformen wie Musik oder Kunst, wissenschaftliche Forschung und Weiterbildungsangebote für verschiedene Fachpersonen zum Konzept gehörten und einander bedingten.[130] Dies wurde von Saunders, gut zehn Jahre nach der Eröffnung von St. Christopher's, im Artikel «The Philosophy of Terminal Care»[131] nochmals näher ausgeführt. Saunders listet hier vier Bereiche auf, die der Begriff Total Pain umfasst: physischer, mentaler, sozialer und spiritueller Schmerz («Total Pain: physical, mental, social, spiritual»).[132] Diese Dimensionen des Schmerzes und deren Behandlung beschreibt sie ausführlich in «Current views of Pain Relief and Terminal Care».[133] In «Living with Dying»[134], dem Buch, das Saunders zusammen mit Mary Baines herausgegeben hat, finden sich zwei Bilder für den «totalen Schmerz» aus der Sicht der Patientinnen und Patienten: Im einen greift der Schmerz als vierköpfiger Drache den Menschen an, im

---

127 Saunders, Foreword. Oxford Textbook of Palliative Medicine. In: Selected Writings, 271f. Dieser Text entstand 6 Jahre vor der ersten Definition der WHO zu Palliative Care.

128 Cicely Saunders, Dying of cancer. In: Dies., Selected Writings, 1ff.

129 Siehe auch Saunders, The Management of Patients in the Terminal Stage. In: Dies., Selected Writings, 21ff.

130 Das Forschungszentrum wurde 1973 eröffnet; siehe Cicely Saunders, Dame Albertine Winner at the official opening of St. Christopher's Study Centre. In: Dies., Selected Writings, 181.

131 Cicely Saunders, The philosophy of Terminal Care. In: Dies., Selected Writings, 147ff.

132 A. a. O., 148.

133 Cicely Saunders, Current views on Pain Relief and Terminal Care. In: Dies., Selected Writings, 163ff.

134 Cicely Saunders/Mary Baines (Hg.), Living with Dying: The Management of Terminal Disease, Oxford 1983. Auf Deutsch erschienen als: Cicely Saunders/Mary Baines (Hg.), Leben mit dem Sterben. Betreuung und medizinische Behandlung todkranker Menschen, Bern/Göttingen/Toronto, 1991, 15f.

anderen ist der Mensch seinem Schmerz ausgeliefert wie ein baufälliges Haus einer Abbruchbirne.[135]

Bereits 1963 wurde Saunders durch eine Patientin von St. Joseph's darauf aufmerksam gemacht, wie umfassend Schmerz sein kann. Sie beschrieb ihre Schmerzen folgendermassen:

> «It began in my back, but now it seems as if all of me is wrong. I began to cry for the pills and their injections but I knew that I mustn't. It began to seem as if all the world was against me, nobody seemed to understand. My husband and son were marvellous, but they were having to stay off work and lose their money. It's marvellous to begin to feel safe again.»[136]

In diesem Bericht werden alle Komponenten von Total Pain erwähnt: der physische Schmerz, der den ganzen Körper erfasst, der emotionale Schmerz im Gefühl von Isolation und Verlassenheit, der soziale Schmerz in der Angst um die Familie und die finanziellen Probleme, der spirituelle Schmerz, keine Geborgenheit, keinen Halt mehr zu finden. Eine andere Patientin sagte zu Saunders: «You seem to understand the pain from both sides.»[137]

Saunders sammelte nicht nur Patientinnen- und Patientenaussagen, sie nahm auch Gespräche auf Tonband auf.[138] «From a very early stage patient narratives were a central aspect of her methodology.»[139] Dieses Material wurde später von Mitarbeitenden wissenschaftlich untersucht, worauf Saunders in einem Artikel aus dem Jahr 2000 eingeht.[140] 1999 schrieb David Clark zum Total-Pain-Konzept:

> «The emergence of a new social, scientific and clinical interest in pain is a welcome development which seems set to expand. Central to recent discussion has been the notion that pain must be conceived as something altogether more complex than sensation alone and that the biographical, social and cultural context in which it is located and experienced are essential both to fuller understanding and to appropriate care.»[141]

---

135 A. a. O., 15.
136 Du Boulay/Rankin, Cicely Saunders, 137.
137 Saunders, Watch with Me, 2.
138 Vgl. Saunders, Brücke in eine andere Welt, 30.
139 David Clark, Total Pain. Disciplinary power and the body in the work of Cicely Saunders, 1958–1967. In: Social Science and Medicine, 49, 1999, 729.
140 Cicely Saunders, The evolution of Palliative Care. Patient Education and Counselling. In: Dies., Selected Writings, 263ff.
141 Clark, Total Pain, 727.

Clark setzt sich auch kritisch mit dem Total-Pain-Konzept auseinander. Nach einer Würdigung des Konzeptes schreibt er:

> «On the other hand there is something slightly imperialist about the concept
> [...] Note the elision from an initial focus on the physical sensation of pain,
> to a wider and deeper searching for signs of trouble, in the social network, in
> the psyche, even in the soul itself. From this perspective the unlocking key has
> become an instrument of power.»[142]

Clark macht auf die Gefahr aufmerksam, gegenwärtig in den verschiedenen *care*-Bemühungen in einen «Machbarkeitswahn» zu verfallen und den Patienten in verschiedenen Bereichen zu «analysieren». Er zitiert ähnlich kritisch Andreas Heller. «‹There is nothing more we can do› has become ‹we must think of new possibilities of doing everything›».[143] Dass Saunders sich der Gefahr dieses Konzeptes ebenfalls bewusst war, zeigt folgendes Zitat:

> «Wie stark wir auch Schmerz und Not lindern, [...] immer wieder wird es Situa-
> tionen geben, in denen wir innehalten und realisieren müssen, dass wir wirklich
> hilflos sind. Es wäre schlimm, wenn wir das vergessen würden. Es wäre falsch,
> dies zu negieren und uns der Illusion hinzugeben, wir seien in allen Situationen
> erfolgreich.»[144]

## Die Bedeutung des familiären und sozialen Umfelds

Dass Saunders die Bedeutung des familiären und sozialen Umfelds für die Begleitung ihrer Patientinnen und Patienten stark gewichtete und es bewusst in die palliative Begleitung einbezog, stellt eine Besonderheit ihres Konzepts dar. Die Begleitung durch das Umfeld ist Teil des gesamten *care*-Konzeptes und wird auch ausgewertet. Somit ist gewährleistet, dass dieses Handeln einer Reflektion unterzogen wird.

Dass Saunders den Einbezug der Angehörigen schon früh aktiv verfolgte, belegen verschiedene Schriften wie «When a Patient is Dying»,[145]

---

142 A. a. O., 734.
143 Ebd.
144 Saunders, Sterben und Leben, 17f., in der englischen Fassung: Saunders, Watch with Me, 4.
145 Saunders, When a Patient is Dying. In: Dies., Selected Writings, 17ff.

«Terminal Illness»[146], oder «The Philosophy of Terminal Care».[147] Bereits 1961, sechs Jahre vor der Eröffnung von St. Christopher's, widmete Saunders in ihrer Schrift «A Patient» dem familiären und sozialen Umfeld eine lange Passage.[148] Sie plädiert dafür, die Beziehungen eines Patienten oder einer Patientin sorgfältig wahrzunehmen und wichtige Personen in die Begleitung einzubinden. Sie macht auch darauf aufmerksam, welche Schwierigkeiten sich gerade durch das soziale Umfeld ergeben können,[149] so dass hier wiederum eine sorgfältige Wahrnehmung und Besprechungen im interdisziplinären Team wesentlich sind. Wichtige Bezugspersonen können als Teil des interdisziplinären Teams verstanden werden, d. h. man lädt, je nach Situation, auch Angehörige ein, ihre Beobachtungen mitzuteilen und fragt nach, wie sie den Patienten oder die Patientin erleben. Man kann hier von einer Art «systemisch verstandener» Pflege sprechen. Bei der Aufnahme eines neuen Patienten oder einer neuen Patientin wird auch der Sozialdienst aktiv. Dieser ist in besonderer Weise für die Angehörigen da und aufgefordert, regelmässig nachzufragen und die Familien zu unterstützen. Dabei ist es sehr wichtig die Ressourcen einer Familie (z. B. Belastbarkeit, zeitliches Engagement, emotionale Bindung, besondere Erfahrungen mit der Person usw.) genau zu erfassen. So kann in der Behandlung und Unterstützung des Patienten darauf zurückgegriffen werden. Dieser systemische Einbezug gilt sowohl für die Patientinnen und Patienten in St. Christopher's Hospice als auch für Patienten, die vom ambulanten Hospizdienst begleitet werden. Dabei wird betont, dass es das Ziel der Hospizarbeit ist, die Lebensqualität[150] des Patienten für die ihm verbleibende Zeit zu verbessern. Zu dieser Aufgabe gehört als wesentliche Komponente, tragende Beziehungen zu stützen und zu würdigen.[151] In St. Christopher's konnte der Sozialdienst besonders durch das Engage-

146 Saunders, Terminal Illness. In: Dies., Selected Writings, 53ff.
147 Saunders, The Philosophy of Terminal Care. In: Dies., Selected Writings, 147ff.
148 Saunders, A Patient. In: Dies., Selected Writings, 41ff.
149 Vgl. Christoph Morgenthaler, Systemische Seelsorge, Stuttgart ³2002, 15f.; 56ff.
150 «Lebensqualität ist zu einem wichtigen Parameter und handlungsleitenden Begriff in der modernen Medizin geworden. Gründe dafür werden in der strukturellen Veränderung der Medizin und im Wandel des Krankheitspanoramas gesehen. […] Die Tatsache, dass Urteile über Lebensqualität letztlich individuelle, persönliche Urteile sind, gilt es gerade bei Patienten, die diese Eigeneinschätzung nicht mehr tun können, und bei irreversiblen Entscheidungen über den Abbruch von lebenserhaltenden Massnahmen zu berücksichtigen.» Siegmann-Würth, Ethik in der Palliative Care, 41ff.
151 Du Boulay/Rankin, Cicely Saunders, 114f. Vgl. Cicely Saunders, What's in a name? In: Palliative Medicine, 1, 1987, 57–61.

ment der Sozialarbeiterin Elizabeth Earnshaw-Smith ausgebaut und in das interdisziplinäre Team integriert werden.[152] Sie sorgte dafür, dass weitere Personen mit Ausbildungen in Familien- und Gruppentherapie sowie Psychiatrie im Hospiz angestellt wurden. Unter ihrer Federführung gelang es auch, die Betreuung für Hinterbliebene[153] als wichtigen Bestandteil der Hospizarbeit aufzubauen.[154] Einmal im Monat fand ein Treffen für Hinterbliebene statt. Dieses Treffen bot Gelegenheit, sich kennenzulernen und Trauererfahrungen auszutauschen. Der Psychiater und Trauerberater Colin Murray Parkes[155] begleitete lange Zeit diese Treffen und vermittelte in Weiterbildungen, die die Forschungsabteilung des Hospizes anbot, diesen wichtigen Aspekt der Hospizarbeit an Ärzte, Pflegende und Seelsorgende.[156]

## Freiwillige als Teil der Hospizgemeinschaft

Colin Murray Parkes war es auch, der 1973 die Idee hatte, Freiwillige für die Betreuung der Hinterbliebenen zu gewinnen. Diese sollten regelmässig von Fachpersonen begleitet und gut ausgebildet werden.[157] Später wurde

---

152 Sie kämpfte um einen Sozialdienst als eigene Abteilung und konnte die Sozialarbeit im interdisziplinären Team in St. Christopher's verankern. Vgl. auch den Beitrag von Lilo Dorschky, Anmerkungen zur Sozialen Arbeit in der Sterbebegleitung. In: Ulf Liedke/ Frank Oehmichen (Hg.), Sterben. Natürlicher Prozess und professionelle Herausforderung, Leipzig 2008. Dorschky bemerkt, dass erst seit den 1990er Jahren die Fachbeiträge zum Thema «Sterbebegleitung und soziale Arbeit» in Deutschland zahlreicher wurden.

153 Saunders geht in mehreren Schriften auf die Bedeutung dieser Aufgabe ein. Vgl. Saunders, The Philosophy of Terminal Care. In: Dies., Selected Writings, 151.

154 Vgl. die Forschungsarbeiten von Di Rivers, lange Zeit Leiterin des Trauerdienstes für Hinterbliebene in Sobell House, Oxford.

155 Collin Murray Parkes, Pionier der palliativen Arbeit, hat für diesen Bereich besondere psychologische Beratungen und Begleitungen entwickelt und sie auch ausgeweitet. Siehe z. B. Saunders, The Philosophy of Terminal Care. In: Selected Writings, 151f.

156 Wichtige Publikationen von Collin Murray Parkes: Attachment and autonomy at the end of life. In: R. Gosling (Hg.), Support, innovation and autonomy, London 1973, 151–166; Evaluation of family care in terminal illness. In: E. R. Pritchard/J. Collard/B. A. Orcutt/A. H. Kutscher/I. Seeland/N. Lefkowicz, The Family and Death, New York 1977; Home or hospital? Terminal care as seen by surviving spouses. In: Journal of the Royal College of General Practitioners, 28, 1978, 19–30; Psychological aspect. In: Cicely Saunders (Hg.) The Management of Terminal Disease, London 1978. Collin Murray Parkes arbeitete auch auf den einzelnen Stationen, um das interdisziplinäre Team in schwierigen Situationen zu unterstützen.

157 Dieses Modell hat sich weltweit in vielen Hospizen bewährt. Die freiwilligen Trauerbegleitenden haben Anrecht auf eine gute Ausbildung und regelmässige Supervi-

die Trauerbegleitung fester Bestandteil der vielen palliativen Einrichtungen im englischsprachigen Raum.[158]

Neben dem «Bereavement-Team»[159] wurde bereits kurz nach der Eröffnung von St. Christopher's ein Freiwilligendienst für das gesamte Hospiz aufgebaut. Achtzehn Jahre später waren über zweihundert freiwillige Mitarbeitende während 34 000 Arbeitsstunden jährlich für die Patientinnen und Patienten in St. Christopher's im Einsatz.[160] Sie übernahmen beispielsweise Transportdienste, betreuten die Teebar oder wurden von den einzelnen Abteilungen für verschiedene Dienste beigezogen. Cicely Saunders betonte mehrmals, dass gerade Freiwillige durch die Hospizgemeinschaft getragen und begleitet werden müssten. Freiwillige, so Saunders, um die sich niemand kümmere, die nicht gefragt würden, was sie in ihrem Dienst erlebten oder was sie beschäftige, würden den Belastungen und Anforderungen kaum standhalten. Für Cicely Saunders war St. Christopher's eine «Weggemeinschaft» ganz verschiedener Menschen, und diese Gemeinschaft wurde gerade im Umgang miteinander erfahrbar. Dabei nahmen die freiwilligen Mitarbeitenden einen zentralen Platz ein. Colin Murray Parkes unterstrich diesen Gemeinschaftscharakter der «caring community»,[161] mit den Worten einer Patientin: «We're a network of people who through our care for each other are growing and enriching each other.»[162]

sion. Im Oxforder Hospiz Sobell House versahen 2006 fünfundzwanzig Personen diesen Dienst. Die dortige Leiterin sagte mir, dass es weitaus mehr Bewerbungen gäbe, als sie berücksichtigen könnten. Männer und Frauen verschiedener Berufsgruppen sind in diesem Team tätig. Es hat mich erstaunt, dass viele der Mitarbeitenden mehr als fünf Jahre dabei sind und immer wieder zurückmelden, dass die Unterstützung, die sie durch die anderen und die professionelle Begleitung erhalten, für ihren persönlichen Lebensweg sehr wertvoll ist.

158 Uta Booth, Vorbereitung von Ehrenamtlichen auf die Begleitung Sterbender. In: Liedke/Oehmichen (Hg.), Sterben, 87ff. Booth sieht das Ehrenamt «zwischen Nachbarschaftshilfe und Semiprofessionalisierung». Sobell House in Oxford, das Teil des städtischen Krankenhauses ist, hat vor Jahren mehrere Fach- und Forschungsstellen für diese Begleitdienste eingerichtet.

159 Trauerdienst für Hinterbliebene.

160 Vgl. Volunteer Service. In: Du Boulay/Rankin, Cicely Saunders, 146.

161 Du Boulay/Rankin, Cicely Saunders, 114.

162 Ebd.

## Kunst, Literatur und Musik in der Palliative Care

Cicely Saunders liebte Musik ihr Leben lang und sang über Jahre in verschiedenen Chören. Sie spielte Klavier und interessierte sich seit der Zeit ihrer Ausbildung in Oxford für Literatur und Kunst.[163] Die künstlerische Ausgestaltung der Hospizkapelle war Saunders bereits vor der Eröffnung ein grosses Anliegen. Sie beauftragte den polnischen Maler Marian Bohusz-Szyszko, der später ihr Lebensgefährte und 1980 ihr Ehemann wurde, mit der Gestaltung von Bildern für ihre Kapelle und das ganze Hospiz, die dort teilweise noch heute zu sehen sind. Ihren Patientinnen und Patienten künstlerischen bzw. kreativen Ausdruck zu ermöglichen, gehörte für sie zur palliativen Arbeit. Zeugnisse der «Poesiewerkstatt» in ihrem Hospiz vermitteln die in ihrem Buch «Beyond the Horizon» publizierten Gedichte von Patientinnen und Patienten, darunter viele von Sidney G. Reeman, der seine «Reise des Sterbens und Abschiednehmens» beschreibt. In ihren Schriften spricht Saunders häufig von der Bedeutung von Kunst, Musik und Symbolen, die für sie unabdingbar zur Spiritual Care gehören.

Später entwickelte sich innerhalb der Palliative Care eine breite Palette von Gestalt- und Ausdrucksformen, die bis heute die ganzheitliche Begleitung von schwer kranken Menschen prägen (z. B. Maltherapie, Musiktherapie, Gestalttherapie).

## Wie Spiritual Care gestaltet werden kann

Betrachtet man Saunders' Veröffentlichungen von 1958 bis 2004, so stellt man fest, dass das Thema Spiritual Pain immer wieder in verschiedenen Beiträgen aufgenommen wird. David Clark zeigt in seiner Zusammenstellung «Selected Writings» von 2006, dass in mehr als der Hälfte der dargestellten Publikationen dieses Thema in verschiedenen Zusammenhängen auftaucht. Einige Publikationen widmen sich in besonderer Weise dieser Fragestellung. Beispielsweise: «Should a Patient Know ...?»,[164] «When a

---

163 In ihrer Biografie berichtet du Boulay, wie Saunders in den verschiedenen Krankenhäusern mit den Patientinnen und Patienten sang. Im Archiv von Cicely Saunders befinden sich Kopien der Chorwerke, bei denen sie mitgesungen hatte.

164 Saunders, Should a Patient Know ...? In: Dies., Selected Writings, 13ff.

Patient is Dying»,[165] «And From Sudden Death»,[166] «A Patient»,[167] «The Depths and the Possible Heights»,[168] «The Last Frontier»,[169] «The Management of Terminal Illness»,[170] «Dimension of Death»,[171] «On Dying Well»,[172] und «Spiritual Pain».[173] In den Schriften zeigt sich, dass für Saunders das Werk des österreichischen Psychiaters Viktor E. Frankl «The Search for Meaning» einen wichtigen Bezugspunkt darstellte.

**Victor E. Frankl (1905–1997)**

Der Wiener Psychiater und Neurologe Victor E. Frankl wurde als Jude zusammen mit seiner Frau Tilly Grosser und seinen Eltern am 25. September 1942 ins Getto Theresienstadt deportiert. Sein Vater starb dort 1943, seine Mutter wurde in den Gaskammern von Auschwitz ermordet, seine Frau starb im KZ Bergen-Belsen. Frankl selbst wurde von Theresienstadt erst nach Auschwitz und bald darauf ins KZ-Kommando Kaufering VI (Türkheim) gebracht. Am 27. April 1945 wurde er von der US-Armee befreit. Frankl begründete die Logotherapie bzw. Existenzanalyse («Dritte Wiener Schule der Psychotherapie»). Bereits nach dem Ersten Weltkrieg hatte er sich intensiv mit Depressionen und Suizid beschäftigt. Nach dem Zweiten Weltkrieg veröffentlichte er seine Erfahrungen, die er in den Konzentrationslagern gemacht hatte («Trotzdem Ja zum Leben sagen – Ein Psychologe erlebt das Konzentrationslager», München 1985). 1955 wurde er Professor für Neurologie und Psychiatrie in Wien und versah einige Gastprofessuren in den USA. Sein literarisches Schaffen ist von der Frage nach dem Sinn des

Wie bereits an anderer Stelle gezeigt, war Saunders davon überzeugt, dass palliative Begleitung ohne die Berücksichtigung der spirituellen Dimensionen nicht möglich ist. Dass es jedoch für Spiritual Care keine allgemeingültigen Abläufe und Vorgehensweisen gibt, versuchte sie durch zahlreiche Patientenbeschreibungen zu erläutern. Sie betonte dabei oft, dass es sich um einen individuellen Prozess handelt, den man nicht in bestimmte Schemata pressen könne. Sie sagte unmissverständlich, dass es zwar Menschen gebe, die eine religiöse Prägung und Sprache mitbrächten, dass aber St. Christopher's auch viele sterbende Menschen beherberge und begleite, die unter spiritueller

165 Saunders, When a Patient is dying. In: Dies., Selected Writings, 17ff.
166 Cicely Saunders, And From Sudden Death. In: Dies., Selected Writings, 37ff.
167 Saunders, A Patient. In: Dies., Selected Writings, 41ff.
168 Cicely Saunders, The Depths and the Possible Heights. In: Dies., Selected Writings, 67ff.
169 Cicely Saunders, The Last Frontier. In: Dies., Selected Writings, 87ff.
170 Cicely Saunders, The Management of Terminal Illness. In: Dies., Selected Writings, 91ff.
171 Cicely Saunders, Dimension of Death. In: Dies., Selected Writings, 129ff.
172 Cicely Saunders, On Dying Well. In: Dies., Selected Writings, 197ff.
173 Cicely Saunders, Spiritual Pain. In: Dies., Selected Writings, 217ff.

Begleitung keine explizit religiöse Begleitung verstünden:

«Not many people are likely to express the suffering of their doubts and grief in religious terms. Nevertheless, feelings of failure, regret and meaninglessness which may be the deepest element in the «total pain» are spiritual needs. Liaison with a priest or minister of the patient's own choice may then be important. The ward sister is often the person with whom the hospital chaplain has the most to do but contact with the doctor may be essential. Consultation is most effective when it is personal, informal and continuing. [...] Our regard for our patient will never allow us to impose upon him but unspoken confidence and belief may create a climate in which the patient may find his own key and reach out what he sees as valuable and true.»[174]

Es ist somit nicht zufällig, dass Saunders sich von Anfang an für den Terminus Spiritual Care entschied.

Saunders beschreibt, dass jeder Mensch in seinem Leiden einen jeweils individuellen Zugang zu Spiritual Care brauche. Dies sei eine der Aufgaben, der sich ein Krankenhausseelsorger, eine Krankenhausseelsorgerin, aber auch das ganze Team stellen müsse. Dabei ist regelmässiger Kontakt von grosser Wichtigkeit. So kann Ver-

menschlichen Daseins gekennzeichnet. Immer wieder versuchte er, psychologische Fragestellungen mit philosophischen und theologischen zu verbinden.

Er sieht eine grosse Gefahr darin, als Erbe des 19. Jahrhunderts, die gesamtmenschliche Wirklichkeit auf Bios, Psyche und Sozietät zu reduzieren. Für das Personsein des Menschen könne das konstitutiv Geistige nicht geleugnet werden. Der Mensch wurde laut Frankl im Laufe der Entwicklung selbst zum Objekt und verlor zunehmend den Blick für seine geistige Bestimmtheit und die Sicht auf das mögliche Telos seiner selbst und der Welt. Frankl ist in seiner Anthropologie und Wertephilosophie stark von der Philosophie Max Schelers beeinflusst.

### Victor E. Frankls Bedeutung für Saunders

Schon bald nach der Begleitung von David Tasma begegnete Saunders den Schriften von Victor E. Frankl, die sie nachhaltig beeinflussten. Ihr Buch «Beyond the Horizon. A search for meaning in suffering» (1990), nimmt mehrfach direkten Bezug auf ihn. Als jüdischer Holocaust-Überlebender hatte Frankl für Saunders eine besondere Glaubwürdigkeit.

Saunders nahm Ansätze von Frankls Personen- und Seinsverständnis auf, beispielsweise dass durch eine somatische oder psychische Krankheit die geistige Person zwar erkranken, dass sie aber nicht zerstört werden kann. Frankl spricht vom «Fortbestehen der geistigen Person». So war es für Frankl auch undenkbar, dass irgendein Mensch, sei er noch so krank, alt oder hilfsbedürftig, seine Würde verliert. Saunders übernahm diesen Gedanken in ihr Palliativkonzept und versuchte, ihn mit der christlichen Vorstellung von Kreuz und Auferstehung zu verbinden. Am Ende ihres Lebens

---

174 Saunders, Current Views on Pain Relief and Terminal Care. In: Dies., Selected Writings, 180.

sagte sie im Interview mit Christoph Hörl: «Man sieht, wie der Körper immer schwächer und schwächer wird, der Geist aber nicht. Dieser Geist bleibt da, und wenn jemand tatsächlich stirbt, geht zwar hier das Licht aus, aber ich meine, Materie und Energie werden nicht zerstört. Sie werden verändert. Und ich kann einfach nicht glauben, dass die feinsinnigste Energie und Materie, der menschliche Verstand und die Persönlichkeit, die diesen Verstand gebraucht, einfach ausgelöscht werden. Das kann ich einfach nicht. Ich bin keine Wissenschaftlerin, die solche Dinge wie Bewusstsein verstünde, aber je mehr ich davon sehe, und da ich so vielen Menschen begegnet bin, die ans Ende ihres Lebens gelangt waren, habe ich doch mehr und mehr das sichere Gefühl, dass all das verändert wird, aber es hört nicht auf.» (Saunders, Brücke in eine andere Welt, 107) Victor E. Frankl ging davon aus, dass jeder Mensch eine Beziehung zu Gott habe, sei sie bewusst oder unbewusst bzw. verdrängt. (Victor E. Frankl, Homo patiens, in: Der leidende Mensch – Anthropologische Grundlagen der Psychotherapie, Bern ²1984, 223.) Diesen Gedanken der Gottbezogenheit des Menschen entwickelte Saunders dahingehend weiter, dass sich der *Christus praesens* ganz zum Leidenden stellt. Dort ist er zu finden, ob er erkannt oder unerkannt bleibt. Saunders war beeindruckt davon, wie stark Frankl die Einheit von Körper, Seele und Geist des Menschen betonte, davon, dass Menschen wie Frankl in extremen Leidenserfahrungen überhaupt die Frage nach Sinn und Versöhnung stellen können. Seine Schriften ermutigten sie, diese Frage auch als wesentlichen Bestandteil ihrer Hospizarbeit zu verstehen und weitere Forschungen auf diesem Gebiet voranzutreiben.

trauen entstehen, so dass der Patient, die Patientin Kraft und Wege findet, seine oder ihre Gedanken und Emotionen zu äussern. Den sterbenden Menschen in seiner Krankheit können Fragen der Sinnlosigkeit, Ungerechtigkeit, Verlassenheit oder Schuld, die Suche nach Vergebung oder Frieden umtreiben. Gerade weil hier existenzielle Themen in einer besonders schwierigen Situation angesprochen werden, braucht es in besonderer Weise geschulte Menschen, die ihrerseits im Rahmen von Supervision begleitet werden. Wäre also die Seelsorgerin oder der Seelsorger für Spiritual Care oder rituelle Begleitung zuständig? Saunders hat diese Frage nicht eindeutig beantwortet: Sie sah Spiritual Care einerseits als Aufgabe aller Begleitpersonen (Pflegende, Ärzte, Sozialarbeiterinnen, Freiwillige, Therapeuten, Seelsorgerinnen, Bezugspersonen usw.), die ihre unterschiedlichen Rollen, Berufe und Gaben mitbringen. Andererseits mass sie der religiösen spirituellen Dimension eine besondere Bedeutung bei und plädierte dafür, speziell geschulte Seelsorgerinnen und Seelsorger dafür einzusetzen, die jedoch im Betreuungsteam verankert sind.[175]

---

175 Erhard Weiher unterscheidet in seinem Buch «Das Geheimnis des Lebens berühren» zwischen Alltags-und Glaubensspiritualität. Es ist zu fragen, welche Auswirkungen es hat, wenn Spiritual Care einerseits von allen Teammitgliedern in der Palliative Care

Mehrere Male verweist Saunders im Zusammenhang mit Spiritual Care auf Henri J. M. Nouwen und sein Buch «The wounded healer: Ministry in contemporary society». Darin beschreibt Nouwen, dass die Person, die sich dem Nächsten und seinen Nöten zuwendet, eine Offenheit mitbringen sollte, die sie selbst verändert. Der katholische Theologe, Psychologe und Priester war stark von der Pastoralpsychologie seiner Zeit geprägt und integrierte in seinem Seelsorgeansatz auch psychologische und andere humanwissenschaftliche Erkenntnisse. Gerade dieser interdisziplinäre Zugang beeindruckte Saunders: Sie sah in seinen Schriften eine Möglichkeit, Seelsorge mit Spiritual Care zu verknüpfen. In grosser Offenheit beschrieb Nouwen immer wieder Zeiten, in denen er seine eigene Verwundbarkeit und sein Angewiesensein auf andere erlebte und trat für einen seelsorgerlichen Ansatz ein, in dem die Begriffe wie Gesundheit und Krankheit vom Evangelium her neu interpretiert werden. Dabei verstand Nouwen die Menschen in die Liebe und Zugewandtheit Gottes gestellt, gleich welche Einschränkungen, Krisen oder Krankheiten sie erleben.

Spiritual Care war für Saunders nie Methode, sondern relationales Geschehen, das herausfordert. So wie das Nouwen formuliert:

**Henri J. M. Nouwen (1932–1996)**
Der Niederländer Henri J. M. Nouwen studierte Theologie und Psychologie, wurde katholischer Priester und später Professor in den USA (Yale, Harward). Dort war er in seiner Arbeit sehr erfolgreich und anerkannt. Doch trotz Ruhm und interessanter Projekte sah er selbstkritisch auf sein Leben und wollte andere Wege christlicher Spiritualität entdecken. 1974 ging er für sechs Monate in das Trappistenkloster Genesee Abbey und suchte durch das Gebet und die Gespräche mit Mönchen nach Antworten. Später reiste er nach Lateinamerika und lebte mit einer Familie in den Slums. Mehrere weitere Aufenthalte in Lateinamerika folgten. Nouwen war dann längere Zeit Professor in Harvard, 1985 verliess er die akademische Welt, um sich einer kleinen christlichen Kommunität in Kanada anzuschliessen. In der «Arche» – einer Bewegung, die von Jean Vanier, einem katholischen Seelsorger und Autor, ins Leben gerufen worden war – lebten geistig behinderte Menschen mit Nichtbehinderten zusammen. Immer wieder erfuhr Nouwen sich in dieser Lebensgemeinschaft als «verwundeter, suchender» Mensch, der intensive Glaubenszweifel erlebte. Seine Gedanken und Fragen schrieb er auf (z. B. in «Compassion. Reflection on the Christian Life», New York 1982) und eröffnete so vielen Menschen einen neuen Zugang zur christlichen Spiritualität. Seelsorge und Spiritualität hatten für Nouwen auch eine gesellschaftliche

---

umgesetzt wird, und anderseits der Anspruch an die Seelsorge gestellt wird, in komplexen Situationen und Situationen, die ein Ritual erfordern, die Anlaufstelle zu sein.

und politische Dimension. Henri J. M. Nouwen starb auf dem Weg nach St. Petersburg, wo er einen Fernsehfilm über sein Lieblingsbild, Rembrandts «Heimkehr des verlorenen Sohnes», drehen wollte.

*Henri J. M. Nouwens Bedeutung für Saunders*
«Seelsorge ist kein Versuch, den Menschen zu erlösen, sondern das Unterfangen, ihnen den freien Raum zu bieten, in dem Erlösung stattfinden kann.» (Henri J. M. Nouwen in einer Predigt vor Theologiestudierenden 1972, zitiert bei Hans Jonas, Technik, Medizin und Ethik – Zur Praxis des Prinzips Verantwortung, Frankfurt a. M. 1987, 28) Saunders war mit verschiedenen Schriften von Nouwen vertraut und fand in seinem Werk einen Seelsorgeansatz, den sie auch auf die Spiritual Care ihres Hospizes übertragen konnte. Nouwens Buch «Creative ministry» («Schöpferische Seelsorge») beschreibt die Bedeutung der Beziehung und des «Nahe-Seins», die Saunders in anderer Weise mit ihren Patientinnen und Patienten erlebte. Auch Nouwen streicht die Bedeutung des Schweigens, des Zuhörens und des Aushaltens heraus, Dimensionen seelsorgerlichen Handelns, die genauso für Saunders wichtig wurden. Saunders nimmt an mehreren Stellen ihrer Schriften den Ausdruck «The wounded healer» von Nouwen auf. Sie weist darauf hin, dass Helfende in ihrem eigenen Verwundetsein dem anderen, dem Nächsten begegnen. «All of us, I think, have to recognize ourselves as wounded healers. [...] It can be our weakness that is valuable. [...] The God we meet in hospice today is the God of ‹I was sick, I was in prison, I was dying›.» (Saunders, Spiritual Pain. In: Selected Writings, 212) Nouwen verweist in diesem Zusammenhang auf verschiedene Bibelstellen, unter anderem auf die Stelle im

«Nobody can predict where this will lead us, because every time a host allows himself to be influenced by his guest he takes a risk not knowing how they will affect his life. But it is exactly in common searches and shared risks that new ideas are born, that new visions reveal themselves and that new roads become visible.»[176]

Gerade hier sah Saunders die Möglichkeit, dass sich durch konkrete Prozesse in der Praxis neue Wege auftun, die sich ebenfalls fruchtbar auf die theologische Reflexion auswirken.

«It is hard to remain near pain, most of all when the pain is an anguish for which we feel we can do nothing. We are ‹wounded healers› and we need the support of our whole group in this work. [...] If we are Christians, our vision is of God's sharing with us all in a deeper way still, with all the solidarity of His sacrificial and forgiving love and the strength of His powerlessness. [...] Sometimes we can speak of this, more often we have to stay silent beside this silent God, whose ways of meeting each person's need will often be known to them alone.»[177]

Das sorgsame Zuhören, Dasein, Teilhaben gehörte für Saunders zu den zentralen Aufgaben von Spiritual Care, die von der gesamten «community of the unlike» mitgetragen werden sollen. Dies ersetzte für Saunders aber nicht die beson-

---

176 Henri J. M. Nouwen, The wounded Healer, New York 1972, 100.
177 Saunders, Spiritual Pain. In: Dies., Selected Writings, 220.

dere Aufgabe und Kompetenz der Seelsorgerinnen und Seelsorger.

## Der medizinische Auftrag des Hospizes

Spiritual Care ist jedoch nicht die einzige Aufgabe eines Hospizes: Es gibt ebenso einen medizinischen Auftrag. In ihrem zusammen mit Mary Baines herausgegeben und auf Deutsch übersetzten Buch «Leben mit dem Sterben»[178] aus dem Jahr 1989 versucht Saunders besonders, auf medizinische Grundlagen einzugehen. Für Saunders war von Anfang an klar, dass die emotionale und spirituelle Dimension der Begleitung nicht greift, wenn keine effektive Schmerzkontrolle und Erleichterung bei quälenden Begleitsymptomen gewährleistet sind. Ihr Bemühen, bei der Schmerzkontrolle einen hohen Standard in Praxis und Forschung zu erzielen, fand vorbehaltlos Anerkennung.

Matthäusevangelium 25,40 («Was ihr einem dieser meiner geringsten Brüder getan habt, das habt ihr mir getan»), auf die Saunders mehrfach Bezug nimmt. Für Nouwen wie für Saunders kam es darauf an, dass neben Einzelpersönlichkeiten vermehrt auch unterschiedliche Gemeinschaften Träger des christliches Ethos' und der christlichen Spiritualität werden. Einzelne und Gemeinschaften sollten dazu ermutigen, das Leben anzunehmen und zu feiern. Für Nouwen ist dieses Annehmen und Feiern nicht beschränkt auf ein unbeschwertes, fröhliches Feiern, sondern schliesst auch das Abschiednehmen und Sterben ein. «Echtes Feiern ist nur dort möglich, wo Furcht und Liebe, Freude und Trauer, Tränen und Lächeln nebeneinander existieren können. Feiern bedeutet, das Leben annehmen, wie es ist und sich immer tiefer bewusst werden, wie kostbar es ist. Das Leben ist kostbar nicht nur, weil man es sehen, berühren und schmecken kann, sondern auch, weil es eines Tages vorbei sein wird.» (Henri J. M. Nouwen, Die Gabe der Vollendung. Mit dem Sterben leben, Freiburg 1994, 141) Das gemeinschaftliche Feiern geschah für Nouwen ebenso wie für Saunders im Zeichen der Gastfreundschaft Gottes. Seelsorge, die sich als Gastfreundschaft versteht, kann Freiräume schaffen und gestalten, indem der andere Zuwendung und Hoffnung erfährt.

Anfänglich war es für Saunders nicht einfach, Medizinerinnen und Mediziner zu überzeugen, nicht immer von Heilung und Besserung zu sprechen, wo keine Aussicht darauf bestand. So kam es immer wieder vor, dass Kolleginnen und Kollegen kurative Behandlungsmethoden einsetzten, obwohl dies nicht mehr sinnvoll schien. Der Arzt Tony Brown erinnert sich:

> «We modelled ourselves as students on the Gothic consultants, who did their ward rounds with a retinue, hardly ever spoke to the patient and discussed the

---

178 Saunders/Baines, Leben mit dem Sterben.

patient's illness and symptoms in front of him. The dying patient was hidden away. Doctors were brought up to think of death as a defeat. So the patient, often shuffled into a side ward, was left alone, as the doctors hurried past them and the nurses talked about everything except the one thing that preoccupied them. They were not allowed to face their own death openly and with dignity.»[179]

Obwohl sich in unserer westlichen Kultur die Einstellung zu Krankheit und Tod in den letzten Jahrzehnten sicherlich stark verändert hat, wirkt diese Einstellung immer noch nach. Heute kommt zur Frage, wie Ärztinnen und Ärzte dem Sterben ihrer Patientinnen und Patienten angemessen begegnen können, noch die Frage hinzu, wie angesichts der fortgeschrittenen medizinischen Möglichkeiten auf den Willen der Patientin oder des Patienten eingegangen werden kann und was für Folgen sich aus diesem Eingehen ergeben.[180] Cicely Saunders erlebte oft, dass gerade Ärztinnen und Ärzte schockiert waren, wie offen sie selbst über die Vorbereitungen auf das Sterben sprach, während sie oft davon ausgingen, dass Patient und Ärztin bis zum bitteren Ende um das Leben kämpfen sollten.[181]

Saunders stellte die Ergebnisse ihrer Schmerzforschung immer wieder in verschiedenen Veröffentlichungen vor, etwa «Current Views on Pain Relief and Terminal Care» von 1981.[182] Dabei berücksichtigte sie neues medizinisches Wissen und neue Behandlungsmethoden. Bis heute werden Saunders' Forschungsarbeiten im Bereich der Palliation und Schmerzkontrolle international als wichtiger Beitrag angesehen. Die Methode, regelmässig Schmerzmittel zu verabreichen, wurde in St. Christopher's Hospice immer weiter verfeinert und durch neu entwickelte Medikamente unterstützt.[183] Was für einen Unterschied diese regelmässige Abgabe von

---

179 Du Boulay/Rankin, Cicely Saunders, 136.

180 Vgl. Mathwig, Zwischen Leben und Tod, 67ff.

181 Cicely Saunders will das Sterben nicht als Niederlage verstanden wissen, sondern als wichtigen Prozess, der in Würde geschehen sollte. «But to talk of accepting death when its approach has become inevitable is not mere resignation or feeble submission on the part of the patient, nor is it defeatism or neglect on the part of the patient, nor is it defeatism or neglect on the part of the doctor. For both of them is to alter the character of this inevitable process so that it is not seen as a defeat of living but as a positive achievement in dying; an intensely individual achievement for the patient.» Cicely Saunders, BMA Congress Talk, 1964 (Archiv Cicely Saunders).

182 Vgl. z. B. Saunders, Current Views on Pain Relief and Terminal Care. In: Selected Writings, 163ff.

183 Cicely Saunders, Heroin and Morphine in Advanced Cancer. In: Dies., Selected Writings, 183ff.

Schmerzmitteln damals für die Patientinnen und Patienten bedeutete, zeigt
die folgende Gesprächssequenz mit einer Patientin, die Saunders noch in
St. Joseph's aufnahm.

«Patient — ‹Well, it was ever so bad. It used to be just like a vice gripping my
spine — going like that and would then let go gain. I didn't get my injections
regularly — they used to leave me as long as they could and if I asked for them
sometimes they used to say, ‹No, wait a bit longer.› They didn't want me to rely
on the drugs that were there, you see. They used to try and see how long I could
go without an injection ... I used to be pouring with sweat, you know, because
of the pain ... I couldn't speak to anyone, I was in such pain. And I was having
crying fits — I mean I haven't cried, I think I've only cried once since I've been
here, that's well over a week. And I was crying every day at the other hospital. I
was very depressed, ever so depressed. But I'm not at all depressed here, not like
I was there.› Dr. Saunders — ‹Since you've been here and I put you on regular
injections, what's the difference?› Patient — ‹Well, the biggest difference is, of
course, this feeling so calm. I don't get worked up, I don't get upset, I don't cry,
I don't get very very depressed, you know. Really black thoughts were going
through my mind, and no matter how kind people were, and people were ever
so kind — nothing could console me, you see. But since I've been here I feel
more hopeful as well.»[184]

Colin Murray Parkes führte von 1977 bis 1979 eine Studie durch, für die
er Hinterbliebene dazu befragte, wie sie persönlich die Schmerzen ihrer
Angehörigen in der letzten Lebensphase einschätzten. 33% gaben an,
dass der Patient ihrer Meinung nach schmerzfrei war, 60% der Befragten schätzten die Schmerzen als leicht bis mässig ein und 7% beschrieben die Schmerzen als stark.[185] Diese Zahlen waren für Saunders wichtig, gerade im Hinblick auf die immer wiederkehrenden Debatten um
einen Gesetzesänderungsantrag, der eine Legalisierung der Suizidhilfe in
Grossbritannien anstrebte. Saunders wertete zusammen mit einem For-
schungsteam laufend Daten aus der Schmerzforschung aus und machte
diese einer breiten Öffentlichkeit zugänglich.[186]

---

184 Du Boulay/Rankin, Cicely Saunders, 138.
185 Colin Murray Parkes/Jennifer L. N. Parkes: Hospice v. Hospital Care. Re-evalu-
ation of Ten Years of Progress in Terminal Care as seen by Surviving Spouses. In: Post-
graduate Medical Journal, 1982 (unveröffentlicht).
186 Robert Twycross, der das Hospiz Sobell House in Oxford leitete, hat Wesentliches zu diesen Forschungen beigetragen. Vgl. Robert Twycross, Introducing Palliative
Care, Oxford 1995.

## Cicely Saunders' Einstellung zur Suizidhilfe

Saunders hat sich wiederholt zu Fragen der Sterbehilfe geäussert. Im Interview mit Christoph Hörl geht sie ausführlich auf ihre Einstellung zur Suizidhilfe ein.[187]

> «Das Problem ist, dass niemand für sich wirklich klar definiert, was er damit meint. [...] Ich halte es für sehr wichtig, dass wir diese Unterscheidung zwischen Töten und Sterbenlassen aufrechterhalten. [...] Nehmen wir zum Beispiel zwei Patienten, die beide mit ernsten Atemschwierigkeiten in die Notfallaufnahme kommen. Einer davon ist ein junger Mann nach einem Autounfall. Wenn Sie da nicht alles tun, was Sie können, um seine Atmung zu unterstützen, dann heisst ihn sterben zu lassen ganz sicher dasselbe, wie ihn töten. Wenn aber der zweite Patient ein alter Mann ist, der zusätzlich zu einem Bronchialkarzinom eine Lungenentzündung entwickelt hat und der jetzt mit Atembeschwerden zu ihnen kommt, dann ist nicht jede Massnahme angemessen, ihn wieder ins Leben zu zerren. In diesem Fall nur palliative Massnahmen zu ergreifen und ihm damit sein Sterben zu erleichtern, wäre absolut keine Tötung. Es hiesse, ihn in einer vollkommen angemessenen Art und Weise sterben zu lassen. Die konkrete Situation, in der sie sich befinden, macht also einen grossen Unterschied zwischen ihren moralischen Entscheidungen und dem, was von einem abstrakt philosophischen Standpunkt aus richtig sein mag. [...] Hätten wir ein Gesetz, das es Ärzten tatsächlich erlauben würde, Patienten zu töten, würden wir dadurch sehr vielen verletzlichen Menschen den Boden unter den Füssen wegziehen. Das würde sie dazu bringen, zu denken: ‹Ich bin nur eine Bürde. Ich sollte wohl abtreten.› [...] Wir müssen diese gefährdeten und verletzbaren Menschen vor der Ungeduld von Ärzten, der Gesellschaft und sogar einiger Helfer beschützen. Und ich bin überzeugt, wir können ihnen klarmachen, dass wir eine bessere Alternative anzubieten haben.»[188]

Saunders wies in ihrem Gespräch ausserdem daraufhin, dass das Individuum und seine Vernetzung in der Gesellschaft in einem Zusammenhang gesehen werden müsse:

> «Autonomie ist kein absoluter Wert. Sie muss im Zusammenhang der sozialen Gerechtigkeit gesehen werden. Und wenn eine solche freie Wahl dazu führt, dass Menschen, die gepflegt werden wollen, diese Möglichkeit weggenommen wird und sie unter Druck gesetzt werden, dann ist das eine Art der Freiheit, die

---

187 Saunders, Brücke in eine andere Welt, 83ff. Vgl. dazu auch Sabine Pleschberger, Nur nicht zur Last fallen, Freiburg 2005, 223ff. Pleschberger zeigt, dass viele ältere Menschen unter dem Druck stehen, nicht zu einer Last zu werden.
188 Saunders, Brücke in eine andere Welt, 83f.

man nicht haben darf und nicht haben soll. Wir müssen auch an die anderen
denken – über die Wirkung, die eine Legalisierung des ärztlich unterstützten
Freitods auf die gesamte Gesellschaft haben würde, und besonders auf die, die
von uns abhängig und verletzlich sind.»[189]

Wie differenziert Saunders in diesem Punkt dachte, kann man auch daran
erkennen, wie sie sich z. B. zum Schicksal des Patienten Tony Bland[190] und
zu seinem Wunsch, zu sterben, äussert.

«Als Christin habe ich mich […] der Begleitung und Fürsorge verschrieben und
nicht der Heiligkeit des Lebens unter allen Umständen. Denn ich denke, dass
auch dies kein absoluter Wert ist. Zum Beispiel halte ich es für richtig, dass Tony
Bland von den Maschinen abgenommen worden ist. Tony Bland war ein Patient mit einem permanent vegetativen Zustand. […] Die Behandlung verlängerte
nicht ein Leben, sondern sie verlängerte nur ein verlängertes Sterben.»[191]

Interessanterweise findet sich im Nachlass von Saunders ein Briefwechsel mit dem damaligen Präsidenten der Sterbehilfeorganisation Exit, der
Saunders im Juli 1993 in die Schweiz einladen wollte. Schär erwähnt, dass
einige Mitarbeitende von Exit 1988 in St. Christopher's Hospice zu Gast
waren und nun versuchten, Saunders Idee auch in der Schweiz umzusetzen. Er lud sie ein, an der Gründung eines Hospizes von Exit in Burgdorf
teilzunehmen. Saunders lehnte ab, da sie Bedenken hatte, ob ihre Hospizidee mit der Idee von Exit kompatibel sei. In ihrer Antwort machte sie
sehr deutlich, dass sie aktive Sterbehilfe ablehne.[192] In «Leben mit dem
Sterben» schreibt Saunders:

---

189 A. a. O., 86; vgl. die unveröffentlichte Predigt «Dependence and Vulnerability»:
«I believe that quite apart from my doubts about the logic and rightness of this claim, the
strongest denial comes from the vulnerability of society to having such rights enshrined
in law, because we are not independent and autonomous, and by our actions and thoughts
we are constantly affecting and influencing each other. […] Most of all we have to look
at the pressures. Society is all too vulnerable and all to ready to look for quick solutions.»
Cicely Saunders, Dependence and Vulnerability vom 12. März 1978 in St. Mary's Church,
Cambridge (Archiv Cicely Saunders).
190 Tony Bland, ein junger englischer Fussballfan, der nach einem Gedränge im
Hillsborough-Stadium mit irreparablen Hirnschäden im Koma lag, war der erste Patient in
der englischen Rechtsprechung, dem 1993 erlaubt wurde zu sterben, nachdem seine Eltern
vor Gericht dafür gekämpft hatten.
191 Saunders, Brücke in eine andere Welt, 87.
192 Cicely Saunders, Briefe vom August 1993 (Archiv Cicely Saunders). Zur Terminologie von aktiver und passiver Sterbehilfe siehe Mathwig, Zwischen Leben und Tod,
84ff.

«In keinem Fall darf der Arzt eine Massnahme mit der primären Absicht ergreifen, den Tod des Patienten herbeizuführen. Auch wenn ein unheilbar kranker Patient den Wunsch äussert, Selbstmord zu begehen, darf ihm der Arzt beim Selbstmord nicht behilflich sein (Suicide Act, 1961). Die aktive Sterbehilfe ist in vielen Ländern strafbar (Kennedy, 1984). Auch auf den ausdrücklichen Wunsch der Angehörigen eines unheilbar Kranken darf der Arzt nicht willentlich den Tod eines Patienten herbeiführen. Doch gilt es, durch vermehrte Aufklärung das in der Öffentlichkeit weit verbreitete Missverständnis auszuräumen, dass jeder Arzt dazu verpflichtet sei, das Leben seiner Patienten zu verlängern, ungeachtet der Qualität dieses zu verlängernden Lebens, und die einzige Möglichkeit, einen friedvollen Tod zu finden, bestünde in einer absichtlich verabreichten Überdosis. Die Linderung des Todesschmerzes hat immer zu den wichtigen Aufgaben medizinischen Handelns gehört, und wenn ein Arzt, um Leid zu lindern, Massnahmen ergreifen muss, die den Tod unter Umständen beschleunigen können, ist das erlaubt, solange das Ziel ärztlicher Handlung in der Linderung des Leidens besteht (BMA, 1988). Diese sogenannte Doppeleffekt-Theorie fand z. B. durch einen der wenigen rechtskräftig entschiedenen Fälle auf diesem Gebiet Eingang ins britische Recht (Rex v. Bodkin Adams, 1957).»[193]

Cicely Saunders war zeitlebens eine aktive und stimmgewaltige Gegnerin von aktiver Sterbehilfe. Bereits 1959 nahm sie zum Thema Stellung, als der erwähnte Parlamentsantrag zur Legalisierung von aktiver Sterbehilfe in England breit diskutiert wurde:

«Everyone has seen patients whose death they would like to accelerate, but it is the author's opinion that we cannot claim to dispose directly of life. It is not for us to say that the suffering is fruitless or that there is nothing more for the patient to do or learn in this life. Man is not the master and possessor of his body and his existence. [...] If we oppose euthanasia we must be prepared to do all in our power to remove the pain and sting of death.»[194]

1969 brachte Saunders in einem langen Artikel in der «Times» medizinische Einwände gegen die Vorlage zur Legalisierung von Suizidhilfe vor:

«This is not to deny that patients do suffer in this country but to claim that the great majority need not do so. Those of us who think that euthanasia is wrong

---

193 Saunders/Baines (Hg.), Leben mit dem Sterben, 5f.
194 Saunders, The Management of Patients in the Terminal Stage. In: Dies., Selected Writings, 33f.

have the right to say so but also the responsibility to help to bring this relief of suffering about.»[195]

1993 schrieb sie, dass bei guter Palliative Care weitaus weniger Menschen den Wunsch hätten, ihr Leben zu beenden. Sie räumt aber ein, dass es auch trotz eines Angebots an guter palliativer Versorgung immer wieder Menschen geben werde, die diesen Wunsch äusserten.[196] Auch kurz vor ihrem eigenen Tod machte Saunders in einem Fernsehinterview darauf aufmerksam, dass Suizidhilfe in einzelnen Fällen zwar wünschbar wäre, aber nicht davon ausgegangen werden könne, dass durch eine Legalisierung genau diesen Menschen geholfen werde. Wie schon im Interview mit Hörl vertrat sie die Ansicht, dass bei einem einfacheren Verfahren viele kranke und alte Menschen um ihre Existenzberechtigung bangen müssten und daran zweifeln könnten, ob ihre Art der Existenz noch menschenwürdig sei: «Any law permitting voluntary euthanasia pulls the rug from under the vulnerable.»[197] Die Schriften «The problem of Euthanasia»[198] von 1975 und «Voluntary Euthanasia»[199] von 1992 bleiben wichtige Beiträge für die Debatte insgesamt.

> «We still have further to go in giving patients truly informed control over what happens to them, in supporting them at home — so often the place of choice — through better community services and in making effective palliative care available wherever they may be. If these are not offered by both statutory and voluntary services, more and more people will find their lives not worth living and it

---

195 Cicely Saunders, The Problem of Euthanasia. Abgedruckt in der ersten Ausgabe von du Boulays Biografie: Du Boulay, Cicely Saunders, 239ff. Der Artikel erschien in einer Sonderbeilage der Times zum Thema «Euthanasia».

196 A. a. O., 244.

197 Vgl. Fernsehaufnahme von 1993, einzusehen in der St. Christopher's Bibliothek in London.

198 Cicely Saunders, The Problem of Euthanasia. In: Du Boulay, Cicely Saunders, 239ff.

199 Cicely Saunders, Voluntary Euthanasia. In: Dies., Selected Writings, 231ff. An anderer Stelle schreibt Saunders: «The Christian imperative is to care and to heal. Healing does not only mean assisting someone to get better. It may mean easing the pain of dying or allowing someone to die when the time has come. There is a misconception that, because Christians believe in the redemptive value of Christ's suffering and the call at times to «suffer with Him», they do not believe in the relief of suffering; and it is asserted that, as they consider life to be a gift from God they are, therefore, convinced that they should prolong it as long as possible, even if this should mean prolonging suffering.» Saunders, The Problem of Euthanasia. In: Selected Writings, 135.

will be society's indifference rather than any lack of potential that their lives still
have that will lead them to ask for a «right to die». To reach this point would, it
seems to me, be a sad failure on the part of society.»[200]

Saunders sieht es als gesellschaftliche Verpflichtung an, Palliative Care für
alle Menschen zu ermöglichen, so dass sie am Ende ihres Lebens nicht
mit ihrem Leiden alleingelassen werden. Sie räumt in «Voluntary Euthana-
sia» jedoch ein, dass sie es verstehe, wenn Menschen ihr Leiden und ihre
Krankheit nicht mehr ertragen könnten. Sie weiss auch, dass die Mehr-
heit der Menschen bisher keinen Zugang zu Hilfeleistungen der Palliative
Care hatte. In einem unveröffentlichten Artikel («Euthanasia – Definition,
Danger and Alternatives», 1991) geht Saunders ausführlich darauf ein.[201]
Hier zieht sie auch Vergleiche zu anderen europäischen Ländern und den
USA und weist die Kritik zurück, dass sie nicht oder nur ungenügend den
Willen der Patientin oder des Patienten berücksichtige.

## Cicely Saunders als Hospizleiterin

Saunders leitete St. Christopher's während rund zwanzig Jahren. Barbara
McNulty, die erste Stationsschwester, erinnert sich: «Learning from her
was not just on one level. One absorbed from her a whole attitude to life, a
whole religious ethos, a whole medical expertise, a whole attitude to death
and dying [...]»[202] Samuel C. Klagsburn, damals Professor für Psychiatrie
in den USA, der über längere Zeit Supervisionen für die Hospizmitar-
beitenden durchführte, beeindruckte ihre Beharrlichkeit: «Dr. Saunders is
strong, courageous and persistent – some might even consider her stub-
born. [...] She is relentless in pursuing her goals and quite unconcerned
with the opinion of others, if these opinions jeopardise her work. She
evinces humour, and a sharp wit when it is needed. These characteristics
have been crucial in the establishment of St. Christopher's Hospice [...]»[203]
    Nicht immer konnte sie Menschen mit ihrer Direktheit gewinnen.
Cicely Saunders hatte hohe Ansprüche und wenig Verständnis, wenn
andere diese nicht in derselben Weise teilten. Das Hospiz kam bei ihr stets

---

200  A. a. O., 235.
201  Cicely Saunders, Euthanasia – Definition, Danger and Alternatives, 1991 (Archiv
Cicely Saunders).
202  Du Boulay/Rankin, Cicely Saunders, 115.
203  Ebd.

an erster Stelle, St. Christopher's war nicht nur ihr Werk, sondern in vielerlei Hinsicht auch ihre «Familie». Auch nach Jahren kümmerte sie sich um Details, wie die Organisation von Partys, die Einrichtung mit Zimmerpflanzen oder die Anschaffung von neuen Vorhängen. Eine Stationsschwester erinnert sich, dass sie eines Tages im Stationsbüro einen Zettel von Saunders fand mit dem Hinweis, dass eine Patientin ihr gegenüber erwähnt hatte, wie sehr sie sich eine Maniküre wünsche, und sie das bitte organisieren möge.[204]

Neu aufgenommene Patientinnen und Patienten traf Cicely Saunders zuerst allein. Richard Lamerton, der erste Arzt, den Saunders in St. Christopher's anstellte, erinnert sich an ihre Fähigkeit zuzuhören und mit ganz wenigen Worten Fragen zu stellen, die es den Menschen ermöglichten, von sich zu erzählen. Cicely Saunders selbst erzählte des Öfteren von der Bedeutung des Zuhörens. Sie war der Überzeugung, dass Menschen selbst mitteilten, was sie brauchen und durch geschicktes Fragen deutlich wird, was dem Patienten oder der Patientin hilft und auf was er oder sie sich einlassen möchte. «Ganz gleich was passiert: wichtig ist, dass wir nicht aufhören, zuzuhören und Fragen zu stellen.»[205]

Im Laufe der Zeit wurde für Saunders der ambulante Hospizpflegedienst immer wichtiger. 1969 entstand die Idee einer Tagesklinik verbunden mit einem ambulanten Pflegedienst, die mit Hilfe von Barbara McNulty ins Leben gerufen wurde. Heute bieten viele Hospize neben dem stationären Bereich ambulante Dienste an, in der die Patientinnen und Patienten ein oder mehrere Tage in der Woche betreut und behandelt werden. Diese Arbeit verstärkte noch die Notwendigkeit, die örtliche Pflege und weitere freiwillig Helfende miteinzubeziehen.[206]

---

204 A. a. O., 118.
205 Saunders, Brücke in eine andere Welt, 17.
206 In der Schweiz nimmt die Bedeutung der verschiedenen häuslichen Pflegedienste stark zu.

## 3.3.  Älterwerden und Loslassen

### Eheschliessung mit Marian Bohusz-Szyszko

Obwohl Beziehungen zu Männern für Saunders stets eine wichtige Rolle spielten, war sie lange nicht verheiratet und hatte keine Kinder.

Bereits im Dezember 1963 hatte sie, wie bereits erwähnt, bei einem Besuch der Drian Gallery in London Werke des polnischen Malers Marian Bohusz-Szyszko kennengelernt. Dort fiel ihr ein Bild auf, «Christus beruhigt die Wogen», von dem sie sich stark angezogen fühlte. Als Marian Bohusz-Szyszko merkte, dass ihre Begeisterung echt war, überliess er ihr das Bild zum halben Preis. Cicely Saunders bedankte sich darauf mit einem Brief zum Bild, was den Künstler dazu veranlasste, seinerseits auf ihre Bildinterpretation zu reagieren. Er lud sie in sein Atelier ein, und bot ihr an, Bilder für ihr zukünftiges Hospiz zu malen. Marian Bohusz-Szyszko verstand sich als religiöser Künstler.

Cicely Saunders fühlte nicht nur die Geistesverwandtschaft, sondern auch die Kraft des gegenseitigen Austausches. In Marian Bohusz-Szyszko hatte sie ein echtes Gegenüber gefunden. Doch an ein Zusammenleben oder eine Eheschliessung war zunächst nicht zu denken: Bohusz-Szyszko war bereits verheiratet, hatte seine Frau allerdings 1939 zum letzten Mal gesehen. Sein Sohn lebte in Krakau, seine Tochter in Italien. Seine Frau war in Polen geblieben, er hingegen war nach England geflohen. Eine Scheidung kam für Bohusz-Szyszko als überzeugten Katholiken nicht in Frage. Saunders merkte auch, dass er seine Freiheit und Unabhängigkeit schätzte, er war häufig unterwegs und organisierte Ausstellungen im In- und Ausland. 1969 bezogen Saunders und Bohusz-Szyszko mit zwei polnischen Freunden ein Haus. Als Marians Frau 1975 starb, konnten beide erneut an eine Ehe denken. 1980 bat er sie, seine Frau zu werden. Sie schlossen die Ehe ohne grosses Fest, ganz im Stillen; zur dieser Zeit war er neunundsiebzig und sie einundsechzig Jahre alt.

### Anerkennung des Lebenswerks

Cicely Saunders wurde durch ihre Pionierarbeit in der Palliative Care weltweit bekannt. 1980 wurde ihr der Ehrentitel «Dame» verliehen, 1981 der begehrte Templeton-Preis für ihre Verdienste um religiöse Fragen.

Cicely Saunders wollte nicht eine Bewegung im eigentlichen Sinn ins Leben rufen, sie sah sich vielmehr dazu berufen, die Situation schwer kranker und sterbender Menschen zu verbessern. Zu ihrer Freude wurde ihr Ansatz nach wenigen Jahren in andere Teile Grossbritanniens, aber auch in andere Länder getragen. In den folgenden Jahrzehnten entstanden Hunderte von Einrichtungen nach dem Vorbild von St. Christopher's. Saunders verstand es, Menschen in verschiedenen Ländern und aus verschiedenen Kulturen für ihr Palliativkonzept zu begeistern. Carleton Sweetser, eine Mitarbeiterin, meinte rückblickend: «She had a message of hope to those who were ready to hear.»[207] Die Pflegespezialistin Florence Wald, mit der Saunders ein freundschaftliches Verhältnis pflegte, berichtete Jahre später, dass ihr erst nach und nach aufgegangen sei, wie wichtig für Saunders ihre christliche Grundüberzeugung gewesen sei, wie sehr diese ihre ganze Arbeit vorantrieb.

Saunders nahm zahlreiche Preise und Ehrungen entgegen. Robert Fulton, Professor für Soziologie an der Universität von Minnesota[208] vertrat die Auffassung, dass gerade auf dem Gebiet der Pharmakologie Saunders' Beitrag nicht hoch genug eingeschätzt werden könne. Er verglich diese Veränderung mit der Revolution, die Queen Victoria hervorrief, als sie bei der Geburt ihres sechsten Kindes um eine Narkose bat. Damals sahen es oftmals gerade Vertreter der Kirche als eine moralische Pflicht der Frauen an, ihre Kinder unter Schmerzen zu gebären. Fulton hielt es für revolutionär, dass Saunders sich gerade im Prozess des Sterbens mit christlichen Argumenten dafür einsetzte, dass der Mensch nicht unter Schmerzen sterben müsse.[209]

Auch als Saunders das Ehrendoktorat der Universität in Yale verliehen bekam, wurde auf die Verbindung von wissenschaftlicher Forschung und christlichem Glauben hingewiesen:

«Your work with those who face death has become an inspiration to patients and their families. You have combined the learning of science and the insight of religion to relieve physical and mental anguish, and have advanced the awareness of the humanistic aspects of patient care in all states of illness. First as a nurse,

---

207 Du Boulay/Rankin, Cicely Saunders, 181.
208 Vgl. du Boulay/Rankin, Cicely Saunders, 182.
209 Fulton schien es bezeichnend, dass die drei höchsten Auszeichnungen für die Arbeit mit kranken und sterbenden Menschen an drei Frauen verliehen wurden: der Nobelpreis an Mutter Teresa, der Teilhard-de-Chardin-Preis an Elisabeth Kübler-Ross und der Templeton-Preis an Cicely Saunders. Vgl. du Boulay/Rankin, Cicely Saunders, 182.

then as a social worker, you saw the special need of the dying patient, and as a physician you founded St. Christopher's Hospice. To it have come doctors, nurses, social workers, and clergy from nations around the world to work and study with you [...]»[210]

Neben der Ehrendoktorwürde der Universitäten Oxford und Cambridge nahm sie 1989, mit einundsiebzig Jahren, die höchste britische Auszeichnung, «The Order of Merit», entgegen. Sie erhielt diese Anerkennung als zweite Frau in der Geschichte Englands. Die erste war Florence Nightingale gewesen, die Begründerin der modernen Krankenpflege, die Saunders Ansichten über die Pflege stark beeinflusst hatte.

Cicely Saunders war sich bewusst, dass eine neue Generation in der Palliative Care ihren eigenen Weg suchen müsse. «When you start something new it's the second generation that really matters.»[211] Es war ihr Wunsch, dass die Methoden und Erkenntnisse nicht nur in den verschiedenen Hospizen umgesetzt, sondern allgemein in die Krankenpflege integriert würden. Richard Lamerton, Arzt in St. Christopher's Hospice stellt fest: «I have met people in Japan, in New Zealand, in Australia, South Africa, Zimbabwe, Bermuda, all over the United States and all over Europe, who regard Cicely as their teacher [...]»[212] Ihre Arbeit stellte Saunders in mehreren Fernsehinterviews vor. Dass ihr häufiges öffentliches Auftreten für die Hospizbewegung eine wichtige Rolle spielte, bestätigt auch ein enger Vertrauter, der Cicely Saunders in den 1980er Jahren aufforderte, weiterhin selbst Öffentlichkeitsarbeit zu leisten. Er war davon überzeugt, dass durch ihre Stimme verschiedene Stile und Schwerpunkte innerhalb der modernen Palliativbewegung zusammengehalten werden. Auf die immer wiederkehrende Frage, warum sie ihr Leben für Sterbende einsetze, gab Saunders jeweils zur Antwort:

«Because of David. It's very simple. When I first became a Christian I asked God what I should do with my life and three years later he told me. Then when I went as a volunteer to St. Luke's I had the immediate certainty — these are my people and this is where I am meant to be.»[213]

---

210 A. a. O., 184.
211 Ebd.
212 A. a. O., 188.
213 A. a. O., 191.

Seit den 1980er Jahren war St. Christopher's Hospice derart bekannt, dass jedes Jahr viele Besucher Ausbildungsprogramme und Weiterbildungen im dortigen Ausbildungszentrum besuchten. Saunders' Aussage «You matter because you are you, and you matter until the last moment of your life. We will do all we can, not only to help you die peacefully, but also to live until you die.»[214] war gleichsam zum Motto der Palliativbewegung geworden.

Kurz vor ihrem Tod forderte sie den Palliativspezialisten David Clark auf, ihren letzten grossen Vortrag «Consider Him»[215], den sie 2003 in Westminster Abbey gehalten hatte, zu veröffentlichen. Sie wollte diese Worte als persönliches Erbe verstanden wissen. Daraus ist der schmale Sammelband «Watch with Me» entstanden, der 2009 unter dem Titel «Sterben und Leben» auf Deutsch erschien.

Obwohl Saunders Ende der 1980er Jahre die Hospizleitung nach und nach abgegeben hatte, fiel ihr das Loslassen schwer. Über zwanzig Jahre nach der Gründung zeichneten sich auch innerhalb des Hospizes Veränderungen ab. Die zweite Generation der Palliativbewegung übernahm die sich immer stärker ausdifferenzierenden Aufgaben. Einige der Mitarbeitenden waren der Ansicht, dass das von Saunders begründete Gemeinschaftsverständnis neu überdacht werden müsse. Schwierig waren diese Jahre für Saunders auch deshalb, weil die Institution in finanziellen Schwierigkeiten steckte.[216] Marianne Rankin beschreibt diese Krise als Bruch mit der alten einst charismatischen Führung und als Übergang von einer christlichen Stiftung zu einem modernen Gesundheitsbetrieb.[217]

Ausserdem wurde Saunders' Ehemann in diesen Jahren zusehends kränker und pflegebedürftiger. Marian Bohusz-Szyszko wurde längere Zeit bis zu seinem Tod in St. Christopher's Hospice betreut. Zu ihrem eigenen Älterwerden oder Sterben äusserte sich Saunders selten. Sie betonte immer wieder, dass sie nichts von abstrakten Auseinandersetzungen mit dem Sterben halte. Sie ziehe es vor, sich den Tatsachen zu stellen und sich mit den konkreten kleinen Abschieden des Alltags anzufreunden. Der Tod blieb für sie immer eine Zäsur. «Death is an outrage. It is terrible that people who deeply love each other, who prop each other up, are suddenly parted.»[218]

---

214 Saunders, Foreword. Oxford Textbook of Palliative Medicine. In: Selected Writings, 273.
215 Saunders, Watch with Me, 39ff.
216 Saunders, Brücke in eine andere Welt, 136f.
217 Du Boulay/Rankin, Cicely Saunders, 203f.
218 A. a. O., 192.

2004 wurde bei Saunders Brustkrebs mit Metastasen diagnostiziert. Sie unterzog sich einer Operation, die Besserung brachte. Sie wurde im Londoner St. Thomas' Hospital behandelt, wo sie selbst sechzig Jahre zuvor zur Krankenschwester ausgebildet worden war und wo sie David Tasma getroffen hatte. Später fand sie Aufnahme in ihrem eigenen Hospiz. Dort starb sie 87-jährig am 14. Juli 2005.

# 4. Das Spiritualitätsverständnis von Cicely Saunders und die Auswirkungen auf ihr Spiritual-Care-Konzept

Die biografische Darstellung hat gezeigt, dass sich Cicely Saunders' Spiritualität massgeblich bis zur Hospizgründung 1967 entwickelt und entfaltet hat. Cicely Saunders eröffnete das Hospiz mit neunundvierzig Jahren, fast zwei Jahrzehnte dienten ihr als aktive Vorbereitungszeit. In diesem Zeitraum erarbeitete sie sowohl ihren Ansatz für die Palliative Care im Allgemeinen als auch für die Spiritual Care im Speziellen. In den aktiven Jahren der Hospizleitung (3.2.) stand die praktische Umsetzung, Entwicklung und Erforschung des Ansatzes stärker im Vordergrund. Dies gilt auch für den Teilbereich der Spiritual Care. Nach den aktiven Jahren der Hospizleitung wandte sich Saunders erneut stärker spirituellen Themen zu (3.3.). Zum einen reflektiert sie ihre Arbeit, zum anderen setzt sie sich mit dem eigenen Älterwerden und Sterben auseinander.

## 4.1. Von Spiritual Pain zu Spiritual Care

Versucht man die Anfänge von Spiritual Care bei Saunders auszuloten, so muss man darauf achten, wie sie verschiedene Patientenbegegnungen beschreibt. Durch die Beziehung zu den Patientinnen und Patienten entwickelt Saunders eine besondere Achtsamkeit für die Dimension von Spiritual Pain:[1] «The only proper response to a person is respect; a way of seeing and listening to each one in the whole context of their culture and relationship, thereby giving each his or her intrinsic value.»[2] Saunders selbst schreibt: «The search for meaning for something in which to trust, may be expressed in many ways, direct and indirect, in metaphor or silence, in gesture or symbol or, perhaps most of all, in art and the unexpected potential for creativity at the end of life.»[3]

---

1  Vgl. z. B. Saunders, Selected Writings, 12ff.; 58ff.; 217ff.
2  So Michael Mayne in: Personal Communication, 1992; von Saunders zitiert in: Watch with Me, 35. Mit Mayne war Saunders befreundet. Er schrieb, da er selbst an Krebs erkrankt war, das Buch «The Enduring Melody». Es gehört zu den letzten Büchern, die Saunders las. Vgl. Kap. 2, Anm. 26.
3  Saunders, Watch with Me, 35.

Saunders macht damit deutlich, dass Spiritual Care eine vieldimensionale, multidisziplinäre Hermeneutik erfordert. Zuhören und Wahrnehmen, Reflexion und Gestaltung gehören zusammen.[4] Hilfreiche Dimensionen von Spiritual Care können nicht für, sondern nur individuell, zusammen mit der einzelnen Patientin, mit dem einzelnen Patienten erschlossen werden. Dabei kommt dem Bereich des Nonverbalen und des kreativen Ausdrucks eine besondere Bedeutung zu.

> «I realised that we needed not only better pain control but better overall care. People needed the space to be themselves. I coined the term total pain, from my understanding that dying people have physical, spiritual, psychological, and social pain that must be treated. I have been working on that ever since.»[5]

Spiritual Care hat also damit zu tun, Raum zu schaffen und Raum offen zu halten, einen Raum, in dem sich Prozesse entwickeln können, Hilfreiches und Tröstendes geschieht. «Und diese Menschen brauchen Zeit und Raum, die ihnen so nur in einer Einrichtung gegeben werden können, die darauf ausgelegt ist, ihnen diese Zeit und diesen Raum zu geben.»[6]

Wie im biografischen Teil erwähnt, veröffentlichte Saunders 1988 zum Thema Spiritual Pain einen grundlegenden Artikel.[7] Darin macht sie noch einmal deutlich, dass neben dem körperlichen Leiden und dem Leiden der Angehörigen das spirituelle Leiden zentral ist und dass dies alle Menschen betrifft, unabhängig von ihrer geistigen oder religiösen Verwurzelung. In «Brücke in eine andere Welt» erzählt Saunders, wie beispielsweise ein Buddhist und christliche Ordensfrauen gemeinsam eine Hospizinitiative ermöglichten.[8]

> «Spirit is defined as the animating or vital principal in man, the breath of life. Spiritual is given as that which ‹concerns the spirit or higher moral qualities, especially as regarded in a religious aspect›. Some people we meet have had long links with religious beliefs and practices [...] For many they are support at the

---

4    Vgl. D. S. Brownings, A Fundamental Practical Theology. Descriptive and Strategic Proposals, Minneapolis 1991, 291: «Skills in communicative action are crucial for the development of a rich and life-enhancing religio-ethical culture [...]»

5    Saunders, Selected Writings, 220.

6    Saunders, Brücke in eine andere Welt, 63.

7    Saunders, Spiritual Pain. In: Dies., Selected Writings, 217ff.

8    Saunders, Brücke in eine andere Welt, 45.

deepest level, though for others they may be instead a source of disquiet or guilt. The chaplains among us are constantly involved with these problems and with the various answers of our patients' different religions. But ‹spiritual› surely covers much more than that. It is the whole area of thought concerning moral values throughout life. Memories of defections and burdens of guilt may not be seen at all in religious terms and hardly be reachable by the services, sacraments, and symbols that can be so releasing to the ‹religious group›. The realisation that life is likely to end soon may well stimulate a desire to put first things first and to reach out to what is seen as true and valuable — and give rise to feelings of being unable or unworthy to do so. There may be bitter anger at the unfairness of what is happening, and at much of what has gone before, and above all a desolate feeling of meaninglessness. Here lies, I believe, the essence of spiritual pain.»[9]

Saunders ist sich bewusst, dass Sinn und Aufgabe von Spiritual Care, sofern man sie als universales Anliegen bei der Begleitung von Sterbenden verstehen und umsetzen will, weiter gefasst werden muss, als es beispielsweise der Begriff *religious care* tut. Saunders betonte immer wieder, dass die jüdisch-christliche Tradition in vielerlei Hinsicht unterstützend wirken kann, sie macht aber auch darauf aufmerksam, dass gerade Sakramente oder christliche Symbole längst nicht einen universalen Anspruch auf Unterstützung in der Palliative Care erheben können, weil diese an eine bestimmte Gemeinschaft bzw. Ausrichtung einer Gemeinschaft gebunden sind. Saunders ringt darum, wie einerseits Spiritual Care als universales Anliegen in der Palliative Care zu postulieren und umzusetzen sei, und wie es andererseits möglich bleibe, eine bestimmte Hospizgemeinschaft – wie etwa die ihre – bewusst als jüdisch-christliche *community* zu verstehen.

In der Begegnung mit David Tasma – ich nenne sie ihre «Berufungsbegegnung» –, der sich als religiös entwurzelter Jude verstand, zeigt sich, dass Saunders nach Resonanzen ihres Glaubens suchte, die Tasmas konkrete Situation und Fragen aufnahmen. Dieser Suchprozess, das Reflektieren des eigenen Hoffens und Glaubens gehört für Saunders genuin zum Auftrag von Spiritual Care. Dieses Reflektieren stellt einen notwendigen Schritt zwischen Wahrnehmen und Gestalten dar, für den es, wie sie immer wieder schreibt, Zeit, Kreativität, aber auch Auseinandersetzung mit der eigenen Spiritualität braucht. Aufgrund ihres Spiritualitätsverständnisses hoffte Saunders, dass sich solche Resonanzen auch dann

9    Saunders, Spiritual Pain. In: Dies., Selected Writings, 217ff.

finden lassen, wenn man Menschen begleitet, die einen anderen Glauben oder eine andere geistige Verortung haben.

Im Artikel «Spiritual Pain» führt sie als Beispiel eine Krankenhausstudie an, die gezeigt hat, dass viele schwer kranke Menschen offen dafür sind, über ihr Leben und darüber, was ihnen wichtig ist, zu sprechen – wenn ihnen Zeit und Freiraum («space») geschenkt wird. Dies bestätigen auch jüngere Forschungen.[10] Spiritual Care schliesst somit ein, dem anderen den Raum zu öffnen, selbst zu erzählen und sich zu erinnern.[11] Man könnte Spiritual Care umschreiben als gestaltetes Beziehungsgeschehen, in dem eine besondere Form von Weggemeinschaft zum Ausdruck kommt. Saunders begründet die Weggemeinschaft nicht mit dem Verweis auf die Geschichte vom barmherzigen Samaritaner im Lukasevangelium (Lukas 10),[12] sondern mit Jesu Bitte, mit ihm zu wachen, für ihn in der Stunde der Not da zu sein (Markus 14,34)[13].

Diese Aufforderung, da zu sein, auszuhalten und beim andern zu bleiben, nimmt Saunders dort wieder auf, wo es um das persönliche Erleben von Sinnlosigkeit und um die Suche nach Sinn geht. Für sie gehört dies zentral zum Erleben der Patientinnen und Patienten. Saunders verweist an mehreren Stellen auf den biblischen Hiob und seine Auseinandersetzung mit Gott, dem Leiden und dem seelischen Schmerz der Sinnlosigkeit: «We are not there to take away or explain, or even to understand but simply to ‹watch with me› as Jesus asked of the disciples in the Garden of Gethsemane.»[14] Raum zu schaffen, um Ängste äussern zu dürfen, Trauer, Sorgen, Klage, Wut, Verzweiflung, Schuld nicht verstecken zu müssen, gehört zu den Kernaufgaben von Spiritual Care. Saunders nimmt dieses

---

10   Vgl. Frick/Roser (Hg.), Spiritualität und Medizin, 45ff.

11   Vgl. Morgenthaler, Seelsorge, 15ff.

12   Die Ärztin und Theologin Lea Siegmann-Würth («Ethik in der Palliative Care») und der Theologe und Ethiker Johannes Fischer (z. B. «Theologische Ethik») beispielsweise stützen ihre Konzepte auf dieses Gleichnis. Beide arbeiten heraus, dass Hilfsbedürftigkeit und Hilfsbereitschaft menschliche Phänome darstellen. Die «Sorge um den Anderen» und die «Sorge des Anderen» werden eng aufeinander bezogen. So kann Siegmann-Würth sagen: «Zum Nächsten werden» in der Palliaitive Care geht einher mit der in ihr im Zentrum stehenden Optik vom leidenden oder sterbenden Menschen. Seine Person, seine Autorität im Leiden, seine Bedürfnisse, seine Prioritätssetzung haben eine handlungsleitende Funktion für das, was ihm bei den gegebenen Umständen bestmögliches Leben bis zuletzt erschliesst. Die conditio humana macht aus jedem von uns potenziell Betroffene.» Siegmann-Würth, Ethik in der Palliative Care, 52f.

13   So Jesus vor der Gefangennahme im Garten Getsemani: «*Meine Seele* ist zu Tode *betrübt*, bleibt hier und wacht.»

14   Cicely Saunders, Spiritual Pain. In: Dies., Selected Writings, 219.

Anliegen beispielsweise in der Schrift «Current Views on Pain Relief and Terminal Care»[15] auf. Sie weist darauf hin, dass es heute in der Spiritual Care für viele Menschen eine Sprache und Herangehensweise braucht, die auch ohne christliche Terminologie auskommt,[16] obwohl es wertvolle Verbindungen zur christlichen Tradition gibt.

Neben dem, dass Saunders Spiritual Care als etwas Gemeinschaftliches versteht, das den ganzen Menschen und alle Beteiligten betrifft, weist sie mehrmals darauf hin, dass es Bereiche der Spiritual Care gibt, die bewusste Wahrnehmung, Reflexion und Gestaltung einschliessen. «Time at the end of life is often a matter of depth rather than of length and some experiences are impossible to evaluate or quantify.»[17] Dies setzt bestimmte Kompetenzen und Fachwissen seitens der Begleitpersonen voraus.

Saunders betonte bereits früh in ihren Schriften, dass von den Kirchen beauftragte Seelsorgerinnen und Seelsorger, die sich ihrerseits auf diesem Gebiet weitergebildet haben, nicht nur wichtige Kompetenzen mitbringen, sondern auch andere dazu anleiten können, verschiedene Dimensionen von Spiritual Care in ihre Arbeit zu integrieren und weiterzuentwickeln.[18]

## 4.2. Wesentliche Bewegkräfte ihrer Spiritualität

Cicely Saunders ist verwurzelt in der jüdisch-christlichen Spiritualität: Sie zieht sich wie ein roter Faden durch all ihre Lebens- und Schaffensperioden. Sie selbst versucht nicht Spiritualität zu definieren und weiss auch um deren universale Dimension, die Religion und Konfession transzendiert. Michael Wright, englischer Theologe und Palliativforscher, vergleicht Spiritualität mit einem Diamanten, dessen Facetten sich je nach Blickwinkel zeigen oder verborgen bleiben. Er formuliert folgende Annäherung an den Begriff: «[A]cknowledge of the major questions of life and death, and the

---

15 Saunders, Current Views on Pain Relief and Terminal Care. In: Dies., Selected Writings, 180.

16 Vgl. Dietrich Bonhoeffer, Widerstand und Ergebung, München 1951. Dort spricht er u. a. an, dass Menschen in unserer Welt auch ohne christliche Terminologie ihre Suche nach Sinn und Hoffnung zum Ausdruck bringen. Er spricht dabei von «Mündigkeit der Welt» (Widerstand und Ergebung, München 1951, Briefe vom 16., 18. und 21. Juli). Wie diese «Mündigkeit der Welt» zu verstehen ist, wurde und wird kontrovers diskutiert.

17 Saunders, Evaluation of Hospice Activities. In: Selected Writings, 203.

18 Saunders, Should a Patient know …? In: Dies., Selected Writings, 15.

spiritual activities of *becoming, connecting, finding meaning and transcending.*»[19]
In diesem offenen Sinn versteht sich die angelsächsische Traditionslinie
von *spirituality* und dieses Verständnis ist breit aufgenommen worden. So
etwa formuliert der Theologe Christoph Benke: «*Spirituality* kann im wei-
testen Sinn gefasst sein als Bezogenheit auf das umgreifende eine Sein,
das den Menschen als unfassbares Geistiges, Transmaterielles, Metaphy-
sisches erscheint.»[20] Für Saunders bleibt diese Offenheit in der Hospiz-
und Palliativarbeit zentrales Merkmal von *spirituality*. Wie der biografische
Teil deutlich gemacht hat, wurde sie nicht nur durch die angelsächsische
Tradition beeinflusst, sondern auch durch verschiedene andere Spiritu-
alitätsvorstellungen, etwa durch die romanische Tradition der *spiritualité*.
Traugott Roser weist in seinem Buch «Spiritual Care»[21] darauf hin, dass
mit dieser Terminologie auf die katholische Ordenstheologie in Frankreich verwiesen wird.[22] Schon seit dem 17. Jahrhundert wird dort die
persönliche Beziehung eines Menschen zu Gott als *spiritualité* bezeichnet.
Durch die intensive Auseinandersetzung mit der ökumenischen Spiritualitätsbewegung nach dem Zweiten Weltkrieg erkannte Saunders, welche
Kraft und gemeinschaftsbildenden Elemente in dieser Tradition stecken
und wie wichtig es ist, sich kritisch mit Kirchengeschichte auseinanderzusetzen: So können alte Traditionen für neue spirituelle Entwicklungen in
Kirche und Gesellschaft fruchtbar gemacht werden (z. B. die Tradition der
christlichen Mystik). Sie selbst versteht ihr Hospiz als offene ökumenische
Einrichtung, die deshalb den Auftrag hat, für alle leidenden Menschen da
zu sein.

Auch theopaschitische Traditionen, in denen sich Gott als leidender und mitleidender Gott erweist, spielen für Saunders' Verständnis von
Spiritualität eine Rolle. Ein wichtiger Hinweis dazu findet sich beim hol-
ländischen Theologen A. van Egmond.[23] Er untersucht in seiner Dissertation kreuzestheologische Elemente in der britischen Tradition des

---

19   Michael Wright, Hospice care and models of spirituality. European Journal of
Palliative Care Vol. 11, No. 2, 2004, 75–78.

20   Christoph Benke, Spiritualität, Paderborn 2004, 32.

21   Traugott Roser, Spiritual Care, Stuttgart 2007, 270.

22   So auch Christoph Benke, Spiritualität, 31: «Versteht man unter Spiritualität eine
Eindeutschung des französischen *spiritualité,* dann verbindet sich damit der Bedeutungs-
horizont der katholischen Ordenstheologie in Frankreich um 1900 als ‹Lehre vom religiös-
geistlichen Leben›».

23   A. van Egmond, De Lijdende God in de Britse Theologie van de negentiende
Eeuw; de bijdrage van Newman, Maurice, McLeod Campell en Gore aan de christelijke
theopaschitische Traditie, Amsterdam 1986.

19. Jahrhunderts und stellt fest, dass der «leidende Christus» und die damit einhergehende christliche Spiritualität mit einem starken sozialen Engagement verknüpft sind: «In British theology the argument applies, that for the conscience of those who give priority to compassion with the suffering of others, a God who is not in the first place compassionate is inacceptable.»[24] Diese Form der Kreuzestheologie, die sowohl das Leiden Christi als auch die soziale Verantwortung stark hervorhebt, wurde zu dieser Zeit von englischen Theologen unterschiedlicher Konfessionen vertreten. Die enge Verbindung von theopaschitischer Tradition und sozialem Engagement bezeichnet Egmond als charakteristisch für die Entwicklung des Christentums in Grossbritannien. Die aufgezeigten Entwicklungslinien der Spiritualität von Cicely Saunders lassen deutlich erkennen, dass ihre Spiritualität durch die «Hinwendung zum leidenden Christus» und die «Hinwendung zum leidenden Nächsten» gleichermassen geprägt ist. Saunders greift auf die theopaschitischen Traditionen zurück und entwickelt sie für die Palliative Care und das damit geforderte Engagement für den leidenden Menschen weiter.[25]

Zusammenfassend lassen sich vier Hauptlinien festhalten, die Saunders' Verständnis von Spiritualität prägen und die als sich ergänzend und einander bedingend verstanden werden können:

| angelsächsische Tradition | spirituality |
|---|---|
| romanische Tradition | spiritualité |
| ökumenische Spiritualitätsbewegung | Mystisches und Emanzipatorisches |
| theopaschitische Tradition und soziales Engagement | Mit-Leiden Gottes und Dienst für die Menschen und die Schöpfung |

---

24   A. a. O., 272. Das komplette Zitat lautet: «Common elements in nineteenth and twentieth century British and continental Theopaschitism [...] are: 1. The fact that from the incarnation conclusions are drawn for God's trinitarian Being. 2. The tendency in Christology to treat the humanity of Christ very seriously. 3. The tendency to regard the man Jesus as the one in whom God preeminently reveals Himself. 4. An interpretation of the cross as the revelation of either God's solidarity in suffering or God's grief about sin. 5. The idea of God's partaking in history and evolution [...]. 6. The value attached to speaking about God as a Person [...], even if a conflict threatens with the emphasis some theopaschites give to the Trinity, especially when they speak of ‹three persons› in the modern sense, which Barth firmly rejects. 7. Social engagement. In British theology the argument applies, that for the conscience of those who give priority to compassion with the suffering of others, a God who is not in the first place compassionate is inacceptable.»

25   Vgl. hierzu auch: Helga Kasan, Mit-Leiden Gottes. Ein vergessener Aspekt des biblischen Gottesbildes, Frankfurt a. M. u. a. 2010.

Natürlich ist es nicht möglich, die Spiritualität eines Menschen vollumfänglich zu erfassen. In den hier genannten Linien sind lediglich die Hauptfaktoren berücksichtigt. Alle vier Traditionslinien bestimmen massgeblich Saunders' Spiritualitätsverständis mit, wobei meines Erachtens die angelsächsische für ihre Hospizarbeit die wichtigste Traditionslinie darstellt.

Innerhalb der Palliativbewegung hat sich diese englische Traditionslinie weitgehend durchgesetzt. In der Diskussion begründet Wim Smeets[26] dies damit, dass hier eine universale, für alle Menschen gültige anthropologische Kategorie jenseits konfessioneller und religiös geprägter Bestimmung als gegeben angesehen werde.[27] Mark Cobb kritisiert diese Entwicklung, da sie die Frage nach Menschen- und Gottesbild zu wenig reflektiere.[28] Als Antwort auf derartige Einwände legen beispielsweise Daniel S. Schipani und Leah Dawn Bueckert in ihrem Sammelband «Interfaith Spiritual Care» den Schwerpunkt auf die Gestaltungsmöglichkeiten von Spiritual Care. Sie vertreten einen postmodernen Ansatz, der davon ausgeht, dass es unterschiedliche Perspektiven und unterschiedliche religiöse und spirituelle Beheimatung gibt, die es zu respektieren gilt. Für sie steht nicht so sehr die Universalität von Spiritualität im Vordergrund, sondern vielmehr die Partikularität und Einmaligkeit des Einzelnen mit seiner «Lebens-*story*» und mit seinen Ausdrucksweisen von Spiritualität.[29]

## 4.3.  Partikularität und Universalität von Spiritualität in der Palliative Care

Durch das bisher Dargestellte wird deutlich, dass Saunders dem Konzept der Spiritual Pain grosse Beachtung schenkte. Zum einen möchte sie den Begriff Spiritual Care weit fassen und zum anderen an der Rückbindung an die jüdisch-christlichen Tradition, die für sie stets gegenwärtig bleibt, festhalten. Die folgende Darstellung zeigt, welche Akzente in Spiritual Care gesetzt werden, wenn der Schwerpunkt auf die christliche Tradition bzw. auf die universale Offenheit gelegt wird. Dabei werden nicht Haltun-

---

26  Wim Smeets, Spiritual Care in a Hospital Setting, Colofon 2006, 6ff.

27  Ebenso argumentieren Eckhard Frick und Traugott Roser: Frick/Roser (Hg.), Spiritualität und Medizin, 280ff.

28  Mark Cobb, The Dying Soul. Spiritual Care at the end of life, Philadelphia 2001.

29  Daniel S. Schipani/Leah Dawn Bueckert (Hg.), Interfaith Spiritual Care, Kitchener 2009.

gen oder ethische Überlegungen aufgelistet, die a priori der Spiritual Care vorausgehen sollten (wie z. B. Echtheit, Kongruenz, Empathie, Respekt, Wertschätzung oder Achtsamkeit), sondern ich versuche einige konkrete Beispiele zu geben. Sie können mit unterschiedlichen Akzenten den Bereichen *Wahrnehmung, Reflexion und Gestaltung* zugeordnet werden, wobei alle drei Bereiche aufeinander bezogen bleiben.

| Akzent | Spiritual Care mit Rückbezug auf die christliche Tradition | Spiritual Care in universaler Offenheit für alle Menschen |
|---|---|---|
| Wahr-nehmung | Zuhören, Dasein, Leben als Gabe und Aufgabe wahrnehmen, gehaltene Stille, Musik, Natur ... | Zuhören, Dasein, Unverfügbarkeit des Lebens wahrnehmen, Stille, wohltuende Sinneseindrücke, Musik, Natur ... |
| Reflexion | Bibeltexte, Gebete, religiöse Kunst, christliche Literatur und Poesie, geistliche Lieder ... | Weisheitsliteratur, Philosophie, Literatur und Poesie, Musik ... |
| Gestaltung | Gespräch und Begegnung (Gespräche über die Sinn- und Lebensfragen, Menschen können von ihrer «Lebens-*story*» erzählen) | Gespräch und Begegnung (Gespräche über die Sinn- und Lebensfragen, Menschen können von ihrer «Lebens-*story*» erzählen) |
| | Verschiedene Gebetsformen (z. B. Unservater, Psalmen, Gebete der christlichen Tradition, freies Gebet), geistliche Musik, Segnungshandlungen, Salbung, Einbezug christlicher Symbole (z. B. Kreuz, Licht, Taube), alte und neue Rituale (z. B. Abschied von einem sterbenden Menschen, Aussegnung am Totenbett), Gottesdienste, Abendmahl/Eucharistie (in verschiedenen Formen: z. B. Brot berührt den Mund ohne schlucken zu müssen; statt Wein oder Traubensaft wird ein wenig Wasser gereicht), Beichte, Gestaltung christlicher Feste, Gestaltung eines Gebetsraumes/ Kapelle/Raumes der Stille | Berührung, Segnung, Symbole, Raumgestaltung, Musik, Gestaltung der Nahrungsaufnahme, Gestaltung der Pflege, persönlich entwickelte Rituale (z. B. Tagesanfang, Tagesschluss, Festtage) |
| | Beziehung zur Seelsorgerin oder zum Seelsorger, Begleitung der Angehörigen, Einbezug der Angehörigen z. B. in Ritualgestaltung, Gottesdienste oder Segenshandlungen ... | Beziehung zu bestimmten Personen z. B. Therapeuten, Einbezug und Begleitung der Angehörigen ... |

Die Darstellung zeigt, dass verschiedene Akzente von Spiritual Care gleich bleiben, unabhängig davon, ob Partikularität oder Universalität stärker gewichtet wird, und dass es eine grosse Schnittmenge gibt, die sowohl für Spiritual Care mit Bindung an die christliche Tradition als auch in der Arbeit mit einem offenen Spiritualitätsbegriff eine Rolle spielt.[30] Grafisch lässt sich das folgendermassen darstellen:

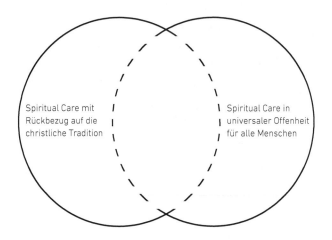

Meine These ist, dass sich in Saunders' Verständnis von Spiritual Care beide Verständnismöglichkeiten ergänzen und ineinandergreifen. Für Spiritual Care mit Rückbezug auf die christliche Tradition wie für Spiritual Care in universaler Offenheit gilt für Saunders, was bereits herausgearbeitet worden ist: Spiritual Care ist in erster Linie ein Schaffen von *space*, ein zugewandtes Dasein, das die Grundlage für eine vertrauensvolle Beziehung oder Weggemeinschaft öffnet. Der sterbende Mensch, seine Situation, seine Bedürfnisse und Fragen stehen im Zentrum. Dieses Zugewandtsein drückt aus, dass jeder Mensch in seiner Einmaligkeit auch Geheimnis bleibt, und dass über ihn nicht verfügt werden darf – auch nicht in der Spiritual Care. Spiritual Care möchte ausserdem dazu beitragen, den anderen nicht primär als Kranken, sondern als das Du, als Gast

---

30   Dennoch neigen einige Forscher und Autoren dazu, Religion und Spiritualität als Gegensatz darzustellen. In psychologischen Publikationen werden Spiritualität und Religiosität oft schroff kontrastiert (vgl. Anton A. Bucher, Psychologie der Spiritualität, Basel 2007, 51ff.).

(das Hospiz als «stopping place for pilgrims»[31]) zu sehen. Dieser darf trotz seiner zum Tode führenden Krankheit dabei unterstützt werden, dass er oder sie inneres Wachstum und Hoffnung erfahren kann.[32]

Wie bereits im biografischen Teil erwähnt, fordert Saunders die Theologie und ihre Teildisziplinen auf, den Schatz ihrer Tradition für die moderne palliative Begleitung stärker zu nutzen und neue Wege zu beschreiten. Konkret geht sie auf die Sakramente der christlichen Kirchen ein, die sie in der Palliative Care offener verstehen und neu gestalten möchte. So überlegt sie, ob nicht auch z. B. Fusswaschung als sakramentale Handlung oder eine andere Form der Abendmahlsfeier für sterbende Menschen denkbar wären. Für Menschen, die am Ende ihres Lebens nur wenig oder keine feste Nahrung mehr aufnehmen können und dennoch den Wunsch haben, Abendmahl zu feiern, müsste ihrer Ansicht nach eine andere leibhaft erfahrbare Form der Teilhabe möglich sein, die auch reflektiert und theologisch begründet geschieht.[33] Saunders geht bei ihren Überlegungen nicht ins Detail, sie fordert aber die christliche Theologie und die Kirchen auf, solchen Handlungen vermehrt Beachtung zu schenken und nach neuen Möglichkeiten zu suchen. Saunders' Vorstellung, dass sich Universalität und Partikularität in Bezug auf Spiritual Care nicht ausschliessen müssen, könnte die Diskussion auch gegenwärtig vorantreiben und einen Impuls für zukünftige Diskussionen darstellen.[34]

---

31    Cicely Saunders, Working at St. Joseph's Hospice, Hackney. In: Selected Writings, 60.

32    Saunders, Sterben und Leben, 48f: «So wie der Patient, der langsam die Kontrolle verliert, auch merkt, dass er nicht länger der ist, der er war, so müssen Trauernde eine neue Welt entdecken und akzeptieren. Es braucht Zeit, die Starre, den emotionalen Schmerz, der zunehmend wahrgenommen wird, die Leere und den Verlust zu überwinden und durch einen schliesslich einsetzenden Lernprozess wieder mit dem Leben zu beginnen. Einige brauchen Hilfe, um ihre Gefühle nach und nach ausdrücken zu können […] Die Erfahrung des Verlustes intensiviert die immer gegenwärtige Suche nach Sinn.» Sie beschreibt am Beispiel eines Patienten, der durch einen nicht operierbaren Gehirntumor sehr eingeschränkt war, «wie eine neue Sicht und sogar ein neuer Glaube durch das Gehaltensein im Hospiz entstehen kann und wie das Sterben, aber auch der Trauerprozess schliesslich zu neuem inneren Wachstum führte».

33    «Christ will be present in all the skills that we learn and in symbols and sacraments of all kinds. These will include the sacrament of the cup of cold water and the washing of the disciples' feet.» Saunders, Watch with Me, 6.

34    Siehe auch den Beitrag von Karl Federschmidt/Eberhard Hausschildt/Christoph Schneider-Harpprecht u. a. (Hg.), Handbuch der interkulturellen Seelsorge, Neukirchen-Vluyn 2002.

Auch in der ethischen Dimension der Spiritual Care, die Saunders sehr früh sieht und benennt, ist die Theologie gefordert. Dabei handelt es sich nicht nur um grundsätzliche Diskussionen rund um Suizidhilfe oder um medizinische Entscheidungen, sondern beispielsweise auch um die Frage, ob der Patient ein Recht habe zu wissen wie es um ihn stehe, und wenn ja, in welcher Weise ihm Informationen über seine Krankheit zuteilwerden sollen. Saunders schreibt dazu:

> «In most cases the initiative should come from the patient. A patient may demand the truth he already suspects and find it easier to be done with deception. Another may prefer to live his last days as though he were going to live here forever and will not know if he can help it.»[35]

Sie räumt ausserdem im Interview mit Christoph Hörl ein, dass gerade durch die rasanten medizinischen Entwicklungen die ethische Verantwortung und die Schwierigkeit der Entscheidungsfindung im Palliativbereich stark gewachsen seien.[36]

## 4.4.  Die Aufnahme von Cicely Saunders' Konzept durch die WHO

Die Europäische Gesellschaft für Palliative Care (EAPC) definierte 1989 zum ersten Mal den Begriff Palliative Care. Diese Beschreibung fand, wie bereits erwähnt wurde, u. a. aufgrund der Veröffentlichungen von Cicely Saunders Eingang in die erste Definition der WHO von 1990.[37] Die WHO bestimmt in ihrer Definition Palliative Care als die

> «aktive, ganzheitliche Sorge und Betreuung (*active total care*) für Patienten, deren Erkrankung nicht mehr auf eine kurative Behandlung (*curative treatment*) anspricht. Die Kontrolle von Schmerzen, anderen Symptomen und von psychischen (*psychological*), sozialen (*social*) und spirituellen (*spiritual*) Problemen hat

---

35  Saunders, Brücke in eine andere Welt, 84ff.; Saunders, The Management of Patients in the Terminal Stage. In: Selected Writings, 31.

36  Vgl. die Ausführungen zur Ethik in Kapitel 5.

37  Vgl. Cecilia Sepúlveda u. a., Palliative Care: The World Health Organization's Global Perspective, Journal of Pain and Symptom Management, Vol. 24 No. 2, August 2002, 19ff. (www.hpca.co.za/pdf/publications/Sepulveda.pdf, eingesehen am 16. August 2012).

eine herausragende Stellung. Das Ziel der Palliative Care ist die Erreichung der bestmöglichen Lebensqualität für die Patienten und ihre Familien.»[38]

2002 modifizierte die WHO ihre Definition. Nun wird Palliative Care verstanden als Ansatz (*approach*) zur Verbesserung der Lebensqualität von Patientinnen und Patienten und Angehörigen, wenn sie von Problemen im Zusammenhang mit einer lebensbedrohlichen Erkrankung (*life-threatening illness*) betroffen sind. Dies geschieht durch Prävention und Linderung von Leiden (*suffering*) mittels Früherkennung (*early identification*) und einwandfreier Beurteilung (*impeccable assessment*) sowie Behandlung (*treatment*) von Schmerzen und anderen physischen, psychosozialen und spirituellen Problemen.[39] Im Unterschied zur ersten Definition wird 2002 der Team-Ansatz stärker betont, ebenso der Begriff der Lebensqualität.

Cicely Saunders wurde im Anschluss an die erste Definition der WHO gebeten, das Vorwort für das «Oxford Textbook of Palliative Medicine»,[40] das medizinische Kompendium für Palliativmedizin im englischsprachigen Raum, zu verfassen. Dort findet sich neben einem geschichtlichen Rückblick und dem Bezug auf die christliche Ethik auch die Definition der WHO von Palliative Care, die auf Saunders' Total-Pain-Konzept referiert. 1996 schreibt Saunders rückblickend,[41] dass diese Definition von Palliative Care ihre vier Säulen der Palliative Care (medizinische, psychologische, soziale und spirituelle Begleitung) aufgenommen habe.[42] Saunders' Arbeiten und Erkenntnisse haben die Definition der WHO also entscheidend mitbeeinflusst. Saunders war es von Anfang an wichtig zu betonen, dass Palliative Care die Begleitung der Hinterbliebenen miteinschliesst:

«It was recognised that support was needed both before and after a patient's death […] The World Health Organisation has published the following definition: ‹Palliative Care is the active total care of patients whose disease is not responsive to curative treatment. Control of pain, of other symptoms and of psychological, social and spiritual problems is paramount. The goal of palliative care is achievement of the best possible quality of life for patients and their

---

38  Zitiert nach: Siegmann-Würth, Ethik in der Palliative Care, 26.
39  Vgl. Barbara Steffen-Bürgi, Reflexionen zu ausgewählten Definitionen der Palliative Care. In: Knipping (Hg.), Lehrbuch Palliative Care, 30f.
40  Saunders, Foreword. Textbook of Palliative Medicine. In: Dies., Selected Writings, 269ff.
41  Saunders, Sterben und Leben, 62f.
42  Vgl. auch die heutige Definition der WHO (www.who.int/cancer/palliative/definition/en, eingesehen am 16. August 2012).

families.› [...] Now that palliative care is spreading worldwide it has still, as in the WHO definition, kept a concern for the spiritual needs [...] The whole approach has been based on the understanding that a person is an indivisible entity, a physical and a spiritual being.»[43]

## 4.5.  Zur Bedeutung von *community* in Cicely Saunders' Palliativkonzept

Wendet man sich dem Aspekt der *community* in Saunders' Arbeit zu, so fällt auf, dass Saunders in unterschiedlicher Weise von Gemeinschaft spricht. Sie nennt z. B. ihr Hospiz eine «community of the unlike»,[44] sie spricht von ihm als einem «stopping place for pilgrims»,[45] als «skilled community»[46], aber sie bringt ihr Hospiz auch immer wieder in Verbindung mit Theologie und Philosophie. So kann sie daran erinnern, dass es dem diakonischen Auftrag der christlichen Kirchen entspricht, solche Hospize und Einrichtungen Wirklichkeit werden zu lassen.

«The hospital is indeed a place of meeting. Physical and spiritual, doing and accepting, giving and receiving, all have to be brought together. [...] We can only prepare the path the individual has to travel. [...] The dying need the community, its help and fellowship and the care and attention which will quieten their distress and fears [...] The community needs the dying to make it think of eternal issues and to make it listen and give to others. The community of the Church has a particular responsibility, not only to meet with people dying in many different surroundings and to sustain those who sometimes have to endure in very difficult places, but also, I believe in helping to fill a gap in our present provision.»[47]

Die Motivation, Gemeinschaft zu ermöglichen, in der sterbende Menschen im Sinne ihres Total-Pain-Konzeptes Hilfe, Geborgenheit und Pflege erfahren können, entspringt bei Saunders einer christlichen Spiritualität und einem christlichen Gemeinschaftsverständnis:

---

43  Saunders, Watch with Me, 34f.
44  Saunders, Hospice – a meeting Place for Religion and Science. In: Dies., Selected Writings, 227.
45  Saunders, Working at St. Joseph's Hospice, Hackney. In: A. a. O., 60.
46  Cicely Saunders, Templeton Prize Speech. In: A. a. O., 158.
47  Saunders, And from Sudden Death. In: A. a. O., 38f.

«It is a community in which the patients are the central members. It is a place where some people are trying to live together with as much honesty as they can muster. It is the work of Christ in an area of great human need.»[48]

Auch hier wird deutlich, dass Saunders das Humanum einerseits und Christus im Dienste der Menschlichkeit andererseits zusammensieht. Sie verbindet den *community*-Begriff mit *Fürsorge* und *Liebe* und zitiert in ihrer Schrift «A Place to Die» von 1973 Bruno Bettelheim: «We find meaning in life in the love and care of another person.»[49] Sie beschreibt in dieser Schrift, dass einer der ersten Mitarbeitenden, als er von ihrer Vision von St. Christopher's erfuhr, sagte: «But you are talking about a community.» Saunders fügt hinzu:

«If we are to go on caring and not take refuge in techniques of relationship or of professional skills, we need to know that we are not alone as we try to help. The costly giving of oneself in demanding work with people is only held safely in some kind of community [...] A community has room for joy as well as for sorrow, for relaxation as well as for work. [...] The main challenge seems to be for openness and simplicity and the symbol of the open hands.»[50] «We were shown that our community had to be composed of the unlike [...] all held together by the strength of their commitment to serve the patient and their families spiritually as well as in every other way.»[51]

Obwohl sie ihn oft beschreibt, bleibt *community* letztlich ein schillernder Begriff, der von Saunders nicht abschliessend definiert wird.[52] Ich erinnere hier an Ausführungen im biografischen Teil[53], die zeigen, wie sie mit dieser Begrifflichkeit rang. In einer späteren Schrift von 1989 mit dem Titel «Hospice – a Meeting Place for Religion and Science» erinnert sich Saunders an ihre persönliche Erfahrung in St. Joseph Hospital, in dem katholische Ordensschwestern diesen gemeinschaftsbezogenen Aspekt

---

48   Cicely Saunders, A Place to Die. In: A. a. O., 125.
49   A. a. O., 126. Saunders zitiert hier aus: Bruno Bettelheim, The Informed Heart: Autonomy in a Mass Age, Glencoe 1960 (im Original: Aufstand gegen die Masse. Die Chance des Individuums in der modernen Gesellschaft, München 1980).
50   Saunders, A Place to Die. In: Dies., Selected Writings, 126ff.
51   Saunders, Templeton Prize Speech. In: A. a. O., 160.
52   Weiterführend ist hier: Peter Zimmerling, Die Bedeutung der Gemeinschaft für den Menschen angesichts der Postmoderne. In: Rolf Hille/Herbert Klement (Hg.): Ein Mensch – was ist das? Zur theologischen Anthropologie, Wuppertal 2004.
53   Z. B. an den Exkurs zu Olive Wyon oder zu Henri J. M. Nouwen.

von *care* einbrachten und lebten.[54] 1998 sagte sie im Interview mit Christoph Hörl (vgl. das Motto zu meiner Einleitung):

> «Ich glaube, dass jeder, der es auf sich nimmt, denen beizustehen, die sich ausgeliefert fühlen und Abschied nehmen müssen, irgendwann erkennt, dass er sich eine grundlegende Philosophie zurechtlegen muss. Solch eine Philosophie muss einerseits dem Einzelnen gerecht werden, andererseits aber auch die Gemeinschaft im Auge haben.»[55]

Auch in ihrer Schrift «The Problem of Euthanasia» betont sie: «The Christian believes that the God who made this world entered it in the vulnerability of the Incarnation, sharded and transformed suffering, and still shares it [...]»[56] Gemeinschaft meint für Saunders also letztlich nie nur eine fürsorgende Gemeinschaft, vielmehr versteht sie darunter eine bestimmte Form von «Solidaritätsgemeinschaft». Saunders denkt hier die Solidarität Gottes in Christus *pro me, pro nobis* mit: «For the Christian the cross is the centre of all centres, the place where time and eternity meet and all our griefs and failures are transformed.»[57] Weil Saunders Gott beim leidenden Menschen glaubt, sieht sie *community* als Gabe und Aufgabe. Im Interview 1998 sagt sie, dass die *community* in diesem Sinn lebe, «solange es einen Kern von uns gibt, die aufrichtig glauben, dass Gott immer an unserer Arbeit beteiligt ist, weil es sowieso schon von Anfang an auch seine Arbeit war [...]»[58]

Dass zur Gemeinschaft auch gehört, gemeinsam zu feiern, trauern, nachzufragen, auszutauschen und manches andere mehr, schildert sie ebenfalls. Meines Erachtens versteht sie ihr Hospiz als eine besondere Ausformung einer *ecclesiola in ecclesia*, zu der für sie auch Agnostiker und Andersgläubige gehören, wenn sie sich in den Dienst für sterbende Menschen rufen lassen oder als sterbende Menschen in Liebe empfangen werden.

An einzelnen Stellen zeigt sich bei Saunders auch ein trinitarisches Verständnis. Sie findet bei der Mystikerin Juliana von Norwich den relationalen Begriff der Liebe dahingehend gefüllt, dass «Gott in trinitarischer

---

54  Saunders, Hospice – a Meeting Place for Religion and Science. In: Dies., Selected Writings, 227.
55  Saunders, Brücke in eine andere Welt, 17f.
56  Saunders, The Problem of Euthanasia. In: Dies., Selected Writings, 135.
57  A. a. O., 131; Hier ist wiederum auf die britische theopaschitische Tradition zu verweisen, die A. van Egmond in seiner Dissertation herausarbeitet (siehe 4.2).
58  Saunders, Brücke in eine andere Welt, 199.

Gemeinschaft» und «Gott, der Gemeinschaft sucht» stark betont wird. Bei Juliana von Norwich bleiben Liebe und Gemeinschaft aufs Engste verbunden. In Saunders' Anthologie «Beyond the Horizon» wird diese Verbundenheit verschiedentlich aufgenommen und mit Beispielen aus der Literatur und mit Patientenbeschreibungen veranschaulicht. «It is in sharing our pain that we believe God comes to us.»[59] «In Jesus of Nazareth, God knew a human life and the ulitmate weakness of death as we know them, and this for all men, whether or not they believe.»[60] Damit bringt Saunders zum Ausdruck, dass gerade der inkarnatorische Bezug dazu beiträgt, im Leidenden nicht den Fremden, sondern das Du, den Nächsten zu sehen und in dieser Haltung Menschen zu begleiten.

Dass eine Gemeinschaft, die dieses glaubt und hofft, nicht immer viele Worte braucht, sondern dies im palliativen Bereich meist als Haltung zum Ausdruck bringt, zeigt ein Zitat aus Saunders' Artikel «Spiritual Pain»:

> «If we are Christians, our vision is of God's sharing with us all in a deeper way still, with all the solidarity of His sacrificial and forgiving love and the strengths of His powerlessness. [...] Sometimes we can speak of this, more often we have to stay silent beside this silent God, whose ways of meeting each person's need will often be known to them alone.»[61]

---

59　Saunders, Beyond the Horizon, 3.
60　Saunders, The Philosophy of Terminal Care. In: Dies., Selected Writings, 155.
61　Saunders, Spiritual Pain. In: Dies., Selected Writings, 220.

# 5.  Bleibende Impulse von Cicely Saunders' Spiritual-Care-Ansatz für Seelsorge und Ethik

Fragen der Seelsorge und Ethik spielen in Cicely Saunders' Konzept von Palliative Care zwar eine Rolle, jedoch eher in impliziter als in expliziter Form. In diesem Kapitel möchte ich Dimensionen von Seelsorge und Ethik in Saunders' Ansatz ansprechen, die sie selbst nur fragmentarisch thematisiert hat. Es soll allerdings weniger darum gehen, wie Saunders in diesen beiden Bereichen gedacht hat,[1] sondern darum, wie ihr Ansatz in diesen Diskursfeldern weiterentwickelt werden könnte. Deshalb soll im Folgenden auf aktuelle Diskurse aus der Poimenik und Ethik Bezug genommen werden, die interessante Überschneidungen zu Saunders Arbeiten aufweisen bzw. daran anschliessen.

## 5.1.  Bezüge zur aktuellen Seelsorgediskussion

### Der Beitrag der Seelsorge zur Palliativversorgung

Ralph Charbonnier sieht in der Entwicklung der Palliativversorgung[2] einen «Glücksfall für die Seelsorge»[3], weil die Palliative Care einem Menschenbild verpflichtet ist, nach dem physische, psychische, soziale und

---

1    Saunders' Denken ist unübersehbar tugendethisch geprägt und weist elitäre Züge auf, wie sie auch bei anderen ausgeprägten Persönlichkeiten etwa bei Dietrich Bonhoeffer, beobachtet werden können. Einen entsprechenden Nachweis müsste eine eigenständige Untersuchung führen.
2    Die Anfänge der Hospizarbeit im deutschsprachigen Raum liegen in den 1980er Jahren. In Deutschland beispielsweise hatte sich eine Bürgerbewegung entwickelt, die zur Gründung von über 1000 ambulanten Hospizdiensten und über 100 stationären Hospizen führte. Ausgehend von der WHO-Definition von Palliative Care und ihrer Forderung nach umfassender Begleitung entstanden verschiedene Aus-, Fort- und Weiterbildungen. Vgl. z. B. Elke Schölper (Hg.), Sterbende begleiten lernen. Das Celler Modell zur Vorbereitung Ehrenamtlicher in der Sterbebegleitung, Gütersloh 2004; Monika Müller/Martina Kern/Friedemann Nauck/Eberhard Klaschik, Qualifikation hauptamtlicher Mitarbeiter. Curricula für Ärzte, Pflegende, Sozialarbeiter, Seelsorger in der Palliativmedizin, Bonn ²1997.
3    Charbonnier, Seelsorge in der Palliativversorgung, 517.

spirituelle Bedürfnisse schwer kranker und sterbender Menschen in ihrem sozialen Umfeld zusammen und in ihrer wechselseitigen Bezogenheit reflektiert werden müssen. Es lassen sich aber derzeit kaum aussagekräftige Angaben darüber machen, in welchem Masse Seelsorgende in den einschlägigen Verbänden der Hospiz- und Palliativversorgung vertreten sind. Auch über den Beitrag der Seelsorge zu den vorhandenen oder in absehbarer Zukunft zu erwartenden Strukturen der Palliativversorgung ist noch wenig bekannt.[4] Einige wichtige Forschungsergebnisse zur Integration von Spiritual Care und Seelsorge in das Gesamtkonzept der Palliative Care liefert beispielsweise die deutschsprachige Studie SPIR,[5] in der spirituelle Überzeugungen und Bedürfnisse von Patientinnen und Patienten erhoben wurden. Die Patienteninterviews wurden von Seelsorgern, Seelsorgerinnen und Ärztinnen, Ärzten gleichermassen durchgeführt. Die befragten Patientinnen und Patienten erlebten die Gespräche über ihre persönliche Spiritualität mehrheitlich positiv und hilfreich.

## Seelsorge, Sinnsuche und die Unverfügbarkeit des Lebens

«Als Menschen des 21. Jahrhunderts stellt sich uns die Frage nach dem Sinn des Lebens neu und das Thema ‹Sinn› hat Konjunktur. In unserer Zeit scheint Sinn besonders knapp und die Suche nach ihm zu einem besonders schwierigen Problem geworden zu sein. Denn das Individuum kann heute auf keinen vorgegebenen oder übergeordneten Sinn des Lebens mehr zurückgreifen.»[6]

Sinnsuche gestaltet sich aufgrund der Unübersichtlichkeit der Angebote gerade im Bereich der Spiritualität als schwierig.[7] Seelsorge oder Spiritual Care stehen unter dem Verdacht, für alle Menschen Sinn-Antworten

---

4    Vgl. a. a. O., 518f.

5    SPIR ist eine Erhebung der spirituellen Überzeugungen und Bedürfnisse von Patientinnen und Patienten, die durch den Arbeitskreis Medizin und Spiritualität an der Ludwig-Maximilians-Universität München entwickelt und am Interdisziplinären Zentrum für Palliativmedizin ausgewertet wurde; vgl. Traugott Roser, Spiritual Care, 246ff. Erste Ergebnisse wurden 2005 vorgestellt, Auswertungen finden sich bei: M. J. Fegg/M. Wasner/C. Neudert/G. D. Borasio; Personal values and individual quality of life in palliative care patients. In: Journal of Pain and Symptom Management, Vol. 30, No. 2, 2005, 154–159.

6    Peter Held (Hg.), Systemische Seelsorge als Sinnfindungsprozess, Mainz 2003, 43.

7    Weiterführende Gedanken finden sich in: Martina Plieth, Bedingungen von Sterben. Tod und Trauer in der Postmoderne. In: Wilfried Engemann (Hg.), Handbuch der Seelsorge, Leipzig 2007.

anbieten zu wollen. Menschliches Leben ist aber unverfügbar, es bleibt Geheimnis. Menschen sind gerade in Notsituationen und bei schwerer Krankheit darauf angewiesen, dass sie nicht mit einem spirituellen «Sinnschleier»[8] umgeben werden, sondern vielmehr Freiräume erhalten, selbst über das Leben, Sinn oder Sinnlosigkeit, über Gott und seine Beziehung zu den Menschen nachzudenken.[9] Seelsorge kann daher nicht mit Sinn-Sorge gleichgesetzt werden. Seelsorge oder Spiritual Care können weder Sinn produzieren, noch erschöpfen sie sich in der Sinndimension. Obwohl es keine einheitliche Definition von Seelsorge gibt, weiss sie um den Geschenkcharakter des Lebens und wendet sich dem notleidenden Menschen zu, dem Gottes Annahme gilt.

> «Zum Menschsein gehört eine eigentümliche Grundpassivität. Sie zeigt sich nicht nur in Geburt und Tod, im Leiden, in unserer Hilfsbedürftigkeit und Verletzlichkeit, sondern vor allem in der Liebe und im Verzeihen. Das Entscheidende kann der Mensch sich selbst nicht geben: Liebe und Vergebung. Sie kann er nur als Geschenk bzw. Gnade empfangen. Der christliche Glaube kultiviert die Erfahrung und das Bewusstsein unserer Empfänglichkeit. ‹Was hast du, das du nicht empfangen hast?›, erinnert Paulus seine Leser im 1Kor 4,7.»[10]

Der katholische Krankenhausseelsorger Erhard Weiher wählt für seinen Seelsorgeansatz in Anlehnung an Hans Urs von Balthasar[11] und Eberhard Jüngel[12] das «Leitsymbol Geheimnis».[13] Er begründet dies durch die Idee von «Ganzheit» und den Anspruch «ganzheitlicher Betreuung» in der gegenwärtigen Diskussion im Gesundheitswesen.

---

8 Vgl. Doris Nauer, Seelsorge, Stuttgart 2007, 189.
9 1963 erklärte die 4. Vollversammlung des Lutherischen Weltbundes in Helsinki: «Der Mensch von heute fragt nicht mehr: Wie kriege ich einen gnädigen Gott? Er fragt radikaler, elementarer, er fragt nach Gott schlechthin: Wo bist Du, Gott? Er leidet nicht mehr unter dem Zorn Gottes, sondern unter dem Eindruck seiner Abwesenheit; er leidet nicht mehr unter seiner Sünde, sondern unter der Sinnlosigkeit des Daseins, er fragt nicht mehr nach dem gnädigen Gott, sondern ob Gott wirklich ist.» In: Erwin Wilkens (Hg.), Helsinki 1963. Beiträge zum Gespräch des Lutherischen Weltbundes, Berlin/Hamburg 1964, 446f.
10 Ulrich H. J. Körtner, Sündenvergebung und Schuldübernahme in der Seelsorge. In: Wege zum Menschen, Ethische Dimensionen der Seelsorge, Heft 3, Mai/Juni 2006, 268.
11 Hans Urs von Balthasar, Glaubhaft ist nur die Liebe, Einsiedeln 1963.
12 Eberhard Jüngel, Gott als Geheimnis der Welt, Tübingen 1977.
13 Weiher, Geheimnis des Lebens, 43.

«Ganzheit darf also nicht als normativer, integralistischer Begriff verwendet werden, so als ob eine ideale Struktur existiere, in die alles und jedes eingepasst werden müsste und könnte. ‹Ganz› ist der Mensch nie […] Ich plädiere hier für die Rede von ‹Ganzheit› in folgendem Sinn: Alle Wissenschaften von Menschen können ihre Detailforschung auf eine virtuelle Ganzheit beziehen, von der zwar viele Äusserungen erforscht werden können, die aber prinzipiell als innerstes Geheimnis des Menschen vorgestellt wird, das letztlich unverfügbar ist.»[14]

Alle an der Palliative Care Beteiligten können, so Weiher, unter der Leitidee «Geheimnis» handeln. «Ein von dem Symbol ‹geheimnisvoller Mehrwert eines Menschen› geleiteter Helfer wird anders mit dem Patienten umgehen als ein reiner Funktionsberuf.»[15] Damit nimmt er ein wesentliches Anliegen von Saunders auf: das Leben, jeden Menschen und gerade den sterbenden Menschen in der Dimension des Unverfügbaren zu sehen und ihm so zu begegnen. Weiher postuliert zwar die Universalität von Spiritualität[16], gesteht aber dem Seelsorger, der Seelsorgerin zu, dass er oder sie eine spirituelle Verortung mitbringt.

«Das kann nun aber nicht heissen, dass die Helfer sich in allen religiösen Sprachen und spirituellen Dialekten der Welt auskennen müssen. […] Der Seelsorger kann bei der Darstellung des grundsätzlich Spirituellen – anders als der Religionswissenschaftler – nicht ein neutraler Spiegel sein. […] Der Schatz einer Religion und eines spirituellen Ansatzes lassen sich authentisch nur in der ‹Muttersprache› zum Strahlen bringen, von dem her, was man selbst verinnerlicht, durchfühlt und durchlebt hat.»[17]

Damit wird klar, dass es hier um die Anschlussfähigkeit der christlichen Tradition, nicht aber um Nivellierung aller Unterschiede im polyfonen Spiritualitätschor geht. Ziel ist es, Menschen verschiedener Berufsgruppen der Palliativarbeit für die spirituelle Begleitung zu sensibilisieren und Wege aufzuzeigen, wie die Begleitenden in ihren jeweiligen Rollen mit dem Patienten oder der Patientin in seiner bzw. ihrer je eigenen Spiritualität in Interaktion treten und sich der eigenen Spiritualität bewusst sein können. Für Weiher ist Spiritualität eine «innerste Gestimmtheit, ein innerer Geist, die das Alltagsleben transzendieren, aus denen heraus Menschen

---

14  A. a. O., 39f.

15  A. a. O., 42.

16  Weiher zitiert Puchalski: «Spiritualität ist eine allen Menschen gemeinsame Eigenschaft. Sie ist der Kern unserer Humanität.» C. Puchalski, A Time for Listening und Caring. Spirituality and the Care of the Chronically Ill and Dying, New York 2006, 11.

17  Weiher, Geheimnis des Lebens, 16.

ihr Leben empfinden, sich inspiriert fühlen und ihr Leben gestalten».[18] So verstandene Begleitung und Seelsorge trägt dazu bei, Kranken und Sterbenden mit der ihnen eigenen Innenwelt mit Respekt zu begegnen.[19]

## Im Geist der Freundlichkeit und Liebe: Seelsorgeauftrag in gesellschaftlicher Verantwortung

Im Geist der Freundlichkeit und Liebe dem anderen zu begegnen und in ihm nicht nur den kranken, sterbenden Menschen, sondern den von Gott geschaffenen Nächsten zu sehen, bleibt zentrale Perspektive der Seelsorge, gerade am Lebensende. Allen Menschen kann in diesem Geist begegnet werden, unabhängig ihrer spirituellen oder religiösen Verortung. Es gehört zum Verdienst von Saunders, diese Perspektive in die Gesamtkonzeption der modernen Hospiz- und Palliativentwicklung unmissverständlich hineingetragen zu haben. In einer Gesellschaft, die oft einseitig Gesundheit, Aktivität und Selbstbestimmung postuliert, setzt sich die Seelsorge auch und gerade für Menschen ein, die immer schneller den Eindruck bekommen, dass ihr Leben nur noch eine Last sei, weil sie schwächer werden und immer stärker auf Hilfe angewiesen sind. Seelsorge ist somit nicht auf die Einzelseelsorge beschränkt, sondern nimmt auch gesellschaftliche Strukturen und Entwicklungen ernst, beteiligt sich an ethischen Diskursen und versucht die *sanctorum communio* in ihrer Verschiedenheit zu ermutigen, sich mit diesen Fragen und Entwicklungen auseinanderzusetzen. Dass Seelsorge sich für kranke, leidende, nicht mehr autonome Menschen einsetzt, erschwert die Position der Seelsorgenden gerade in einem säkularen Gesundheitswesen, das sich rechnen muss. Trotz gesellschaftlichem Druck kann Seelsorge nicht beliebig alles in sich aufnehmen, was als «spirituell» gilt oder von verschiedenen Seiten eingefordert wird. Auch wenn Seelsorge – gerade in der Spiritual Care, die einem interdisziplinären Setting verpflichtet ist – versucht, anthropologische Grundlegungen zu betonen, ist nicht nur «kritische Resonanz» gefragt, sondern es gilt auch aufzuzeigen, was dem christlichen Menschen- und Gottesbildes zugrundeliegt.[20]

---

18 A. a. O., 22.
19 «Man kann alle Dinge zweifach sehen: als Faktum und als Geheimnis.» Weiher zitiert hier Hans Urs von Balthasar. A. a. O., 35.
20 Hier ist der Artikel von Henning Luther weiterführend: Leben als Fragment. Der Mythos von der Ganzheitlichkeit. In: Wege zum Menschen, Heft 43, 1991, 262–273.

## Seelsorge in interdisziplinären Teams

Viele Anliegen der Spiritual Care und der Krankenhaus- bzw. Heimseelsorge lassen sich miteinander verbinden. Die Integration der Seelsorge als unverzichtbarer Bestandteil von interdisziplinären Teams bleibt auch in Zukunft eine Aufgabe und Herausforderung. Wie bereits bei der Begriffsklärung erwähnt,[21] ist «Seelsorge» kein biblischer Begriff im engeren Sinne, sondern entwickelte sich aus einer bestimmten Spiritualitätspraxis der christlichen Kirchen. Seelsorge setzt also eine spirituelle Gemeinschaft und Traditionen voraus, auf die sie Bezug nimmt und in denen sie verankert ist. Mit ihrer Betonung von *community* gibt Saunders einen wichtigen Hinweis darauf, dass für die Gestaltung von Spiritual Care der Gemeinschaftsaspekt reflektiert werden muss. «Community of the unlike» nennt sie ihr offenes Gemeinschaftsverständnis und macht damit deutlich, dass alle Menschen im Dienste des leidenden Menschen willkommen sind und in die Spiritual Care eingebunden werden können. Saunders macht in verschiedenen ihrer Schriften darauf aufmerksam, dass gerade die geschulten freiwilligen Mitarbeitenden eine grosse Hilfe sind, um bei Ressourcenknappheit ausreichende Unterstützung anbieten zu können. Die freiwilligen Mitarbeitenden wiederum benötigen, so betont sie, selbst professionelle Begleitung.

## Trost und Umgang mit Symbolen und Ritualen

Wenn wir uns noch einmal vor Augen halten, welch bleibenden Einfluss die Patientenbegegnungen auf Saunders ausübten und wie sie erst durch David Tasma erfuhr, wie wichtig für leidende und sterbende Menschen Bezugspersonen sind, denen sie sich anvertrauen können, so kommt ein weiteres zentrales Thema der Seelsorge hinzu. Und zwar, wie es der Heidelberger Katechismus formuliert: «Was ist mein einziger Trost im Leben und im Sterben?»[22] Etwas Tröstendes wollte David Tasma zugesprochen bekommen. Aber auch wenn wir uns bemühen, das Leiden eines anderen Menschen wahrzunehmen, bleibt es uns oft fremd. Was tröstet, ist deshalb nicht einfach gegeben. Das Tröstende muss ertastet, erfragt werden. Trösten kann zwar oftmals ein zentraler Aspekt seelsorgerlichen Handelns sein, aber es gilt auch, Trostgrenzen zu akzeptieren. Gerade die Seelsorge

---

21  Siehe Kapitel 2.
22  So die erste Frage des Heidelberger Katechismus von 1563.

in der Palliative Care kann ihr Mandat auch dahingehend verstehen, dass Wut, Verzweiflung, Hoffnungslosigkeit, Aggression oder Trauer nicht länger verschüttet oder verdrängt werden müssen.[23] Dies gilt für den Patienten, die Patientin wie auch für die Angehörigen und Mitarbeitenden. Die Seelsorge steht hier vor der grossen Herausforderung, ihre Reflexion mit der humanwissenschaftlichen Forschung in Beziehung zu bringen. Dies wird beispielsweise in der Forschung zu Stress- und Krisenbewältigung deutlich: Frühe Erlebnisse beeinflussen spätere Möglichkeiten zur Krisenbewältigung und können für seelsorgerliche Begleitung am Lebensende von zentraler Bedeutung sein. In den Bereich «Tröstendes» gehört für Saunders auch ein kreativer Umgang mit Symbolen und Ritualen. Sie möchte Mut zu neuen rituellen Gestaltungen machen und fordert die Theologie auf, diese zu reflektieren. Dabei wird die Frage für die Seelsorge wichtig bleiben: «Wie vermag kirchliches Handeln die Spannung zwischen tröstlichem und vertröstendem, befreiendem und zwanghaft eingeengtem Ritual produktiv zu bearbeiten?»[24] Der Umgang mit Symbolen und Ritualen ist im Hospiz- und Palliativkontext oftmals dem gesamten Team und den Angehörigen wichtig. Immer wieder weist Saunders auf bestimmte, sorgfältig gestaltete Abschied- und Trauerrituale hin (z. B. das Anzünden einer Kerze, das Sprechen eines Segens oder Gebets, Besinnungsfeiern im Raum der Stille oder der Kapelle, Erinnerungsfeiern mit den Angehörigen usw.).

## Seelsorge im System bzw. in Systemen

Dass es zentral ist, Menschen sorgfältig in ihren Beziehungssystemen wahrzunehmen, betonen verschiedene Seelsorgeansätze. Christoph Morgenthaler beispielsweise nimmt in der «Systemischen Seelsorge» Impulse und Erkenntnisse der Familien- und Systemtherapie auf. Morgenthalers Aufsatz «Sterben im Krankenhaus» beschreibt die besondere Situation sterbender Menschen im Krankenhaus in systemischer Perspektive näher. Dies lässt sich auch auf den Hospiz- oder Heimbereich übertragen.

> «Um das Sterben eines einzelnen Menschen, im Schnittbereich der beteiligten Systeme, beginnt sich ein ganz eigenes Subsystem zu bilden, das ‹Problemsystem

---

23　Vgl. Christoph Schneider-Harpprecht, Trost in der Seelsorge, Stuttgart 1989, 139f.

24　A. a. O., 310.

Sterben›, das System all jener Personen also, die vom Sterben einer einzelnen Person direkt betroffen sind. [...] Sterben geschieht [...] im Schnittbereich ganz unterschiedlicher sozialer Subsysteme. Vergegenwärtigen wir uns einige wichtige Akteure: Angehörige, Freunde, Bekannte, Nachbarn, Ärzte, Pflegepersonal, Seelsorgende, Angestellte der Spitalverwaltung. Diese Personen treten zwar als einzelne Menschen mit einer schwer kranken Person in Kontakt. Sie sind in ihrem Fühlen und Handeln aber eingebunden in ihre je eigenen Systeme. In jedem dieser Bezugssysteme gelten andere Ziele, Wertvorstellungen und Menschenbilder.»[25]

In diesem besonderen Setting hat Seelsorge eine umstrittene Funktion, denn viele Menschen erleben heute Religiosität und Spiritualität als brüchig und diffus, ja ambivalent. In der Situation des Krankenhauses sehen sie sich als Patientinnen und Patienten häufig erneut mit diesen Erfahrungen konfrontiert:[26]

«Es zeichnet sich also eine doppelte Herausforderung systemischer Seelsorge ab. In ihr ist eine geschärfte Sicht für die ambivalente Wirkung von Familienreligiosität und Seelsorge – systemische Seelsorge! – gefordert. [...] In systemischer Seelsorge wird es zudem darum gehen, theologische Impulse der christlichen Tradition so einzubringen, dass sie nicht neutralisiert werden, sondern zu ihrer tragenden und verändernden Wirkung kommen.»[27]

Seelsorge in der Situation einer schweren Erkrankung ist Seelsorge an Menschen, die eine Vielzahl von Verlusten erfahren. Das bedeutet nicht, dass schwer erkrankte Menschen nicht auch hoffen und Zukunft gestalten. Ihre Hoffnung ist aber akut gefährdet und sie «bedürfen Seelsorgender, die ‹Fürhoffende› sind»[28].

## Ausblick

Seelsorge und Spiritual Care sind dem einzelnen leidenden Menschen und seiner Situation verpflichtet. Ohnmacht, Sinnlosigkeit und Leere gilt es in Solidarität mit dem Leidenden auszuhalten.

---

25  Christoph Morgenthaler, Sterben im Krankenhaus – Systemische Aspekte. In: Wege zum Menschen, Heft 52, Oktober 2000, 415; 413.

26  Christoph Morgenthaler, Kirche und Gesellschaft. In: Anja Kramer u. a. (Hg.), Ambivalenzen der Seelsorge, Neukirchen-Vluyn 2009, 145–158.

27  Morgenthaler, Sterben im Krankenhaus, 413.

28  Morgenthaler, Seelsorge, 181.

«Das ist der Trost der Seelsorge: sich dem Elend vorbehaltlos, ohne Einschränkung auszusetzen [...] Es ist die Solidarität, die aus der Kommunikation der Trostlosen entsteht, aus der Kommunikation, d. h. der Teilung und Mit-Teilung der Trostlosigkeit.»[29]

Dabei ist es wichtig, gerade im Dienst am Einzelnen sein Bezugssystem und sein Umfeld sorgfältig wahrzunehmen. Oftmals sind es Angehörige, Freunde und Pflegende, die helfen können, Hinweise für die Gestaltung der Seelsorge bzw. Spiritual Care zu geben. Dies ist gerade dann bedeutungsvoll, wenn sterbende Menschen nicht mehr sprechen können oder keine Kraft für ein Gespräch mehr haben. Spiritual Care ist nach Saunders und dem heutigen Verständnis von Spiritual Care Aufgabe eines gesamten Teams. Die Seelsorgenden sind herausgefordert, zum einen ihre persönliche Spiritualität und Tradition einzubringen und zum anderen in einem *interfaith*-Setting anderen zu helfen, Spiritualität als etwas Universales und Offenes zu verstehen und dieses Verständnis in die verschiedenen Möglichkeiten von Spiritual Care einzubringen. Dem Leben als Geheimnis[30] und Geschenk zu begegnen, betont die Dimension des Unverfügbaren, auf die Seelsorge immer wieder aufmerksam zu machen hat.

## 5.2. Bezüge zur aktuellen Ethikdiskussion

Neben Fragen der Seelsorge spielen auch Fragen der Ethik in Saunders' Konzept von Palliative Care eine Rolle, die für heutige Diskurse anschlussfähig sein können. Der Umgang mit kranken und sterbenden Menschen bildet seit längerem einen wesentlichen Schwerpunkt von medizinischer Ethik und Pflegeethik. Auch wenn der handelnde Umgang mit Sterben und Tod die «älteste» medizinethische Herausforderung darstellt (Dietrich Ritschl), entwickelte sich erst Ende der 1960er Jahre, mit dem Aufkommen der sogenannten Angewandten Ethik, eine ausdifferenzierte Medizinethik.[31] Die Blüte der Angewandten Ethik verdankt sich zweier Entwicklungen: einerseits der rasanten Zunahme wissenschaftlich-technologischer

---

29  Henning Luther, Die Lügen der Tröster. In: Praktische Theologie, Heft 3, 1998, 174.

30  Hier ist es mir wichtig, auch auf das Seelsorgegeheimnis aufmerksam zu machen. Trotz aller Teamvernetzung in der Spiritual Care muss deutlich bleiben, dass diejenigen, die Seelsorge ausüben, ein Recht auf Wahrung dieser Vertraulichkeit haben.

31  Bemerkenswert ist die zeitliche Parallele zur Entwicklung der Seelsorge in Nordamerika. Siehe Kapitel 2, zum Begriff Seelsorge.

Möglichkeiten mitsamt der Wahrnehmung ihrer ambivalenten Wirkungen und andererseits dem Scheitern der Versuche einer ethischen Letztbegründung. Die Sensibilisierung für Folgen von Technologie förderte das Bewusstsein für die wachsende Verantwortung der Menschen gegenüber der menschlichen und nichtmenschlichen Umwelt, der belebten und unbelebten Natur. Die Dringlichkeit der Probleme stellte die Ethik quasi vom Kopf auf die Füsse: Nicht die Theorie des Guten, sondern die Wahrnehmung der Verantwortung für eine konkrete Praxis ist nun gefordert. Das «Prinzip Verantwortung»[32] wird zur dominierenden Grösse ethischen Denkens. Angewandte Ethik trägt gleichzeitig der zunehmenden gesellschaftlichen Ausdifferenzierung in relativ eigenständige Funktionssysteme Rechnung.[33] Entsprechend generiert heute jeder grössere gesellschaftliche Teilbereich seine eigene Ethik. Mit der Hinwendung zu praktischen Fragen in der Ethik geht eine grundsätzliche Fokussierung auf das Handeln – das handelnde Subjekt, die Handlungen und die Handlungsfolgen – einher. Entsprechend fragt die moderne Ethik nach den Motiven, Gründen, Ursachen und Folgen menschlichen Handelns.[34] Die Frage, warum jemand etwas getan hat oder was in einer bestimmten Situation getan werden soll, bestimmt derart unser lebensweltliches Handeln, dass uns die Dominanz dieser Handlungsorientierung kaum noch bewusst ist. Dieser Fokus gilt auch für weite Bereiche der evangelisch-theologischen Ethik, vor allem dann, wenn sie dezidiert anwendungsorientiert auftritt. Gerade aus reformatorischer Perspektive wäre jedoch auch anderes denkbar: Wenn der Mensch allein aus der Gnade des rechtfertigenden Handelns Gottes lebt, also sein «Gut»-Sein nicht handelnd realisieren kann, dann hat das Aus-

---

32   Vgl. Hans Jonas, Das Prinzip Verantwortung, Frankfurt a. M. 1979.

33   Johannes Fischer macht in diesem Zusammenhang darauf aufmerksam, dass die theologische Ethik auch schon früher eine Ausdifferenzierung kannte (z. B. Ethik in Ehe, Familie, Beruf, Wirtschaft, Politik, Kultur); Johannes Fischer, Theologische Ethik, Stuttgart 2002, 232f. Vgl. auch: Johannes Fischer, Beiträge zur Urteilsbildung von Medizin und Biologie, Zürich 2002.

34   «Wir haben behauptet, dass die moderne Auffassung des Handelns vier Spaltungen bzw. Zuordnungsalternativen in sich schliesst, die den Zugang zu deren Dimension verstellen, welche die christliche Überlieferung mit dem Wort ‹Geist› bezeichnet. Es sind dies die Alternativen zwischen Handlung und Ereignis, zwischen Affekt und Verstand, zwischen Innen und Aussen und zwischen Subjekt und Objekt.» Fischer, Theologische Ethik, 120.

Frank Mathwig, Zwischen Leben und Tod, spricht von «vier Missverständnissen», die es heute zu beachten gilt (das rationale, perfektionistische, instrumentelle, individualistische). Hier spricht Mathwig häufige Reduktionismen der ethischen Diskussion am Lebensende an. 179ff.

wirkungen auf die Grundlegung und Zielsetzung von Ethik. Karl Barth
könnte prägnant sagen:

> «Die Ethik hat das Gebot Gottes, dieses eine wirkliche Gebot, nicht aufzustel-
> len. Sie hat es als aufgestellt zu begreifen unter der Voraussetzung, dass es immer
> im Leben eines *Menschen* aufgestellt ist. Nicht, was uns geboten ist, haben wir zu
> zeigen – in dieser Absicht kann sich keine Ethik zwischen Gott und den Men-
> schen hineindrängen –, wohl aber, was es für uns bedeutet, *dass* uns geboten ist
> oder umgekehrt: was es für das Verständnis der Tatsache, *dass* uns geboten ist,
> bedeutet, dass das Gebot in unser menschliches Leben hineingeboren ist.»[35]

Theologische Ethik ist die menschliche Konsequenz aus der Anrede
Gottes.[36] Das menschliche Handeln folgt dem Handeln Gottes im dop-
pelten Sinne: Es gründet in dem Erleben der göttlichen Gegenwart und
orientiert sich am Handeln Gottes in Jesus Christus. Darin unterscheidet sich theologische von sonstiger Ethik. Theologische Ethik versucht,
das christliche Ethos in Hinblick auf eine konkrete Fragestellung oder
Konfliktsituation zu plausibilisieren. Sie ist somit «öffentlicher Anwalt des
christlichen Ethos».[37] Trotz dieser konstitutiven Bindung ist theologische
Ethik auch gesellschaftlich wirksam, wie etwa die Diskussion um Menschenwürde und Menschenrechte zeigt.[38] In diesem Sinne bemühte sich
auch Saunders darum, ihre spezifisch christliche Sicht in eine religiös und
weltanschaulich plurale Praxis einzubringen.

Aus den vorangegangenen Kapiteln sind zwei Merkmale von Cicely
Saunders' Denken und Praxis bereits deutlich geworden, die in ethischer
Terminologie als *narrativer Zugang* und Orientierung am *christlichen Liebesethos* charakterisiert werden können. Beide Aspekte tauchen an vielen Stellen ihrer Arbeit und Reflexion auf, ohne allerdings eigens – und in systema-
tischer Form – zur Sprache zu kommen. Mit beiden Aspekten haben sich

---

35   Karl Barth, Ethik I. Vorlesung Münster Sommersemester 1928 (Gesamtausgabe, Bd. II), Zürich 1973, 194.

36   Martin Luther hat in seiner Schrift von 1520 «Von der Freiheit eines Christenmenschen» die Vorstellung von dem Handeln, das aus dem Glauben kommt, aufgenommen: «Denn der innere Mensch ist mit Gott eins, fröhlich und lustig um Christi willen,
der ihm so viel getan hat, und all seine Lust besteht darin, dass er umgekehrt Gott auch
umsonst in freier Liebe dienen möchte.» Martin Luther, Von der Freiheit eines Christenmenschen, München 1982, 287.

37   A. a. O., 46.

38   Indem sich die theologische Ethik in gesellschaftliche Diskurse einbringt, bleibt
sie in einem pluralen offen Diskurs beteiligt und kann auf aktuelle Fragestellungen reagieren. Vgl. z. B. Schardien (Hg.), Mit dem Leben am Ende.

in neuerer Zeit innerhalb der deutschsprachigen theologisch-ethischen Diskussion zwei Ethiker intensiv beschäftigt: Auf dem Gebiet der Narrativen Ethik hat der Theologe Dietrich Ritschl Pionierarbeit geleistet, eine zeitgenössische Ethik, die explizit das christliche Liebesethos aufnimmt, wurde vom Zürcher Ethiker Johannes Fischer entwickelt. Im Folgenden möchte ich deshalb diese beiden Weiterentwicklungen knapp vorstellen.

## Erzählen und Ethik

«Nüchtern betrachtet leben wir alle ein Leben, das für sich genommen zu klein ist, um darin einen Horizont aufzubauen, der weit genug wäre, dieses Leben auch gut zu leben.»[39] Menschen erzählen von ihrem Leben und andere gesellen sich mit ihren Erfahrungen, mit ihrer *story* dazu. Es entsteht Kommunikation, Begegnung, die Lebensqualität ausmacht – auch am Ende des Lebens. In dieser Hinsicht sind Narrationen für die Konstitution des Selbst auch im Zusammenhang mit medizinethischen Fragen von Bedeutung. Dietrich Ritschl geht davon aus, dass Menschen und Gemeinschaften ihre Geschichte in vielen Geschichten mitteilen.[40] Er verwendet dafür den englischen Begriff *story*[41]. Das *story*-Konzept Dietrich Ritschls zielt im Blick auf die Ethik nicht auf die unmittelbare Anleitung zu bestimmten ethischen Entscheidungen. «Einzelne *stories* als konkrete Verhaltensanweisungen zu verstehen wäre eher kurzsichtig, obwohl solche Erfahrungen letztlich nicht ausgeschlossen sind. Denen, die in der *story* der jüdisch-christlichen Überlieferung stehen, kann es widerfahren, dass ihnen einzelne *stories* begegnen, die sie zu einem bestimmten ethischen Verhalten aufrufen.»[42] Die *story* bildet den Rahmen, innerhalb dessen ethische Entscheidungen entstehen und getroffen werden.[43]

---

39  Bernd Wannenwetsch, Leben im Leben der Anderen. In: Marco Hofheinz/ Frank Mathwig/Matthias Zeindler (Hg.), Ethik und Erzählung. Theologische und philosophische Beiträge zur narrativen Ethik, Zürich 2009, 94.

40  Ebenso Stanley Hauerwas, ein weiterer Vertreter der Narrativen Ethik. Vgl. Stanley Hauerwas, The Self as Story, Nashville 1998, 77–91.

41  Ritschl hat sowohl den Begriff der *story* in den deutschsprachigen Raum eingebracht als ihn auch mit der Diskussion der analytischen Psychotherapie verbunden. Damit steht er den bereits vorgestellten Seelsorgeansätzen nahe.

42  Werner Schwartz, Dietrich Ritschls Story-Konzept und die narrative Ethik. In: Hofheinz/Mathwig/Zeindler (Hg.), Ethik und Erzählung, 153.

43  Eine vertiefte Auseinandersetzung bietet hierzu Marco Hofheinz, Narrative Ethik als «Typfrage». In: Hofheinz/Mathwig/Zeindler (Hg.), Ethik und Erzählung, 12ff. Hofheinz stellt die unterschiedlichen Ansätze der narrativen Ethik dar und versucht, eine

Als Theologe und Medizinethiker hat sich Ritschl intensiv mit Palliative Care auseinandergesetzt[44] und seine konzeptionellen Überlegungen darauf bezogen:

«1. Jeden Patient gilt es von seiner Biografie, seiner ‹story› her zu verstehen. Die Identität des Patienten liegt in dem, was er oder sie von sich ‹erzählen› könnte, was wir als Ärzte und Therapeuten oder Angehörige hören und innerhalb gewisser Grenzen nachempfinden können. Zu dieser Biografie gehört ganz entscheidend die Familie des Patienten, wenn auch heute oft in unkonventionellen, neuen Konstellationen mit wichtigen Bezugspersonen. 2. Das Gegenstück zur bisherigen Biografie eines Patienten ist seine Zukunft, die ‹antizipierte story›, die Vision des Weitergehens seines Lebens. Hier operieren Ärzte und Therapeuten nicht mit harten Fakten des Gewesenen, sondern mit einer Hypothese, mit der Vision des Weitergehens seines Lebens sowie – nach dem Tod – der Angehörigen. Hier sind auch die Ängste der Ärzte verwurzelt, denn das weitere Leben ist durch Unbekanntes und Ungewisses geprägt; und doch bezieht sich jeder Therapieplan gänzlich auf diese Zukunft. 3. Jede Therapie ist eine Invasion in die Lebens-Story eines Menschen, die ethisch verantwortet werden muss. Mit ihr wird nicht nur die Zukunft eines Menschen bestimmt, sondern auch die Vergangenheit in einem gewissen Sinn verändert, so, wie wenn man die bisherigen Fakten eines Lebens mit den Glasstückchen eines Kaleidoskops vergleicht, die bei der Drehung ein neues Bild, auch ein neues Bild der Vergangenheit, entstehen lassen. 4. Ärzte und Therapeuten müssen sich über ihre eigenen Ängste im Klaren sein, wenn sie das Wagnis der Invasion in das Leben eines Menschen vornehmen wollen, denn sie treten durch die Therapie – und sei es eine rein wissenschaftlich beschriebene Chemotherapie – in eine personale Beziehung zur Biografie sowie zur Zukunft eines Menschen ein. Der Rückzug hinter den Zaun der objektiven Wissenschaft wäre gerade nicht ein Merkmal ‹professioneller› ärztlicher Haltung.»[45]

---

Klassifizierung vorzunehmen. Er fragt, wie sich narrative Ethik zu anderen Ethiken wie z. B. der Prinzipienethik verhält.

44  Vgl. Dietrich Ritschl, Zur Theorie und Ethik der Medizin, Neukirchen-Vluyn 2004, 131ff. Siehe auch: Dietrich Ritschl, Konzepte. Das Story-Konzept in der medizinischen Ethik, München 1986, 209: «Das Story-Konzept ist nicht durch Zufall in der alttestamentlichen Wissenschaft entwickelt worden. Über 200 Jahre hatte die Forschung am Alten Testament mit historischen, philologischen und zuletzt auch archäologischen Mitteln gearbeitet, bis sie die Suche nach Begriffen und geordneten, definierbaren Systemen aufzugeben lernte: Israel ist, was es erinnert und erhofft und was es davon erzählen kann; und der Gott Israels ist nur in seiner *story* mit Israel fassbar. Die ‹Gesamt-Story› oder gar die ‹Total–Story› ist nicht erzählbar; sie kann nur dargeboten werden in der Selektion und einer bestimmten Sequenz von Einzel-Stories.»

45  Ritschl, Zur Theorie und Ethik der Medizin, 165f.

Für Ritschl ist das Erzählen der *story* nicht nur ein Berichten, sondern es öffnet auch Kommunikationsvorgänge, bei denen wiederum Geschichten «weitergeschrieben», «verändert» oder «neu» geschrieben werden.[46] Dies gilt für die einzelne *story* eines Patienten, einer Patientin genauso wie für die «Gesamt-Story», in der Ärzte, Patientinnen und Patienten, Angehörige und schliesslich alle Menschen stehen.[47] Wesentlich ist, dass Ritschl die *story* als offenes Geschehen denkt, das die Erzählenden und Hörenden selbst in einen Prozess hineinnimmt. Ritschl betont, dass Krankheit nicht nur eine physische, sondern immer auch eine soziale, geistige Erscheinung ist. Er möchte den Auftrag der christlichen Ethik im Palliative-Care-Bereich auch dahingehend verstanden wissen, sich in die jüdisch-christliche *story* zu stellen und von daher eine kritische Position einzunehmen, wenn mitunter Therapieziele einseitig idealisiert werden. «Wenn es darum gehen soll, dass Leben gelingen soll, dann steht mehr auf dem Spiel als die einfache Maximierung inhärenten Potenzials. Mit dem Leben und seiner ‹story› muss auch das Sterben gelingen können.»[48] Dabei ist mit «gelingen» keine Leistung und kein auszuweisender Erfolg gemeint, sondern die Erfahrung, dass auch in Fragmenten eines scheinbar gebrochenen Lebens die Kraft spiritueller Dimension für den eigenen Weg ausgelotet werden kann. Theologische Ethik im Sinn von Ritschl wird sich demnach nicht an einen abstrakten Begriff von Normalität oder an einer Vorstellung von maximaler Selbstverwirklichung orientieren, sondern an der biblischen «Gesamt-Story», die Neuschöpfung und Gerechtigkeit verheisst. «Im Schutzraum der Geschichte Gottes, in welcher alle menschlichen Einzelgeschichten verwoben sind, ist der Mensch Person, bevor er etwas aus sich macht oder seine Vernunftanlagen entwickelt.»[49]

---

46   «Die story hält also entscheidende Erinnerungen fest, die prägende Bedeutung besitzen. Sie ist damit gerade nicht ein historischer Report, sondern eher Bekenntniserzählung.» Schwartz, Dietrich Ritschls Story-Konzept und die narrative Ethik. In: Hofheinz/ Mathwig/Zeindler (Hg.), Ethik und Erzählung, 149.

47   Dietrich Ritschl, Zur Theorie und Ethik der Medizin, 140.

48   Ritschl, Konzepte, 242. Dietrich Ritschl stellt dem «Athener» das «Jerusalemer» Menschenbild, gegenüber, das weniger von Selbstentfaltung als von Beziehungsfähigkeit geprägt ist. Vgl. auch Wolfgang Schoberth: «Der theologische Einspruch gegen das Autonomiekonzept der Neuzeit wendet sich gegen seine Überforderung gerade um der Freiheit willen. Die Einsicht in die wesentliche Passivität des Lebens eröffnet die Wahrnehmung der Würde auch des Schwachen und Beschädigten, das jeder Lebensgeschichte innewohnt.» Wolfgang Schoberth, Einführung in die theologische Anthropologie, Darmstadt 2006, 146.

49   Ulrich H. J. Körtner, Leib und Leben, Göttingen 2010, 63.

Saunders stellt in ihren Vorträgen und Veröffentlichungen häufig
Narrationen von Patientinnen und Patienten vor (z. B. in «A Patient»[50];
«Watch with Me»[51]; «A Voice for the Voiceless»[52]). Indem sie das tut,
lässt sie zum einen die «Patienten für sich selbst sprechen»[53], zum anderen verbindet sie die Patientennarrationen mit ihrem Palliativkonzept. Die
von Saunders ausgewählten Patientenerzählungen bringen zum Ausdruck,
dass die *stories* ihre Wirkung in der je konkreten Kommunikation entfalten und dieser Prozess den Patientinnen und Patienten Kraft verleiht, die
Vielfalt von Gedanken, Erfahrungen und Gefühlen im Sterbeprozess neu
zu gewichten. Saunders sieht darin eine zentrale Aufgabe der Spiritual
Care.[54] Indem Patientinnen und Patienten selbst Gelegenheit erhalten,
ihre *stories* oder ihre *story* zu erzählen bzw. weiterzuerzählen, wird deutlich,
in welchen Deutehorizont sie sich stellen und welche Fragen, Hoffnungen
oder Ängste bestehen (z. B. Fragen zu lebensverlängernden Massnahmen,
zur Familiensituation, Angst vor Schmerzen, Fragen nach dem Weiterleben nach dem Tod usw.). Saunders wie Ritschl ringen darum, wie und in
welchen Kommunikationszusammenhängen die jüdisch-christliche *story*
eingebracht werden kann.[55] Während Saunders stärker kreative und nonverbale Formen des Zuspruchs sucht und einfordert, legt Ritschl einen
stärkeren Fokus auf das Gespräch. Saunders teilt mit Ritschl die Auffassung, dass die einzelne *story* oft nicht ausreichend für die ethische Entscheidungsfindung ist und dass es neben einem individuellen *story*-orien-
tierten Ansatz und der «Gesamt-Story» der biblischen Tradition immer
auch Regeln und Normen geben muss, über die sich eine Gesellschaft im
Einzelnen verständigt und die sie auch juristisch regelt. Wie wichtig solche

---

50   Saunders, Selected Writings, 41 ff.
51   Saunders, Watch with Me, 1 ff.
52   Saunders, Selected Writings, 259 ff.
53   Saunders, Brücke in eine andere Welt, 31 f.
54   Saunders erzählt von den Erfahrungen einer Freiwilligen des Besuchsdienstes:
«She told me that they never failed to find something in common, often some link with
a happier past. From these links – and also from patient's experiences that were different
from her own – she drew out parts of their story and listened as these fell into place and
gave some [...] meaning to what patients had found important.» Saunders, Spiritual Pain,
In: Dies., Selected Writings, 219.
55   Hier ist darauf hinzuweisen, dass Saunders mit dem Begriff *story* bereits seit der
Auseinandersetzung mit C. S. Lewis vertraut war. Für Lewis gibt es neben der «christlichen
story» und der eigenen «Lebensstory» auch «stories» (z. B. Literatur), die die Auseinandersetzung und den Bezug auf die eigene Lebensgeschichte fördern.

Regelungen sind, zeigt sich gerade beim Themenkomplex der Patienten-verfügung.

## Christliche Ethik als Liebesethik

Ein zentrales Thema christlicher Spiritualität ist die Liebe. In der christli-chen Ethikdiskussion spielen dabei zwei biblische Texte eine zentrale Rolle: das Doppelgebot der Liebe[56], das durch verschiedene biblische Erzählun-gen näher bestimmt ist, und das im Lukasevangelium erzählte Gleichnis vom barmherzigen Samaritaner.[57] Im Zusammenhang des Doppelge-bots der Liebe wird darüber diskutiert, ob und wenn ja, inwiefern Liebe Gefühl, Gesinnung, Haltung oder Tugend sei. Beim Gleichnis vom barm-herzigen Samaritaner stellt sich in der Diskussion die Frage, wer Nächster sei. Sie kann allerdings nicht vorschnell damit beantwortet werden, dass es der Hilfsbedürftige sei. Die Fragestellung des Schriftgelehrten: «Und wer ist mein Nächster?» wird am Ende der Erzählung von Jesus nochmals aufgenommen: «Wer von diesen dreien, meinst du, ist dem, der unter die Räuber fiel, der Nächste geworden?» Der Nächste ist nicht einfach gege-ben, er wird zum Nächsten in der Begegnung und im Handeln.[58] Lea Siegmann-Würth stellt dieses Gleichnis in den Zusammenhang von Ethik in der Palliative Care.[59] Sie sieht im leidenden Menschen am Weg auch ein Gleichnis für den alleingelassenen sterbenden Menschen. Derjenige, der Hilfe erfährt und derjenige, der Hilfe leistet, können nicht unabhängig voneinander gesehen werden: «‹Zum Nächsten werden› in der ‹Palliative Care› geht einher mit der in ihr im Zentrum stehenden Optik von leiden-den und sterbenden Menschen. Seine Person, seine Autorität im Leiden, seine Bedürfnisse, seine Prioritätensetzung haben eine handlungsleitende Funktion für das, was ihm bei den gegebenen Umständen bestmöglichstes Leben bis zuletzt erschliesst. Die *conditio humana* macht aus allen Menschen

---

56  Vgl. Levitikus 19,18: «Du sollst deinen Nächsten lieben wie dich selbst. Ich bin der HERR» oder Deuteromium 6,5: «Und du sollst den HERRN, deinen Gott lieben, von gan-zem Herzen, von ganzer Seele und mit deiner ganzen Kraft.» bzw. Matthäus 22,37–40: «Du sollst den Herrn, deinen Gott, lieben mit deinem ganzen Herzen und mit deiner ganzen Seele und mit deinem ganzen Verstand.»

57  Lukas 10, 25–37.

58  Vgl. auch Torsten Meireis: «Der Samariter wird erst zum Nächsten dadurch, dass er dem Zusammengeschlagenen begegnet.» Torsten Meireis (Hg.), Lebendige Ethik, Münster 2007, 38–62; ders., De usu triplici legis caritatis oder vom Tripelgebot der Liebe (egora.uni-muenster.de/fb1/pubdata/Tripelgebot.pdf, eingesehen am 6. September 2012).

59  Siegmann-Würth, Ethik in der Palliative Care, 47ff.

potenziell Betroffene. Deshalb ist es einleuchtend, dass die Zugewandtheit und Hilfeleistung jedem Menschen, unabhängig von seiner Religion, seiner Herkunft, seinem sozialen Stand, Alter oder seiner Selbstverschuldung zukommt. Beides, Hilfsbereitschaft und Hilfsbedürftigkeit, stellen allgemein menschliche Phänomene dar.»[60]

Meist verbinden wir heute mit Liebe jedoch nicht dieses lukanische Gleichnis, sondern ein von Intimität geprägtes Beziehungsgeschehen, wie Liebe seit der Romantik verstanden wird. Zwar spielen Gesinnung und Haltung in diesem Beziehungsgeschehen eine Rolle, aber sie ergeben sich oftmals durch die erlebte und gestaltete Intimität.[61] Auf diese einseitige Deutung des Liebesbegriffes haben in jüngster Zeit beispielsweise die Philosophin Angelika Krebs oder die Soziologin Eva Illouz kritisch aufmerksam gemacht.[62] Die Bibel teilt ein solch einseitig verstandenes, romantisches Liebesideal nicht. Im Neuen Testament ist, anderes als im klassischen Griechisch, der griechische Begriff ἀγάπη (Agape) für Liebe zentral.[63] Diese schliesst nach biblischem Zeugnis Gottesliebe, Menschenliebe und Selbstliebe mit ein und hat ihren Ursprung bei Gott, auf den sie immer bezogen bleibt.[64] Von diesem Verständnis von Liebe leitet sich die neutestamentliche Liebesethik ab, die durch die Forderung nach Feindesliebe besonders zugespitzt wird.[65] Damit knüpft sie an die jüdi-

---

60  A. a. O., 52f.

61  «Liebe gilt, unhintergehbar durch die Romantik geprägt, als Beziehungsgeschehen im Kontext der Intimität. Zentral ist dabei vorrangig die Tätigkeit, weniger die Gesinnung oder Haltung.» Hofheinz/Mathwig/Zeindler (Hg.), Wie kommt die Bibel in die Ethik, 7.

62  Vgl. Eva Illouz, Das Verlangen nach Anerkennung. Liebe und die Verletzlichkeit des Selbst. In: R. Forst/M. Hartmann/F. Jaeggi/M. Saar (Hg.), Sozialphilosophie und Kritik, Frankfurt a. M. 2009, 64–86; Eva Illouz, Warum Liebe weh tut, Berlin ⁴2011; Angelika Krebs, Arbeit und Liebe. Die philosophischen Grundlagen sozialer Gerechtigkeit, Frankfurt a. M. 2002, 239–294.

63  Im klassischen Griechisch werden φιλία, στοργή, ἔρωτας und ἀγάπη unterschieden. φιλία ist für Aristoteles die edelste Form der Liebe, weil sie jeder Notwendigkeit entzogen und damit wahrhaft frei ist; vgl. Aristoteles, Nikomachische Ethik, übersetzt und eingeführt von Olof Gigon, München ⁵2002, 1155b16–1157a20.

64  Vgl. Meireis (Hg.), Lebendige Ethik, Münster 2007, 38–62.

65  Matthäus 5,43–45: «Ihr habt gehört, dass gesagt wurde: *Du sollst deinen Nächsten lieben* und deinen Feind hassen. Ich aber sage euch: Liebt eure Feinde und betet für die, die euch verfolgen, so werdet ihr Söhne und Töchter eures Vaters im Himmel; denn er lässt seine Sonne aufgehen über Böse und Gute und lässt regnen über Gerechte und Ungerechte.»

sche Tradition an: Auch dort werden die individuellen und sozialen Folgen der Liebe bedacht.

In seinem Buch «Theologische Ethik» weist Johannes Fischer darauf hin, dass die Liebe nach christlichem Verständnis nicht nur Gerechtigkeit sucht, sondern auch eine Seinsweise, eine Zugehörigkeit ist. Das Spezifikum der evangelischen Ethik sieht er unter anderem darin, dass die Instanz, die letztlich beurteilt, was das sittlich Richtige und Gute ist, nicht die Vernunft, sondern die Liebe als umfassende Leitorientierung des christlichen Ethos ist: «Dem christlichen Glauben entspricht ein christliches Ethos.»[66] Die neutestamentliche Spiritualität geht von einer Zugehörigkeit zu Gott und Christus aus[67] und fordert zu einem gemeinsamen Leben auf, das dem Geist der Liebe entspricht. Fischer macht darauf aufmerksam, dass spätestens seit Ernst Troeltschs «Soziallehren der christlichen Kirchen und Gruppen»[68] das christliche Ethos auch dahingehend verstanden werden kann, dass es kulturell wirksam wird und die Verbindung mit ausserchristlichem Denken sucht. Er weist bewusst auf den universalen Horizont christlicher Liebesethik hin: «Wie kann das, was im Sinne der Liebe ist, in die verschiedenen gesellschaftlichen Kommunikationszusammenhänge und Strukturen hinein übersetzt werden?»[69] Für Fischer wie für Saunders ist es zentral, dass der Geist Jesu auch in Menschen und

---

66  Fischer, Theologische Ethik, 45; vgl. auch Galater 5,25: «Wenn wir im Geist leben, wollen wir uns auch am Geist ausrichten.»

67  Vgl. Johannes Fischer, Glaube als Erkenntnis. Zum Wahrnehmungscharakter des christlichen Glaubens (Beiträge zur evangelischen Theologie, Bd. 105), München 1989, 96ff. Hier führt Fischer wahrnehmungsorientierte ethische Argumente am Beispiel von 1Kor 12,12ff. an (102f.): «Nun gilt es freilich im Blick auf 1Kor 12,12ff. zu sehen, dass Paulus hier die Korinther gerade nicht auf ihre persönliche Verbundenheit miteinander hinweist, dass er ihnen nicht abstrakt die Liebe als Norm für den Umgang miteinander ans Herz legt, dass er ihnen keine abstrakte Situationsethik empfiehlt, die sich durch die empirisch gegebene Situation inspirieren lässt im Blick auf das, was zu tun ist, sondern dass er ihnen eine Erkenntnis zumutet, die all das, ihr privates Verhältnis ebenso wie die empirische Situation, in der sie sich zu befinden meinen, gerade transzendiert, von der hier aber all das auch in neues Licht gestellt ist. Wenn hier von Situationsethik zu reden ist, dann liegt ihre Pointe darin, dass die Korinther sich mit 1Kor 12,12ff. in eine Situation gestellt sehen, die unendlich viel grösser und weiter ist als das, was sie im persönlichen Verhältnis zueinander und im Streit miteinander für ihre Situation gehalten haben: Sie sind, darin verbunden mit allen Christen, Glieder am Leib Christi. Und hieraus, und aus nichts anderem, ergeben sich die ethischen Konsequenzen.»

68  Ernst Troeltsch, Soziallehren der christlichen Kirchen und Gruppen, 1912 (2 Bde.), Stuttgart 1994.

69  Johannes Fischer, Leben aus dem Geist, Zürich 1994, 164.

Einsichten anderer Religionen und Philosophien wirken kann,[70] dass sich im innerweltlichen Pluralismus «Spuren des einen Geistes Gottes» finden lassen, durch den die christliche Spiritualität selbst bestimmt ist.[71] Die christliche Spiritualität, die in der Liebe gründet, führt somit weder in eine Beliebigkeit noch in einen Fundamentalismus, sondern kann Welt als Gottes Schöpfung begreifen, ihr in Offenheit und Weite begegnen. Wie Fischer geht auch Saunders davon aus, dass die Liebe als umfassende Leitorientierung des christlichen Ethos zu verstehen ist. Sie bringt dies mit einem Zitat der Mystikerin Juliana von Norwich zum Ausdruck: «Wouldst thou learn thy Lord's meaning in this thing? Learn it well: Love was his meaning.» [72] Die Liebe verbindet Saunders mehrfach mit dem Kreuzesgeschehen: «Only a God whose love fully shares all pain from within can still our doubts and questions [...]»[73] Wenn Saunders von Liebe spricht, versucht sie Liebe und Erleiden zusammenzudenken. Sie zitiert dabei neben neutestamentlichen Texten häufig Psalmen und Texte aus den Prophetenbüchern und betont so die jüdisch-christliche Ausrichtung.[74] Der leidende Mensch, aber auch die Welt in ihrer Not haben für Saunders aufgrund der Offenbarung der Liebe Gottes in Kreuz und Auferstehung Christi Anteil an der Liebe Gottes. Dass sie Liebe und Erleiden jedoch nicht als passives Ausgeliefertsein, sondern als Hingabe und Beziehungsgeschehen begreift, wird beispielsweise in ihrer Auseinandersetzung mit Teilhard de Chardin deutlich.[75] Das christliche Liebesethos drängt zum konkreten Tun und in die Verantwortung. Darauf kommt es Saunders an. Mit ihrem Handeln ermutigt sie auch andere, sich in Gesellschaft oder Kirche für sterbende Menschen einzusetzen und Palliative Care voranzubringen. Palliative Care und insbesondere Spiritual Care entspringt für Saunders nicht einer Verpflichtung oder einer Handlungsnorm, sondern ist vielmehr als ein «Sich-Einlassen»[76] auf den anderen in der Kraft des Geistes und der Liebe zu

---

70   A. a. O., 164f.

71   Ebd.

72   Zitiert nach: Saunders, Beyond the Horizon, 31. Vgl. auch den Exkurs zu Juliana von Norwich in 3.1.

73   Saunders, The Philosophy of Terminal Care. In: Selected Writings, 155. Vgl. hierzu auch Dietrich Bonhoeffer: «Nur der leidende *Gott* kann helfen.» In: Dietrich Bonhoeffer, Widerstand und Ergebung, München 1951, 242.

74   Vgl. Saunders, The Philosophy of Terminal Care. In: Selected Writings, 154f. Dort erwähnt sie die jüdischen Gründerpatienten ihres Hospizes und den damaligen Vorsitzenden, der ebenfalls Jude war.

75   Vgl. den Exkurs zu Teilhard de Chardin.

76   Vgl. Fischer, Leben aus dem Geist, 161.

verstehen: «This provides the Hospice with an opportunity to show that God's love and care is offered freely and without condition [...].»[77]

## Ausblick

Wenn Cicely Saunders Spiritual Care als Konkretisierung des christlichen Liebesethos bezeichnet, bringt sie damit auch eine geistige Grundlage zum Ausdruck, die keine neutrale Perspektive auf Menschsein, Krankheit, Gesundheit entwickelt, sondern sich auf die jüdisch-christliche *story* einlässt und von dort her nach Resonanzfähigkeit und Kommunikation sucht. Liebe ist nicht Prinzip oder blosses Motiv für die Spiritual Care, sie gibt Zeugnis von einem universalen Hoffnungshorizont.[78] Spiritual Care gründet nach Saunders in der Spiritualität der Liebe *und* des Glaubens. Es ist Aufgabe der Spiritual Care, diesen Hoffnungshorizont so aufzuzeigen, dass kranke und sterbende Menschen den Geist der Liebe und Freiheit erfahren.

---

77  Cicely Saunders, The Modern Hospice, In: Selected Writings, 210.
78  Vgl. Galater 3,28: «Da ist weder Jude noch Grieche, da ist weder Sklave noch Freier, da ist nicht Mann und Frau. Denn ihr seid alle eins in Christus Jesus.»

## 6.  «Bleibt hier und wacht!» – Kirche im Dienst der Mitmenschlichkeit

*«I am sure the most important foundation stone we could have comes from the summing up of all the needs of the dying which was made for us in the Garden of Gethsemane in the simple words ‹Watch with me›.»*[1]

Cicely Saunders

Nicht oft träumen Menschen von der Kirche. Meist neigen wir dazu, über Kirche zu klagen, sie mit alten und neuen Vorwürfen einzudecken oder still aus ihr auszuziehen. Cicely Saunders, nachdem sie die Quellen persönlicher Gottesbeziehung entdeckt hatte, träumte davon, christliches und humanitäres Ethos für sterbende Menschen zu verbinden. Als Pflegespezialistin und Medizinerin näherte sie sich theologischen Fragestellungen und suchte nach Wegen, Spiritual Care auch dort zu entwickeln und zu denken, wo eine Gesellschaft oder Kultur sich nicht oder nicht mehr auf ihre christliche Ausrichtung beruft. Für Saunders ist religiöse Erfahrung nicht auf eine Religionsgemeinschaft beschränkt: Die Frage nach Spiritualität im Kontext von Spiritual Care hört nicht an den Grenzen einer Religion auf, sondern gewinnt gerade durch die Begriffe Liebe und *care* aus der christlichen Tradition an universaler Weite.

Die Kraft, mit der Saunders viele verschiedene Menschen mit unterschiedlichen Begabungen, Berufen und geistiger Verwurzelung in ihre Vision einbezog, erstaunt und ist ein ermutigendes Beispiel, selbst von einer Kirche zu träumen, in der das Wort Jesu «Bleibt hier und wacht!» neu seine Wirkkraft entfaltet. Viele Träume, gerade im Bereich der Seelsorge, durften in den letzten Jahrzehnten Wirklichkeit werden: Spezialausbildungen für Pfarrerinnen und Pfarrer; Schulungen für Laien; Schaffung von Spezialpfarrämtern z. B. in Krankenhäusern, Heimen, Schulen oder Gefängnissen. Auch die Seelsorgebegleitung von Aidspatientinnen und -patienten ist als Antwort auf den Auftrag des Evangeliums zu deuten und nimmt Saunders' Vision unmittelbar auf. Viele dieser Dienste werden von einer breiten Öffentlichkeit wohlwollend wahrgenommen; oftmals merke ich im Gespräch mit Vertreterinnen und Vertretern aus Politik, Bildung oder dem Gesundheitswesen, dass ein grosser Bedarf besteht und solche Aufgaben eher noch ausgebaut werden könnten. Dies wird beson-

---

1  Saunders, Watch with Me, 1.

ders deutlich, wenn Seelsorgerinnen und Seelsorger in Notfallsituationen gerufen werden oder ihre Mitarbeit in verschiedenen Ethikkommissionen erwünscht ist. Die Diskussion wird jedoch dann schwieriger, wenn Auftrag und Selbstverständnis einerseits und entstehende Kosten andererseits verhandelt werden müssen. Von Saunders kann man lernen, dass Kirche im Dienste der Mitmenschlichkeit nicht ängstlich Halt macht vor solchen Prozessen, auch nicht bei zurückgehenden Mitgliederzahlen und beschränkten finanziellen Mitteln: Die Kirche darf ihr ureigenes *ecclesia*-Sein – ihr Herausgerufensein in die Nachfolge Jesu Christi im Geist der Liebe und der Mitmenschlichkeit – nicht vergessen!

Palliative Care wird gegenwärtig breit diskutiert und im Gesundheitswesen der Schweiz in verschiedenen Formen implementiert. Cicley Saunders macht durch ihr Konzept deutlich, dass eine gute Palliative Care nicht auf die Seelsorge verzichten darf und dass dafür auch finanzielle Mittel bereitgestellt werden müssen. Gerade weil Palliative Care einem interdisziplinären Ansatz verpflichtet ist, sind die Kirchen dazu angehalten, bei zukünftigen Entscheidungen und Umsetzungsprozessen darauf aufmerksam zu machen, dass die spirituelle Begleitung durch professionelle Seelsorgerinnen und Seelsorger, die sich als Teil des gesamten Care Teams verstehen, zu den Grundlagen der modernen Hospiz- und Palliativbewegung nach Saunders gehört. Diese professionelle Seelsorge stellt ausserdem sicher, dass Patientinnen und Patienten darauf vertrauen können, dass vertrauliche Gespräche und Mitteilungen möglich sind, die der Schweigepflicht der Seelsorgerin oder des Seelsorgers unterstehen. Somit setzt sich die Seelsorge als Teil der Spiritual Care ein für einen unverfügbaren Raum, in dem der kranke und sterbende Mensch in besonderer Weise Schutz erfährt.

Die derzeitige Diskussion um Spiritual Care und palliative Begleitung betrifft nicht nur Hospize oder Palliativstationen, sie wird auch zunehmend für den Bereich der Gerontologie und Langzeitpflege bedeutsam. Saunders' konzeptionelle Gedanken fordern die Theologie heraus, einen kirchlichen und gesellschaftlichen Diskurs wachzuhalten und zu gestalten. In diesem Diskurs wird die Frage nach interreligiöser Verantwortung in der Palliativarbeit zukünftig stärkeres Gewicht erhalten müssen. Man kann diesbezüglich Cicely Saunders kritisch hinterfragen oder auf Mängel ihres Konzeptes hinweisen, noch wichtiger ist es meiner Meinung nach, die Herausforderung anzunehmen und über die Wirkkraft des christlichen Ethos im Dienste aller kranken und sterbenden Menschen nachzudenken. Aus diesem Ethos heraus lassen sich auch Modelle in Kirche und

Gesellschaft entwickeln, in denen sich die hier vorgestellten Akzente von Spiritual Care weiter entfalten können. Die Kirche kann sich dabei nicht ihrer Verantwortung entziehen und muss eigene Fachpersonen freistellen, die solche Prozesse mittragen, gestalten und umsetzten helfen. In einzelnen Kantonen haben sich Kirchen und ihre Vertreter schon intensiv in die Diskussion eingebracht, viel gute Arbeit wurde bereits geleistet. Doch noch längst nicht überall ist diese Vernetzungsarbeit ausreichend. Deshalb plädiere ich dafür, dass die Landeskirchen zukünftig in jedem Kanton mit einer ökumenischen Netzwerkgruppe vertreten sind, die sich interdisziplinär zusammensetzt und für die eigene Kirche Fachwissen zusammenträgt, den einzelnen Kirchgemeinden bei Projekten behilflich ist und diese Arbeit evaluiert. Diese Mandate ersetzen nicht die bereits bestehenden Vernetzungen wie z. B. www.palliative.ch[2], wo bereits verschiedene kirchliche Vertreter mitwirken und Wichtiges einbringen. Es ist meiner Ansicht nach ein Desiderat, die lokalen Kirchgemeinden und die christlichen Gemeinschaften in diesem Auftrag zu stärken. Gemeindepfarrerinnen und Gemeindepfarrer, sozialdiakonische Mitarbeitende und die grosse Zahl von Gemeindegliedern, die diese Aufgaben als wichtig erachten, müssen ermutigt werden, sich vor Ort einzubringen, und sie sollten bei der Umsetzung ihrer Arbeit Hilfestellungen seitens der Kirchenleitung in Anspruch nehmen dürfen.

Vieles wird auch heute in den Gemeinden schon getan. Der Besuchsdienst innerhalb der Kirchgemeinden etwa gehört seit je her zu den christlichen Kernaufgaben. Es sind oft Dienste, die im Stillen geschehen, von Professionellen und Ehrenamtlichen getragen, von denen eine breite Öffentlichkeit jedoch oft nichts weiss. Es gibt meines Erachtens Möglichkeiten, z. B. die verschiedenen Hauspflegedienste stärker mit kirchlichen Angeboten an Begleitung zukünftig zu vernetzen. Ich denke dabei nicht nur an grosse Projekte, sondern auch an einfache Mittel der Kommunikation wie beispielsweise ein Informationsblatt, welches über entsprechende Angebote und Kontaktstellen informiert. Nicht nur Patientinnen und Patienten, auch Angehörige sind froh um solche Hinweise und Angebote. In der Hospizarbeit im englischsprachigen Raum wird die Begleitung von Angehörigen seit den Anfängen als fester Bestandteil der Palliative Care angesehen. Es wird dort darauf geachtet, dass für Angehörige nach

---

2   Schweizerisches Netzwerk für Palliative Care. Dieses Forum gibt eine eigene Zeitschrift heraus und führt auch regelmässig Tagungen und Fortbildungen durch. Jede Region der Schweiz ist hierbei mit eigenen Gruppen vertreten.

dem Tod ihres Familienmitgliedes die Möglichkeit besteht, Begleitung in Abschied und Trauer zu erfahren. In der Hospizarbeit werden oftmals in diesem Bereich gut ausgebildete Ehrenamtliche eingesetzt, die wiederum seitens des Hospizes begleitet werden. Dies wäre auch in den einzelnen Kirchen und Kirchgemeinden weiter ausbaubar. Es braucht immer wieder Menschen wie Cicely Saunders, die Visionen haben, die in ihrem Umfeld den Ruf «Bleibt hier und wacht!» hören und sich zusammen mit Gleichgesinnten in unterschiedliche Dienste rufen lassen. Es gehört zur Wirkkraft des christlichen Ethos, neue Visionen und Wege kritisch zu denken und zu gehen, damit auch am Ende des Lebens Menschen erfahren, dass sie nicht alleingelassen werden. Wieder träume ich von Kirche als einer Gemeinschaft, die der Kraft des Auferstandenen vertraut, von seinem Geist getragen wird und sich den Herausforderungen der Gegenwart stellt, die Salz der Erde sein möchte. Ich träume von einer Erneuerung des diakonischen Dienstes und neuen Ausbildungen für unsere Kirchen und für die Welt. Ich möchte Diakonie differenziert denken. Der Theologe Johann Hinrich Wichern machte bereits vor über 150 Jahren darauf aufmerksam, dass es verschiedene Möglichkeiten gibt, diakonisches Handeln zu beschreiben (freie Diakonie in Familie, Vereinen usw., kirchliche Diakonie, die von der Gemeinde ausgeht, und bürgerliche Diakonie als Aufgabe des Staates).[3] Es braucht staatliche, kirchliche und private Initiativen, gerade im Bemühen, Menschen am Lebensende gut zu begleiten. Mit den demografischen Entwicklungen kommen grosse Herausforderungen auf alle Akteure zu. Von Cicely Saunders' Denken und Wirken geht Inspiration und Kraft aus, den diakonischen Auftrag der *ecclesia* neu zu verstehen und auch unterschiedlichste Menschen in eine Vision hineinzunehmen. Dabei denke ich nicht nur an Fachleute, sondern an reife Persönlichkeiten, die von sich absehen und sich anderen zuwenden können, so dass Vertiefen und Füllen der bleibenden Zeit wie ein Wasserschöpfen an einem tiefen Brunnen erlebt werden kann. Palliative Care hat für Saunders mit Hoffen und Glauben zu tun. Glauben heisst für sie vertrauen und im Vertrauen bezeugt sich für sie jene Wirklichkeit, die sich im Geist der Liebe entfalten kann:

«Die Glaubensdefinition des Hebräerbriefs[4] sagt dir: Geh mit der Überzeugung deinen Weg vorwärts, setze dein ganzes Vertrauen darein und handle so, wie es

---

3    Wichern, Werke III/1, 128. Einleitende Bemerkungen Wicherns zu seinem Gutachten über die Diakonie und dem Diakonat (1856).
4    Saunders bezieht sich hier auf Hebräer 11,1: «Der Glaube aber ist die Grundlegung dessen, was man erhofft, der Beweis für Dinge, die man nicht sieht.»

notwendig ist. [...] Solcher Glaube folgt einem Gebot, und nichts kann uns so stark bewegen wie eine innere Überzeugung. Im Tun wird der Glaube sichtbar, hier wächst und entwickelt er sich. Das heisst aber nicht, dass das ganz einfach wäre. [...] [W]ir müssen dabei vorsichtig sein, denn wir neigen zu Selbsttäuschungen im grossen Massstab. Glaube kann auch Tollkühnheit bedeutet, und Jesus hat Klartext gesprochen, als er sagte, dass man bei grossen Vorhaben die Kosten überschlagen müsse (Lukasevangelium 14,28–30). Nur allzu leicht kann der Glaube zu einem Deckmantel werden, mit dem wir unsere eigenen Ambitionen verhüllen. [...] Unsere konkrete Antwort auf Gottes Ruf im Hospiz, davon bin ich überzeugt, liegt in der Arbeit mit Patientinnen und Patienten, mit Eingehen auf ihre Bedürfnisse, Nöte und Fortschritte [...] Der ständige Umgang mit verschiedenen Patientinnen und Patienten hindert mich daran meine persönlichen Ziele und Wünsche über die ihren zu stellen.»[5]

Glauben und Hoffen sind für Saunders ganz praktisch im konkreten Tun verwurzelt. Dabei vertraut sie darauf, dass alles Tun letztlich der Gnade und Liebe Gottes entstammt, dem *Christus präsens*, den sie an der Seite jedes notleidenden und sterbenden Menschen vertrauend sieht. Sie bleibt eine Frau, die sich ganz für die Praxis entschied, die Dinge anpackte und umsetzte, eine Frau mit Fehlern, Ecken und Kanten. Auch wenn sie für theologische Fragen wie z. B. ihren *community*-Gedanken keine abschliessenden Antworten oder Konzepte vorlegte, so sprach sie sich mehrfach dafür aus, dass Kirche und Theologie in der Palliative Care insgesamt mehr und erneut Verantwortung übernehmen müssten und auch ein «prophetisch-kritisches Wächteramt»[6] hätten. Eine zentrale Aufgabe von Theologie und Kirche bleibt es, auf den relationalen Aspekt menschlichen Lebens hinzuweisen, zu dem auch das Sterben gehört. Das Ethos der Palliative und Spiritual Care entspringt der Einsicht in die menschliche Relationalität und dem Angewiesensein auf andere Menschen. Gerade diese Grundeinsicht setzt kranke und sterbende wie auch «fürsorgende» und «fürhoffende» Menschen in eine Beziehung zueinander, die in eine Offenheit und einen Geist der Gemeinschaft («community of the unlike») und Liebe führen kann.

---

5 Saunders, Sterben und Leben, 27–30.

6 Diesen Ausdruck verwendet Gottfried W. Locher in seiner Darstellung von Huldrych Zwingli. Bereits Zwingli habe, schreibt Locher, wie das auch Theologen der Gegenwart täten, der Kirche ein «prophetisch-kritisches Wächteramt» gegenüber Staat und Gesellschaft aufgetragen. Gottfried W. Locher, Huldrych Zwingli in neuer Sicht – Zehn Beiträge zur Theologie der Zürcher Reformation, Zürich 1969.

Ein Patient in St. Christopher's beschrieb diese Erfahrung in einem Gedicht:[7]

### In the Midst of Life

Death and I are only nodding acquaintances
We have not been formally introduced
But many times I have noticed
The final encounter
Here in the hospice,
I can truly say
That death has been met with dignity
Who can divine the thoughts
Of a man in close confrontation?
I can only remember
One particular passing
When a man,
With sustained smile
Pointed out what was for him
Evidently a great light
Who knows what final revelations
Are received in the last hours?
Lord, grant me a star in the East
As well as a smouldering sunset.


### In der Mitte des Lebens

Der Tod und ich sind nur flüchtige Bekannte,
wir sind einander nicht richtig vorgestellt worden.
Aber hier im Hospiz habe ich es oft bemerkt,
wenn ihm jemand zum letzten Mal begegnet ist.
Ich kann aufrichtig sagen,
dass man den Tod mit Würde getroffen hat.
Wer kann die Gedanken eines Menschen
in hautnaher Konfrontation erraten?
Ich kann mich nur
an einem bestimmten Fall erinnern,
als ein Mann

---

7    Sidney G. Reeman schrieb dieses Gedicht am 28. Januar 1975. In Saunders Buch «Beyond the Horizon» sind verschiedene Gedichte von ihm abgedruckt. Saunders, Beyond the Horizon, 42.

mit einem anhaltenden Lächeln
auf etwas hingewiesen hat.
Offenbar war es für ihn ein grosses Licht.
Wer weiss, welche letzten Offenbarungen
in den letzten Stunden empfangen werden?
Herr, gestatte mir einen Stern im Osten
und einen glimmenden Sonnenuntergang.

*Sidney G. Reeman, übertragen von Martina Holder-Franz*

## Summary

This study presents the essential lines of development for the spirituality of Cicely Saunders. It contains a biographical sketch with an emphasis on those experiences and encounters in her life vital to her own spiritual journey. It is shown that the concept for spiritual care which she developed for Saint Christopher's Hospice is closely tied to her own spirituality. Due to her influence in the international field of palliative care and with it her view of pain and suffering («total pain»), the whole theme of spiritual care has come into focus and been given new significance.

The discussion around spiritual care is closely connected to that regarding spirituality. Contemporary studies on spirituality often don't take the Christian roots of the concept of spirituality in the area of palliative care enough into consideration and try to understand spirituality without any concrete reference to a specific religious tradition. In the present study it becomes clear that Saunders' frame of reference for her own spirituality as well as the foundations for her understanding of spiritual care in her own hospice, which became a model for hospices worldwide, is to be found in the Jewish-Christian tradition. This remains a vital impulse for the discussion regarding spiritual care. For Saunders, spirituality and religion are not contrasting bases of reference. Spirituality and religiousness overlap, and there is a large area common to both which can be utilised in the context of spiritual care. Saunders sees both areas as linked with each other and according to context, culture and situation different emphases can be given to each.

Saunders is convinced on the one hand that spiritual care is something which a whole team of carers can give and on the other hand, that there is a special need for those with both theological and psychological training who should be commissioned for spiritual counselling.

These counsellors are responsible for any rituals in the accompaniment of patients, for specific counselling with the patient and their families as well as for the spiritual support for the team of carers. Saunders looks to theology to find new ways to help support those dying and then to reflect on what is being done. In this context she inquires into the understanding and administration of the sacraments (see for instance her thoughts on «the sacrament of the cup of cold water»).

Spiritual care for Saunders is concerned with the search for that type of consolation which can become restorative and emancipatory for the patient on his or her journey.[1] Within this context she names different forms which such support can take according to the varied needs and personalities of the patients (words, music, images, symbols, but also religious services, sacraments, prayers, touch etc.). Although much has changed in medicine and medical care since the early days of the palliative movement in the sixties and seventies, the holistic emphasis of spiritual care and its roots for Saunders in a Christian anthropology remain central. Spiritual care for Saunders has also to do with the «making of space», something which in the framework of a hospital or hospice with its many activities and routines can become of vital importance. Space must be made, opportunity given for the patient to perceive and consider his or her own questions, cares and thoughts and to talk about his or her own life. For Saunders it is also important that spiritual care doesn't end with the death and the funeral of a patient, but that family members are accompanied, according to their situation, wishes and possibilities during their time of grieving. She reminds us of the fact that being human especially within the context of disease and death cannot be reduced to deficiencies, but that Christian spirituality envisions the hope that a person can encounter God even in the presence of suffering.

For Saunders' spirituality is always something universal and to be thought of in large dimensions. Universality and particularity meet for her in the person of Jesus Christ, in the events surrounding the cross. From there Saunders derives the yearning of all people and the whole creation after salvation and redemption. Saunders thinks of and sees *Christus praesens* for and with all suffering people. «We are not Christ, but if we want to be Christians we must show something of Christ's breadth of sympathy by acting responsibly [...] by displaying a real sympathy which springs not from fear, but from the liberating and redeeming love of Christ for all who suffer.»[2]

For Saunders, God is a suffering and compassionate God, who calls people into solidarity with all those suffering and with the whole of crea-

---

1    «Once again, the greatest need is for a listener». In: Saunders, The Treatment of Intractable Pain in Terminal Cancer. In: Selected Writings, 64.

2    Bonhoeffer, Letters and Papers from Prison, London 1953, 145. «Wir sind nicht Christus, aber wenn wir Christen sein wollen, so bedeutet das, dass wir an der Weite des Herzens Christi teilbekommen sollen in verantwortlicher Tat [...] und in echtem Mitleiden, dass nicht aus der Angst, sondern aus der befreienden und erlösenden Liebe Christi zu allen Leidenden quillt.» Bonhoeffer, Widerstand und Ergebung, München 1951, 22.

tion, thus she herself can sum up her motivation concisely: «The Christian imperative is to care. »[3]

As the grounds of her *theologia crucis* Saunders often refers to the gospels, and every now and again to the Pauline epistles. The psalms, various prophetic texts and the book of Job are also often cited. Saunders often uses biblical statements with the stories her patients tell her, with an account of their concrete experiences, or with examples from literature. These she connects in her publications with theological reflection und thus combines freely and creatively patient's statements with biblical and literary narratives.

The influences on her personal understanding of spirituality I have described in the context of four main accents: the Anglo-Saxon tradition (spirituality), the Romanesque tradition (spiritualité), the ecumenical spirituality movement (mystic and emancipatory), the theopaschitische tradition and social engagement. These are separate traditions which however are all interconnected and mutually influence each other.

During her five decades of active work in the field of palliative care Saunders consistently stood up against any form of legalisation of euthanasia in Great Britain. In the study it becomes clear that it was of paramount importance to her first of all to improve the quality and availability of palliative care and to protect those who might fear for their existence in the case of a possible legalisation. She also shows that she understands the desire for assisted suicide if people feel themselves in an utterly hopeless situation. The commitment to better palliative care however remains central for her even if some people decide for another path. Throughout the whole paper it becomes clear that the single suffering individual as well as his or her participation in the community (hospice, family, society etc.) is both seen as essential. While individuality and communal experience both remain points of reference, central to her thought and work remains the dying person and his or her situation and his or her personal creed.

Saunders speaks often within the context of her hospice of the «community of the unlike» because she is convinced that for this service different people can be called or be given a calling, who then form a «community of the unlike» together with the people entrusted to their care. Saunders sees

---

3    Saunders, The Problem of Euthanasia. In: Selected Writings, 135.

this community in the framework of Christian pneumatology, with God's spirit of love itself active and working within it.

There remains here an important practical question in view of the increasing implementation of palliative care in hospitals or in the area of domestic care, whether and in what manner this communal aspect can be kept up. And if cannot be retained, whether a central aspect of Saunders concept is then missing, leaving a sort of slimmed down version of palliativ care.

Here Saunders herself is not clear in her conceptual considerations and leaves various ambivalences and tensions which arise in the specific context of spiritual counselling unreflected.

The present study shows that dimensions of pastoral care are closely connected with those of ethics but that counselling itself cannot be contained within that term. For pastoral and spiritual care according to Saunders it can be stated that they are both committed to a specifically theological ethic, without dismissing general philosophical ethics. The discussion about what it means to die with dignity is currently not only something for ethics experts or for those in the field of poimenics, but is also being followed intensively by the interested public. Pastors or theologians are often called to be members of ethics committees. Ethicists such as Ulrich H. J Körtner point out that the greatest social problem is not that of medical care but that of the loneliness of those dying, something which the sociologist Norbert Elias[4] describes impressively. The role of society is to counteract the loneliness of those dying and to develop a new culture of solidarity with them. This may mean not extending the death of a human being needlessly, but allowing the person to die. That is not to say, as it is sometimes misunderstood, that therapy would be completely brought to a halt, but it might mean a reduction or cessation of curative treatment, in other words it could mean the change of therapy from a curative to a palliative form for the patient. In Saunders concept such a change could still involve a variety of therapeutic measures.

The current discussion around spiritual and palliative care is not just relevant for hospices or palliative care units, it is also increasingly important for the field of gerontology and long-term care. Saunders' conceptual thinking challenges theology and theologians to keep alive and shape

---

4    Norbert Elias, Über die Einsamkeit der Sterbenden in unseren Tagen, Frankfurt a. M., 1991.

religious and social discourse on the subject. In this discourse, the whole area of interreligious work and responsibility within the palliative setting will have to be given greater weight. In this regard one can question Cicely Saunders thought critically and point out shortcomings. More important though, in my opinion, is the acceptance of the challenge to reflect on the relevance and dynamic of the Christian ethos in ministry to all those sick and dying, and to develop models in church and society, in which the accents for spiritual care presented here can be further unfolded and developed.

# Literaturverzeichnis

## Cicely Saunders

### Ausgewählte Werke

Saunders, Cicely (Hg.), The Management of Terminal Disease, London 1978.

Saunders, Cicely, What's in a name? In: Palliative Medicine, 1987, 1, 57–61.

Saunders, Cicely, Beyond the Horizon. A search for meaning in suffering, London 1990.

Saunders, Cicely/Baines, Mary, Leben mit dem Sterben. Betreuung und medizinische Behandlung todkranker Menschen, Bern/Göttingen/Toronto 1991.

Saunders, Cicely (Hg.), Hospiz und Begleitung im Schmerz, Freiburg 1993.

Saunders, Cicely, Selected Letters 1959–1999, Oxford 2002, hg. von David Clark.

Saunders, Cicely, Watch with Me. Inspiration for a life in hospice care, Sheffield 2003.

Saunders, Cicely, Selected Writings 1958–2004, Oxford 2006, hg. von David Clark.

Saunders, Cicely, Sterben und Leben. Spiritualität in der Palliative Care, Zürich 2009.

### Unveröffentlichtes Material

Saunders, Cicely, Scheme, Cicely Saunders Archiv, King's College, London.

Saunders, Cicely, unveröffentlichter Brief vom 5. Juli 1966, Cicely Saunders Archiv, King's College, London.

Saunders, Cicely, Diary, Cicely Saunders Archiv, King's College, London.

Saunders, Cicely, unveröffentlichte Archivnotizen, Visit to the Salem Hospital, Berne, Cicely Saunders Archiv, King's College, London.

Saunders, Cicely, The way that leads to peace, Predigt vom 25. Mai 1975 in der St. Mary's Church Cambridge, Cicely Saunders Archiv, King's College, London.

Saunders, Cicely, Why should this happen to me? Predigt vom 5. Dezember 1976 in der Universitätskirche Christ the King, London, Cicely Saunders Archiv, King's College, London.

Saunders, Cicely, Dependence and Vulnerability, Predigt vom 12. März 1978, in St. Mary's Church Cambridge, Cicely Saunders Archiv, King's College, London.

Cicely Saunders, Euthanasia – Definition, Danger and Alternatives, 1991, Cicely Saunders Archiv, King's College, London.

## Interviews

Saunders, Cicely, BMA Congress Talk, 1964, Bibliothek St. Christopher's Hospice, London.

Saunders, Cicely, Love and Suffering, OM. D.B.E. FRCP, von David Oliviere, 12. Oktober 2002, Bibliothek St. Christopher's Hospice, London.

Saunders, Cicely, BBC-Programm, Resurrection – Through Darkness to Light, 1972 (schriftliche Fassung), Cicely Saunders Archiv, King's College, London.

## Filme über St. Christopher's Hospice

Nur noch 16 Tage, ZDF-Produktion, 1971, Bibliothek St. Christopher's Hospice, London.

Fernsehinterview des BBC, 1993, Bibliothek St. Christopher's Hospice, London.

## Weitere Literatur

Aristoteles, Nikomachische Ethik, übersetzt und eingeführt von Olof Gigon, München [5]2002.

Asmussen, Hans, Die Seelsorge, München 1934.

Bach, Ulrich, Boden unter den Füßen hat keiner. Plädoyer für eine solidarische Diakonie, Göttingen [2]1986.

Barth, Hans-Martin, Spiritualität (Ökumenische Studienhefte 2), Göttingen 1993.

Barth, Karl, Ethik I. Vorlesung Münster Sommersemester 1928. In: Ders., Gesamtausgabe. II. Akademische Werke 1928, Zürich 1973.

Barth, Karl, Kirchliche Dogmatik, Zollikon-Zürich 1957.

Benke, Christoph, Was ist (christliche) Spiritualität? Begriffsdefinitionen und theoretische Grundlagen. In: Zulehner, P. M. (Hg.), Spiritualität – mehr als ein Megatrend, Ostfildern 2004.

Bertram, Peter/Kneissl, Siegfried/Hagen, Thomas, Krankenhausseelsorge – Qualität im Kontext von Spiritual Care. In: Frick, E./Roser, T. (Hg.), Spiritualität und Medizin, Stuttgart 2009.

Bettelheim, Bruno, The Informed Heart, Autonomy in a Mass Age, Glencoe [3]1960.

Bettelheim, Bruno, Aufstand gegen die Masse. Die Chance des Individuums in der modernen Gesellschaft, München 1980.

Beutel, Helmut/Tausch, Daniela (Hg.), Sterben – eine Zeit des Lebens. Ein Handbuch der Hospizbewegung, Gütersloh ²1989.

Bonhoeffer, Dietrich, Ethik, München 1992.

Bonhoeffer, Dietrich, Letters and Papers from Prison, London 1953.

Bonhoeffer, Dietrich, Sanctorum Communio, München 1986.

Bonhoeffer, Dietrich, Widerstand und Ergebung, München 1951.

Booth, Uta, Vorbereitung von Ehrenamtlichen auf die Begleitung Sterbender. In: Liedke, U./Oehmichen, F. (Hg.), Sterben, Leipzig 2008.

Borasio, Gian D., Spiritualität in Palliativmedizin/Palliative Care. In: Frick, E./ Roser, T. (Hg.), Spiritualität und Medizin, Stuttgart 2009.

Brownings, Don S., A Fundamental Practical Theology: Descriptive and Strategic Proposals, Minneapolis 1991.

Brüssing, Arndt/Ostermann, Thomas u. a. (Hg.): Spiritualität, Krankheit und Heilung – Bedeutung und Ausdrucksformen der Spiritualität in der Medizin, Frankfurt a. M. 2007.

Bucher, Anton A., Psychologie der Spiritualität, Weinheim, Basel 2007.

Capra, Fritjof, Wendezeit, Bausteine für ein neues Weltbild, Bern, München, ⁹1985.

Capra, Fritjof/Steindl-Rast, David, Wendezeit im Christentum, München 1991.

Charbonnier, Ralph, Seelsorge in der Palliativversorgung. In: Wege zum Menschen, Hospiz, Heft 6, 2008, 512–528.

Christian-Widmaier, Petra, Nonverbale Kommunikationsweisen in der seelsorgerlichen Interaktion mit todkranken Patienten, Frankfurt a. M. 1995.

Clark, David, Total Pain, disciplinary power and the body in the work of Cicely Saunders, 1958–1967. In: Social Science and Medicine, 49, 1999.

Clark, David, A special Relationship. Cicely Saunders, the United States, and the Early Foundations of the Modern Hospice Movement. In: Illness, Crises and Loss, Vol. 9, No. 1, January 2001, 15–30.

Clark, David, Originating a movement. Cicely Saunders and the development of St. Christopher's Hospice, 1957–1967. In: Morality, Vol. 3, No. 1, 1998, 43–63.

Cobb, Mark, The Dying Soul. Spiritual Care at the end of life, Philadelphia 2001.

De Chardin, Teilhard, Das göttliche Milieu. Ein Entwurf des Inneren Lebens, Einsiedeln 1962.

De Chardin, Teilhard, Le Milieu Divin, Paris 1957.

Du Boulay, Shirley, Cicely Saunders – The founder of the Modern Hospice Movement, London 1994.

Du Boulay, Shirley/Rankin, Marianne, Cicely Saunders – The founder of the Modern Hospice Movement, London 2007.

Elias, Norbert, Über die Einsamkeit der Sterbenden in unseren Tagen, Frankfurt a. M. 1991.

Emmons, R. A./Shelton, C. S., Gratitude and the science of positive psychology. In: Snyder, C. R./Lopez, S. J. (Hg.), Handbook of positive psychology, New York/Oxford 2001.

Engemann, Wilfried (Hg.), Handbuch der Seelsorge, Leipzig 2007.

Eschmann, Holger, Theologie der Seelsorge, Neukirchen-Vluyn 2000.

Eychmüller, Steffen, Die Lebenssinfonie fertig schreiben. In: Journal VSAO-ASMAC, Verband Schweizerischer Assistenz- und Oberärztinnen und -ärzte, Nr. 1, 2008, 11–17.

Federschmidt, Karl/Hausschildt, Eberhard/Schneider-Harpprecht, Christoph u. a. (Hg.), Handbuch der interkulturellen Seelsorge, Neukirchen-Vluyn 2002.

Fegg, M. J./Kramer, M./L'hoste, S./Borasio, G. D., The Schedule for Meaning in Life Evalution (AMiLE): Validation of a new instrument for meaning-in-life research. In: Journal of Pain and Symptom Management 35, 2008, 356–364.

Fegg, M. J./Wasner, M./Neudert, C./Borasio, G. D., Personal values and individual quality of life in palliative care patients. In: Journal of Pain and Symptom Management, 30, 2005, 154–159.

Fiddes, Paul S., The creative Suffering of God, Oxford 1988.

Fischer, Johannes, Beiträge zur Urteilsbildung von Medizin und Biologie, Zürich 2002.

Fischer, Johannes, Ethische Dimensionen der Seelsorge. In: Wege zum Menschen, Heft 3, 2006, 207–224.

Fischer, Johannes, Glaube als Erkenntnis. Zum Wahrnehmungscharakter des christlichen Glaubens, Beiträge zur evangelischen Theologie, Bd. 105, München 1989.

Fischer, Johannes, Handlungsfelder angewandter Ethik. Eine theologische Orientierung, Stuttgart 1998.

Fischer, Johannes, Leben aus dem Geist, Zürich 1994.

Fischer, Johannes, Sittlichkeit und Rationalität. Zur Kritik der desengagierten Vernunft, Stuttgart 2010.

Fischer, Johannes, Theologische Ethik, Stuttgart 2002.

Fischer, Michael (Hg.), Der Begriff der Menschenwürde, Frankfurt a. M. [2]2005.

Forst, Rainer/Hartmann, Martin/Jaeggi, Rahel/Saar, Martin (Hg.), Sozialphilosophie und Kritik, Frankfurt a. M. 2009.

Fraling, Bernhard, Geistliche Erfahrung machen. Spiritualität im Seelsorge-Verbund, Würzburg 1992.

Frankl, Viktor E., Der Mensch vor der Frage nach dem Sinn, München 1985.

Frankl, Viktor E., Homo patiens. In: Ders., Der leidende Mensch – Anthropologische Grundlagen der Psychotherapie, Bern [2]1984.

Frankl, Viktor E., Theorie und Therapie der Neurosen, München [2]1968.

Frick, Eckhard/Roser, Traugott (Hg.), Spiritualität und Medizin, Stuttgart 2009.

Fulton, R., In Quest of the Spiritual Component of Care for the Terminally Ill. In: Living with Dying, Berzoff, Joan/Silverman, Phyllis R. (Hg.), Columbia 1986.

Gemeinschaft Evangelischer Kirchen in Europa (GEKE), A time to live and a time to die. An aid to orientation of the CPCE Council on death-hasting decisions and caring for the dying, Wien 2011.

Gerstenkorn, Uwe, Hospizarbeit in Deutschland. Lebenswissen im Angesicht des Todes, Stuttgart 2004.

Gräb-Schmidt, Elisabeth, Art. Spiritualität V. Dogmatisch. In: Religion in Geschichte und Gegenwart (RGG), Tübingen ⁴1995.

Greshake, Giesbert, Art. Spiritualität. In: Ruh, U./Seeber, D. u. a. (Hg.), Handwörterbuch religiöser Gegenwartsfragen, Freiburg/Basel/Wien 1986.

Wouter J. Hanegraaff, New Age Religion and Western Culture, Leiden 1996.

Härle, Wilfried, Dogmatik, Berlin, New York ²2000.

Hauerwas, Stanley, The Self as Story, Nashville 1998.

Heimerl, Katharina/Heller, Andreas, Die Last auf vielen Schultern verteilen – Was bedeutet angemessene Betreuung am Lebensende? In: Wittkowski, J./ Schröder, C. (Hg.): Angemessene Betreuung am Ende des Lebens, Göttingen 2008.

Held, Peter, Systemische Seelsorge als Sinnfindungsprozess, Mainz 2003.

Heller, Andreas (Hg.), Der Schmerz hat viele Gesichter. In: Praxis Palliative Care, Heft 7, Hannover 2010.

Heller, Birgit/Heller, Andreas (Hg.), Spiritualität und Spiritual Care, Hannover 2009.

Heller, Birgit (Hg.), Aller Einkehr ist der Tod. Interreligiöse Zugänge zu Sterben, Tod und Trauer, Freiburg 2003.

Hille Rolf/Klement Herbert (Hg.), Ein Mensch – was ist das? Zur theologischen Anthropologie, Wuppertal 2004.

Hofheinz, Marco/Mathwig, Frank/Zeindler, Matthias (Hg.), Ethik und Erzählung. Theologische und philosophische Beiträge zur narrativen Ethik, Zürich 2009.

Hörl, Christoph (Hg.)/Cicely Saunders, Brücke in eine andere Welt, Freiburg 1999.

Illouz, Eva Das Verlangen nach Anerkennung. Liebe und die Verletzlichkeit des Selbst. In: Forst, R./Hartmann, M./Jaeggi, R./Saar, M. (Hg.), Sozialphilosophie und Kritik, Frankfurt a. M. 2009, 64–86.

Illouz, Eva, Warum Liebe weh tut, Berlin ⁴2011.

Jonas, Hans, Prinzip der Verantwortung, Frankfurt a. M. 1979.

Josuttis, Manfred, Segenskräfte. Potentiale einer energetischen Seelsorge, München 2000.

Jüngel, Eberhard, Gott als Geheimnis der Welt, Tübingen 1977.

160 Literaturverzeichnis

Kasan, Helga, Mit-Leiden Gottes. Ein vergessener Aspekt des biblischen Gottesbildes, Frankfurt a. M. 2010.

Kersting, Wolfgang, Recht, Gerechtigkeit und demokratische Tugend, Frankfurt
a. M. 1997.

Knipping, Cornelia, (Hg.), Lehrbuch Palliative Care, Bern 2006.

Körtner, Ulrich H. J., Leib und Leben, Göttingen 2010.

Körtner, Ulrich H. J., Sündenvergebung und Schuldübernahme in der Seelsorge.
In: Wege zum Menschen, Ethische Dimensionen der Seelsorge, Heft 3,
Mai/Juni 2006, 259–269.

Körtner, Ulrich H. J. u. a. (Hg.), Spiritualität, Religion und Kultur am Kranken-
bett, Wien 2009.

Krebs, Angelika, Arbeit und Liebe. Die philosophischen Grundlagen sozialer
Gerechtigkeit, Frankfurt a. M. 2002.

Kübler-Ross, Elisabeth, Interviews mit Sterbenden, München 2001.

Kübler-Ross, Elisabeth, Reif werden zum Tode, München 2004.

Kunz, Ralph (Hg.), Religiöse Begleitung im Alter. Religion als Thema der Gerontologie, Zürich 2007.

Lewis, Clive S., Surprised by Joy, London 1955.

Lewis, Clive S., Mere Christianity, London 1956.

Lewis, Clive S., Über den Schmerz, München 1978.

Lewis, Clive S., Überrascht von Freude, Giessen [2]1994.

Lewis, Clive S., Perelandra, London 2005.

Liedke, Ulf/Oehmichen, Frank (Hg.), Sterben. Natürlicher Prozess und professionelle Herausforderung, Leipzig 2008.

Luhmann, Niklaus, Soziale Systeme. Grundriss einer allgemeinen Theorie, Frankfurt a. M. 1984.

Luther, Henning, Die Lügen der Tröster. In: Praktische Theologie 33, Heft 3,
1998.

Luther, Henning, Leben als Fragment. Der Mythos von der Ganzheitlichkeit,
Wege zum Menschen, Heft 43, 1991.

Luther, Martin, Von der Freiheit eines Christenmenschen (1520), München 1982.

Luther, Martin, Tröstungen, übersetzt von R. Bohren, München 1983.

MacIntyre, Alisdair, Three Rival Versions of Moral Enquiry, Notre Dame 1990.

Mayne, Michael, The enduring Melody, London 2006.

Mathwig, Frank, Zwischen Leben und Tod, Zürich 2010.

Mettner, Matthias/Schmitt-Mannhart, Reglua (Hg.), Wie ich sterben will. Autonomie, Abhängigkeit und Selbstverantwortung am Lebensende, Zürich 2003.

Meireis, Torsten (Hg.), Lebendige Ethik, Münster 2007.

Möller, Christian, Geschichte der Seelsorge, Göttingen 1994.

Moltmann, Jürgen, Der Geist des Lebens. Eine ganzheitliche Pneumatologie,
München 1991.

Moltmann, Jürgen, Der gekreuzigte Gott. Das Kreuz Christi als Grund und Kritik christlicher Theologie, Gütersloh 2002.

Morgenthaler, Christoph, Sterben im Krankenhaus – Systemische Aspekte. In: Wege zum Menschen, Heft 52, Oktober 2000.

Morgenthaler, Christoph, Kirche und Gesellschaft. In: Kramer, A. u. a. (Hg.), Ambivalenzen der Seelsorge, Neukirchen-Vluyn 2009.

Morgenthaler, Christoph, Seelsorge, Gütersloh 2009.

Morgenthaler, Christoph, Systemische Seelsorge, Stuttgart [3]2002.

Müller, Monika/Kern, Martina/Nauck Friedemann/Klaschik, Eberhard, Qualifikation hauptamtlicher Mitarbeiter. Curricula für Ärzte, Pflegende, Sozialarbeiter, Seelsorger in der Palliativmedizin, Bonn [2]1997.

Murray, Derek, Faith in Hospices. Spiritual Care and the End of Life, London 2002.

Nauer, Doris, Seelsorge, Stuttgart 2007.

Nida-Ruemelin, Julian, (Hg.), Angewandte Ethik. Die Bereichsethiken und ihre theoretische Fundierung. Ein Handbuch, Stuttgart [2]2005.

Nouwen, Henri, J. M., Compassion, Reflection on the Christian Life, New York 1982.

Nouwen, Henri J. M., Die Gabe der Vollendung, Mit dem Sterben leben, Freiburg 1993.

Nouwen, Henri J. M., Du bist der geliebte Mensch, Freiburg 1993.

Nouwen, Henri J. M., In einem anderen Licht, Von der Kunst des Lebens und Sterbens, Freiburg 2006.

Nouwen, Henri, J. M., Schöpferische Seelsorge, Freiburg 1991.

Nouwen, Henri J. M., Seelsorge, die aus dem Herzen kommt, Freiburg 1989.

Nouwen, Henri, J. M., The wounded Healer, Image Book, New York 1972.

Nuth, Joan M., Wisdoms Daughter, The Theology of Julian of Norwich, New York 1991.

Oxford Textbook of Palliative Medicine, Oxford 1993.

Parkes, C. M., Attachment and autonomy at the end of life. In: Gosling R. (Hg.) Support, innovation and autonomy, London 1973.

Parkes, C. M., Evaluation of family care in terminal illness. In: The Family and Death, Pritchard, E. R. u. a. (Hg.), New York 1977.

Parkes, C. M., Home or hospital? Terminal care as seen by surviving spouses. In: Journal of the Royal College of General Practitioners, 28, 1978, 19–30.

Pilchmaier, Heinz, Art. Hospiz und Hospizbewegung. Zum Problemstand. In: Lexikon der Bioethik, Bd. 2, Wilhelm Kotff u. a. (Hg.), Gütersloh 1998.

Piper, Hans-Christoph, Gespräche mit Sterbenden, Göttingen 1977.

Pleschberger, Sabine, Nur nicht zur Last fallen, Freiburg 2005.

Pleschberger, Sabine, Die historische Entwicklung von Hospizarbeit und Palliative Care. In: Cornelia Knipping (Hg.), Lehrbuch Palliative Care, Bern 2006.

Plieth, Martina, Bedingungen von Sterben, Tod und Trauer in der Postmoderne. In: Engemann, Wilfried (Hg.), Handbuch der Seelsorge, Leipzig 2007.

Pohl, Uta, Handbuch der Praktischen Theologie, Gütersloh 2007.

Puchalski, C., A Time for Listening und Caring. Spirituality and the Care of the Chronically Ill and Dying, New York 2006.

Rendtorff, Trutz, Ethik I, Stuttgart ²1990.

Rich, Arthur, Wirtschaftsethik. Grundlagen in theologischer Perspektive, Gütersloh 1984.

Ritschl, Dietrich, Konzepte. Das story-Konzept in der medizinischen Ethik, München 1986.

Ritschl, Dietrich, Zur Theorie und Ethik der Medizin, Neukirchen-Vluyn 2004.

Roser, Traugott, Spiritual Care. Ethische, organisationale und spirituelle Aspekte der Krankenhausseelsorge, ein praktisch-theologischer Zugang, Stuttgart 2007.

Ruhbach, Gerhard, Geistlich leben. Wege zu einer Spiritualität im Alltag, Giessen 1996.

Schardien, Stefanie, (Hg.), Mit dem Leben am Ende. Stellungnahmen aus der kirchlichen Diskussion in Europa zur Sterbehilfe, Edition Ethik, Bd. 3, Göttingen 2010.

Scheler, Max, Der Formalismus in der Ethik und die materiale Wertethik, 1913–1916, Vom Umsturz der Werte, Leipzig 1919.

Schneider-Harpprecht, Christoph, Trost in der Seelsorge, Stuttgart 1989.

Schiblinsky, Michael, Trauerwege: Beratung für helfende Berufe, Düsseldorf 1989.

Schleiermacher, Friedrich D., Kurze Darstellung des theologischen Studiums, Berlin 1830.

Schneider-Flume, Gunda, Grundkurs Dogmatik. Nachdenken über Gottes Geschichte, Göttingen 2004.

Schneider-Flume, Gunda, Leben ist kostbar. Wider die Tyrannei des gelingenden Lebens, Göttingen 2002.

Schockenhoff, Eberhard, Relationale Anthropologie. Ethische Herausforderungen bei der Betreuung von dementen Menschen. In: Zeitung für Gerontologie und Geriatrie, Bd. 38, Heft 4, 2005.

Schölper, Elke (Hg.), Sterbende begleiten lernen. Das Celler Modell zur Vorbereitung Ehrenamtlicher in der Sterbebegleitung, Gütersloh 2004.

Schultz, J. D./West, J. G. Jr. (Hg.), The C. S. Lewis Readers' Encyclopedia, Michigan 1998.

Seitz, Oliver/Seitz, Dieter, Die moderne Hospizbewegung, Herboldzheim 2002.

Siegmann-Würth, Lea, Ethik in der Palliative Care, Bern 2011.

Simian-Yofre, Horacio, Art. Nacham. In: Theologisches Wörterbuch des Alten Testaments, Bd. 5, Sp. 366–384.

Schipani, Daniel S./Dawn Bueckert, Leah (Hg.), Interfaith Spiritual Care, Kitchener 2009.

Smeets, Wim, Spiritual Care in a Hospital Setting, Colofon 2006.

Schwartz, Werner, Dietrich Ritschls Story-Konzept und die narrative Ethik. In: Hofheinz, M./Mathwig, F./Zeindler, M. (Hg.), Ethik und Erzählung. Theologische und philosophische Beiträge zur narrativen Ethik, Zürich 2009, 143–159.

Stollberg, Dietrich, Heiliger Geist und Spiritualität in der deutschsprachigen Praktischen Theologie der Gegenwart. In: Kremkau, K. (Hg.), Das religiöse Bewusstsein und der Heilige Geist in der Kirche, Beiheft zur ökumenischen Rundschau, 40, 1981, 45–52.

Stollberg, Dietrich, Therapeutische Seelsorge, München 1969.

Student, Johann Christoph, Das Hospizbuch, Freiburg [4]1999.

Swinton, John, Spirituality and Mental Health Care. Rediscovering a Forgotten Dimension, London 2001.

Tausch-Flammer, Daniela, Spiritualität der Sterbebegleitung, Freiburg 1999.

Troeltsch, Ernst, Soziallehren der christlichen Kirchen und Gruppen (1912), Stuttgart 1994.

Thurneysen, Eduard, Die Lehre von der Seelsorge, Zollikon-Zürich 1946.

Thurneysen, Eduard, Seelsorge im Vollzug, Zürich 1968.

Twycross, Robert, Introducing Palliative Care, Oxford 1995.

Van der Geest, Hans, Unter vier Augen, Zürich [4]1990.

Van Egmond, A., De lijdende God in de Britse Theologie von de Negentiende Eeuw, Amsterdam 1986.

Vanier, Jean, Einfach Mensch sein, Freiburg 2001.

Vanier, Jean, The broken body, London 1988.

Vanstone, W. H., The Stature of Waiting, New York 1982.

Von Balthasar, Hans Urs, Glaubhaft ist nur die Liebe, Einsiedeln [6]2000.

Von Schlippe, Arist/Schweitzer, Jochen. Lehrbuch der systemischen Therapie und Beratung, Göttingen [2]2003.

Von Soosten, Joachim, Die Sozialität der Kirche. Theologie und Theorie der Kirche in Dietrich Bohnoeffers Sanctorum Communio, München 1992.

Wannenwetsch, Bernd, Leben im Leben der Anderen. In: Hofheinz, M./Mathwig, F./Zeindler, M. (Hg.), Ethik und Erzählung, Zürich 2009, 94–112.

Weiher, Erhard, Das Geheimnis des Lebens berühren. Spiritualität bei Krankheit, Sterben, Tod. Eine Grammatik für Helfende, Stuttgart [2]2009.

Weiss, Helmut/Federschmidt, Karl/Tenne, Klaus (Hg.), Handbuch interreligiöser Seelsorge, Neukirchen-Vluyn 2010.

White, Michael/Epston, David, Die Zähmung der Monster. Literarische Mittel zu therapeutischen Zwecken, Donauwörth [2]1994.

Wichern, Johann H., Werke III/1, Hamburg 1901–1908.

Wilkens, Erwin (Hg.), Helsinki 1963. Beiträge zum Gespräch des Lutherischen Weltbundes, Berlin/Hamburg 1964.

Winkler, Klaus, Seelsorge, Berlin/New York ²2000.

Witt-Loers, Stephanie, Trauernde begleiten. Eine Orientierungshilfe, Göttingen 2010.

Wright, Michael, Hospice Care and Models of Spirituality. In: European Journal of Palliative Care, Vol. 11, No. 2, 2004, 75–78.

Worbs, Frank, Ganz Mensch bis zum Tod, Zürich 2009.

Wyon, Olive, School of Prayer, London 1950.

Wyon, Olive, Schule des Gebets, Bielefeld 1954.

Wyon, Olive, Consider Him. Three Meditations on the Passion Story, London 1956.

Wyon, Olive, Living Spring, London 1963.

Zerfass, Rolf, Menschliche Seelsorge. Für eine Spiritualität von Priestern und Laien im Gemeindienst, Freiburg 1985.

Ziemer, Jürgen, Seelsorgelehre, Göttingen ²2004.

Zimmerling, Peter, Die Bedeutung der Gemeinschaft für den Menschen angesichts der Postmoderne. In: Hille, R./Klement, H. (Hg.): Ein Mensch – was ist das? Zur theologischen Anthropologie, Wuppertal 2004.

# Anhang

## Cicely Saunders (1918–2005):
## Kurzbiografie und wichtige Schriften

| | |
|---|---|
| 22. Juni 1918 | Cicely Saunders wird in Barnet, einem Aussenbezirk von London, geboren |
| bis 1937 | Besuch verschiedener Schulen und Internate: Tagesschule in Lindon Lodge; 1928 Eintritt in das Internat in Seaford; 1932 Eintritt in das Internat in Roedean und Schulabschluss mit Universitätszulassung |
| 1938–1940 | Studium der Politikwissenschaft, Philosophie und Wirtschaft am St. Anne's College, Oxford |
| 1940 | Abbruch des Studiums und Vorkurs zur Krankenschwesternausbildung |
| November 1940–1944 | Krankenschwesternausbildung an der Nightingale School of Nursing am King's College, London, und am St. Thomas' Hospital, London; aufgrund eines Rückenleidens wurde ihr eine Umschulung empfohlen |
| Oktober 1944 –1947 | Ausbildung in Sozialarbeit am St. Anne's College, Oxford |
| 1947–1957 | Arbeit am St. Thomas' Hospital, London, als medizinische Sozialarbeiterin |
| 1947 | Begegnung mit David Tasma, Hinwendung zum Christentum |
| ab 1948 | ehrenamtliche Tätigkeit in St. Luke's Hospital, London |
| 1951–1957 | Medizinstudium |
| 1958–1961 | erste Veröffentlichungen und Reisen |
| | *Dying of Cancer, in: St Thomas's Hospital Gazette 1958*<br>*Should a Patient Know …?, in: Nursing Times 1959*<br>*When a Patient is Dying, in: Nursing Times 1959* |

| | |
|---|---|
| 1958 | Schmerzforschung unter der Leitung von Harold Stewart (St. Mary's Hospital, Paddington, London) |
| 1958–1965 | Arbeit in St. Joseph's Hospital, London, und erste Forschungen im Bereich von Schmerzforschung und Palliative Care |

*Working at St. Joseph's Hospice, Hackney, in: Annual Report of St Vincent's Dublin 1962*

| 1958–1964 | Freundschaft mit Gründerpatienten in St. Joseph's Hospital (Mrs. G., Louie, Antoni Michniewicz) |

*A Patient, in: Nursing Times 1961*

| 1959 | Beginn der Umsetzung ihrer Vision eines Hospizes, Austausch mit verschiedenen Fachpersonen |
| 1960 | Formulierung von Grundsatzpapieren zur Einrichtung des Hospizes |
| 1961 | erster Besuch der Kommunität Grandchamp in der Schweiz |
| 1961 | St. Christopher's Hospice wird als Stiftung gegründet |
| 1965 | Baubeginn |
| 14. Juli 1967 | Eröffnung des St. Christopher's Hospice, London, mit Forschungstätigkeit im Bereich Palliative Care |
| 1969 | Eröffnung eines ambulanten Hospizdienstes |

*A Place to Die, in: Crux 1973–74*
*The Problem of Euthanasia, in: Nursing Times 1976*
*The Philosophie of Terminal Care, The Management of Terminal Disease, London 1978*

| 1980 | Eheschliessung mit Marian Bohusz-Szyszko |
| ab 1985 | vermehrt Delegation von Leitungsaufgaben im Hospiz, weiterhin rege Publikations- und Vortragstätigkeit |

*The modern Hospice. Quest of the Spiritual Component of Care for the Termininally Ill: Proceedings of a Colloquium 1986*
*Spiritual Pain, in: Journal of Palliative Care 1988*
*Hospice – a Meeting Place for Religion and Science, in: Sience and Faith 1989*

|  | *Foreword (Oxford Textbook of Palliative Medicine), Oxford ³2004* |
|---|---|
| 1989 | Auszeichnung mit «The Order of Merit», der höchsten britischen Ehrung |
| 2003 | Krebserkrankung |
|  | *Consider Him, in: Saunders, Watch with Me, 45* |
| 14. Juli 2005 | Cicely Saunders stirbt in ihrem Hospiz |

# Chronologische Bibliografie der Veröffentlichungen Cicely Saunders'

*David Clark*

Diese englische Bibliografie wurde von David Clark und Ruth Ashfield im September 2012 zusammengestellt. Ich danke Professor David Clark (University of Glasgow, School of Interdisciplinary Studies, David.Clark.2@glasgow.ac.uk), dass er die aktuelle Bibliographie von Cicely Saunders für die vorliegende Publikation zur Verfügung gestellt hat. Ruth Ashfield, die ebenfalls eine Arbeit über Saunders Spiritualitätsverständnis begonnen hat, wünsche ich für ihre Forschungen gutes Gelingen.

**1958**
Saunders, C. (1958) Dying of cancer, *St Thomas's Hospital Gazette*, 56(2): 37–47

**1959**
Saunders, C. (1959a) Care of the dying 1. The problem of euthanasia. *Nursing Times*, October 9: 960–61
Saunders, C. (1959b) Care of the dying 2. Should a patient know …? *Nursing Times*, October 16: 994–95
Saunders, C. (1959c) Care of the dying 3. Control of pain in terminal cancer. *Nursing Times*, October 23: 1031–32
Saunders, C. (1959d) Care of the dying 4. Mental distress in the dying. *Nursing Times*, October 30: 1067–69
Saunders, C. (1959e) Care of the dying 5. The nursing of patients dying of cancer. *Nursing Times*, November 6: 1091–92
Saunders, C. (1959f) Care of the dying 6. When a patient is dying. *Nursing Times*, November 19: 1129–30

**1960**
Saunders, C. (1960a) The Christian and healing. *Portman Review.* January: 4–5
Saunders, C. (1960b) The management of patients in the terminal stage. In: Raven, R. (ed), *Cancer*, Vol 6. London: Butterworth and Company, 403–17
Saunders, C. (1960c) Review of H.L. Glyn Hughes (1960) *Peace at the Last*. London: The Calouste Gulbenkian Foundation. *Nursing Times*, July 15: 879.
Saunders, C. (1960d) Drug treatment of patients in the terminal stages of cancer. *Current Medicine and Drugs* 1(1) July: 16–28
Saunders, C. (1960e) Care of the Dying. London: Nursing Times reprint, pp 33

**1961**

Saunders, C. (1961a) And from sudden death … *Frontier,* Winter [no page numbers]

Saunders, C. (1961b) A patient … *Nursing Times,* March 31: 394–97

Saunders, C. (1961c) The care of the dying. *Better Health,* May: 18–20

Saunders, C. (1961d) Terminal illness. Proceedings of Health Congress, Royal Society of Health; Symposium on «Teaching, an aspect of home care», Blackpool 24–28 April. London: Royal Society of Health: 112–14

[A Doctor] Saunders, C. (1961e) *Lonely and Fearful.* London: The Church Union, pp 7

[A Doctor] Saunders, C. (1961f) *Why does God allow Suffering?* London: The Church Union, pp 11

Saunders, C. (1961g) Euthanasia [Letter]. *The Lancet,* 2 September: 548–49

**1962**

Saunders, C. (1962a) «And from sudden death …» *Nursing Times,* August 17: 1045–46

Saunders, C. (1962b) Working at St Joseph's Hospice, Hackney. *Annual Report of St Vincent's Dublin:* 37–39

Saunders, C. (1962c) Uncertainty and fear. *Proceedings of a Conference on Long-term Illness and its Implications,* October 19 1962. London: Queen's Institute of District Nursing, 7–9

Saunders, C. (1962d) Uncertainty and fear. *District Nursing,* December: 200–2

**1963**

Saunders, C. (1963a) The treatment of intractable pain in terminal cancer. *Proceedings of the Royal Society of Medicine* 56(3) March: 195–97 (Section of Surgery, pp 5–7)

Saunders, C. (1963b) Care of the dying. *Current Medical Abstracts for Practitioners,* 3(2) 30 June: 77–82

Saunders, C. (1963c) Distress in dying, *British Medical Journal,* 21 September Vol II, July–December: 746

**1964**

Saunders, C. (1964a) Care of patients suffering from terminal illness at St Joseph's Hospice, Hackney, London. *Nursing Mirror* February 14: vii–x

Saunders, C. (1964b) The care of the dying – how we can help. *Medical News,* February 21: 7

Saunders, C. (1964c) Death. *The Living Church,* July 26: 8–9

Saunders, C. (1964d) Review of F. Sauerbruch and H. Wenke (1963) *Pain, Its Meaning and Significance*. Translated by Edward Fitzgerald. London: George Allen and Unwin. *Medical News*, July 10: 16–17

Saunders, C. (1964e) The symptomatic treatment of incurable malignant disease. *Prescribers' Journal* 4(4), October: 68–73

[No author] Saunders, C. (1964f) Drugs in the treatment of the dying. *Drug and Therapeutics Bulletin* 2(26) 25 December: 101–04

Saunders, C. (1964g) The need for institutional care for the patient with advanced cancer. *Anniversary Volume, Cancer Institute, Madras:* 1–8


## 1965

Saunders, C. (1965a) The last stages of life. *American Journal of Nursing*, 65(3) March: 70–75

Saunders, C. (1965b) The last stages of life. *Nursing Times*, July 30: 1028–32

Saunders, C. (1965c) Light at the end of the road. *In the Service of Medicine, Christian Medical Fellowship Quarterly*, No 42, July: 2–7

Saunders, C. (1965d) Review of Church Assembly Board for Social Responsibility (1965) *Review of Decisions About Life and Death. A problem in modern medicine. Nursing Times*, July 16: 978

Saunders, C. (1965e) Telling patients. *District Nursing*, September: 149–54

Saunders, C. (1965f) «Watch with me». *Nursing Times*, 61(48) November 26: 1615–17

Saunders, C. (1965g) The last stages of life. *Irish Nursing News*, Nov–Dec: 6–10 *passim*

Saunders, C. (1965h) Review of G. Gorer (1965) *Death, Grief and Mourning in Contemporary Britain*. London: The Cresset Press. *Medical News* [no date or page numbers known]

Saunders, C. (1965i) Review of N. Autton, *Death and Bereavement*, London: SPCK. *Nursing Times* [date, volume or page numbers not known]


## 1966

Saunders, C. (1966a) The care of the dying. *Guy's Hospital Gazette*, 80, 19 March: 136–42

Saunders, C. (1966b) A medical director's view. *Psychiatric Opinion*, 3(4), August: 28–34

Saunders, C. (1966c) The last frontier. *Frontier*, Autumn: 183–86.

Saunders, C. (1966d) Terminal patient care. *Geriatrics*, 21(12), December: 70–4

Saunders, C. (1966e) The management of terminal illness. *British Journal of Hospital Medicine*, December: 225–28

Saunders, C. (1966f) Review of Kolodny and McLoughlin, *Comprehensive Approach to Pain Therapy*. In: *Proceedings of the Royal Society of Medicine* [date, volume or page numbers not known]

**1967**

Saunders, C. (1967a) The management of terminal illness. Part two: The incidence of physical distress in the dying patient. *British Journal of Hospital Medicine*, January: [page numbers not known]

Saunders, C. (1967b) The management of terminal illness. Part three: Mental distress in the dying patient. *British Journal of Hospital Medicine*, February: 433–36

Saunders, C. (1967c) The last stages of life. *Tidsskrift for Den Norske Laegeforening*, 87(4), Feb 15: 248–52

Saunders, C. (1967d) St Christopher's Hospice. *Nursing Times*, July 28: 988–89

Saunders, C. (1967e) The care of the terminal stages of cancer. *Annals of the Royal College of Surgeons*, 41 (Supplementary issue) Summer: 162–69

Saunders, C. (1967f) St Christopher's Hospice. *British Hospital Journal and Social Service Review*. LXXVII: 2127–30.

Saunders, C. (1967g) The Management of Terminal Illness. London: Hospital Medicine Publications Limited, pp 30

Saunders, C. (1967h) The care of the dying. *Gerontologica Clinica*, 9(4–6): 385–90

Saunders, C. (1967i) Review of J. Hinton *Dying*. Harmondsworth: Penguin. *Nursing Times;* July 28: 990

**1968**

Weist, V., Saunders, C., Winner, A. Bedsores [Letter]. (1968a) *Lance;* 1(534) Jan 20: 140

Saunders, C. (1968b) Care of the dying. *Nursing Outlook;* 64(11) March 15: [page numbers not known]

Saunders, C. (1968c) The last stages of life. *Recover*, Summer: 26–29

Saunders, C. (1968d) Pleie av døende [Care of the dying]. *Sykeplein*, 55(20) Oct: 589–90

Saunders, C. (1968e) Die Pflege Sterbender [Care of the dying]. *Deutsche Schwesternzeitung*, 29(11) Nov: 565–67

**1969**

Saunders, C. (1969a) The moment of truth: care of the dying person. In: Pearson, L. (ed), *Death and Dying: current issues in the treatment of the dying person*. Cleveland: The Press of Case Western Reserve University; 49–78

Saunders, C. (1969b) The management of fatal illness in childhood. *Proceedings of the Royal Society of Medicine*, 62(6) June: 550–53 (Section of Paediatrics, pp 16–19)

Saunders, C. (1969c) Relief of pain in inoperable malignant diseases. *Medical News* [volume, page numbers not known]

## 1970

Saunders, C. (1970a) Nature and management of terminal pain. In: Shotter, E.F. (ed), *Matters of Life and Death.* London: Dartman, Longman and Todd; pp 15–26

Saunders, C. (1970b) Training for the practice of clinical gerontology: the role of social medicine. *Interdisciplinary Topics in Gerontology,* 5: 72–78

Saunders, C. (1970c) An individual approach to the relief of pain. *People and Cancer.* London: The British Cancer Council; 34–38

## 1971

Saunders, C., Winner A. Analgesics in terminal disease [Letter]. (1971a) *British Medical Journal,* 3(768) July 24: 245

Saunders, C. (1971b) The patient's response to treatment. A photographic presentation showing patients and their families. In: *Catastrophic Illness in the Seventies: critical issues and complex decisions.* Proceedings of Fourth National Symposium, 15–16 October 1970: New York: Cancer Care, Inc: 33–46

## 1972

Saunders, C. (1972a) The care of the dying patient and his family. *Contact,* Supplement 38, Summer: 12–18

Saunders, C. (1972b) A therapeutic community: St Christopher's Hospice. In: Schoenberg B., Carr, A.C., Peretz, D., Kutscher, A.H. (eds), *Psychosocial Aspects of Terminal Care.* New York and London: Columbia University Press: 275–89

Saunders, C. (1972c) The last stages of life, In: American Journal of Nursing *The Dying Patient: A nursing perspective,* [page numbers not known]

## 1973

Saunders, C. (1973a) A death in the family: a professional view. *British Medical Journal,* 1(844) Jan 6: 30–31

Saunders, C. (1973b) The need for in-patient care for the patient with terminal cancer. *Middlesex Hospital Journal,* 72(3), February: 125–30

Saunders, C. (1973c) Patient and doctor – the advanced stages of cancer. *Proceedings of Eastern European Conference on Cancer Control,* 12–14 May: 172–78

Saunders, C., Winner A. (1973d) Research into terminal care of cancer patients. *Portfolio for Health 2. The developing programme of the DHSS in health services research*. Published for the Nuffield Provincial Hospitals Trust by the Oxford University Press: 19–25

Saunders, C. (1973e) Foreword. In: Lamerton R. *Care of the Dying*. London: Priory Press: 7–9

Saunders, C. (1973–4) A place to die. *Crux*, 11(3): 24–27


**1974**

Saunders, C. (1974a) The working of St Christopher's. In: Foundation of Thanatology. *Medical Care of the Dying Patient*. New York: Foundation of Thanatology: [page numbers not known]

Saunders, C. (1974b) Caring for the dying. In: Lack S, Lamerton R (eds), *The Hour of Our Death*. London: Geoffrey Chapman: 18–27

Saunders, C. (1974c) *Faith*. Guildford Lectures. Guildford: Seven Corners Press Ltd: 1–7

Saunders, C. (1974d) Sermon preached in Bristol Cathedral. *The Road*, 145, Feb–March: 9–11

Saunders, C. (1974e) Terminal care. In: Bagshawe, K.D. (ed), *Medical Oncology*. Oxford: Blackwell: 559–72


**1975**

Saunders, C. (1975a) (Member of Church of England Board of Social Responsibility Working Party) *On Dying Well: an Anglican contribution to the debate on euthanasia*. London: Church Information Office: pp 67

Saunders, C. (1975b) Dimensions of death. In: Melinsky M.A.H. (ed), *Religion and Medicine*. London: SCM: 113–16

Saunders, C. (1975c) Hope. In: *Thought for the Day*. (No publisher or place of publication stated): 16–20


**1976**

Saunders, C. (1976a) The challenge of terminal care. In: Symington T., Carter R. (eds), *The Scientific Foundations of Oncology*. London: Heinemann: 673–79

Saunders, C. (1976b) Care of the dying – 1. The problem of euthanasia. *Nursing Times*, 72(26), July 1: 1003–5

Saunders, C. (1976c) Care of the dying – 2. The problem of euthanasia – 2. *Nursing Times*, 72(27), July 8: 1049–52

Saunders, C. (1976d) Care of the dying – 3. Should a patient know ...? *Nursing Times*, 72(28), July 15: 1089–91

Saunders, C. (1976e) Care of the dying – 4. Control of pain in terminal cancer. *Nursing Times*, 72(29), July 22: 1133–35

Saunders, C. (1976f) Care of the dying – 5. Mental distress in the dying. *Nursing Times,* 72(30), July 29: 1172–74

Saunders, C. (1976g) Care of the dying – 6. The nursing of patients dying of cancer. *Nursing Times,* 72(31), August 5: 1203–05

Saunders, C. (1976h) Care of the dying – 7. The last achievement. *Nursing Times,* 72(32), August 12: 1247–49

Saunders, C. (1976i) Care of the dying, 2nd edition. London: Macmillan,: 24 pp

Saunders, C. (1976j) Living with dying. *Man and Medicine,* 1(3), Spring: 227–42

Saunders, C. (1976k) Care for the dying. *Patient Care,* 3(6), June: [page numbers not known]


## 1977

Saunders, C. (1977a) On dying and dying well [Letter]. *Proceedings of the Royal Society of Medicine,* 70(4) April: 290–1

Saunders, C. (1977b) Palliative care for the terminally ill [Letter]. *Canadian Medical Association Journal,* 117(1) July 9: 15

Saunders, C. (1977c) A window in your home. In: *The Light of Experience.* London: British Broadcasting Corporation: 100–05

Saunders, C. (1977d) Clarifying hospice care and Brompton's mixture [Letter]. *Patient Care,* Nov 15, 11(19): 166


## 1978

Saunders, C., (1978a) Winner A. Questionable dogma. *World Medicine,* Sept 20: [page numbers not known]

Saunders, C. (1978b) Hospice care. *American Journal of Medicine,* 65(5) Nov: 726–28

Saunders, C. (1978c) Dying they live: St Christopher's Hospice. In: Feifel, H. (ed), *New Meanings of Death.* New York: McGraw Hill: 153–79

Saunders, C. (1978d) (ed), *The Management of Terminal Malignant Disease,* 1st edition. London: Edward Arnold: pp 210

Saunders, C. (1978e) Is death the end? *Simple Faith.* London: BBC, March 1978: 17pp

Saunders, C. (1978f) Terminal pain [Manuscript only]

Saunders, C. (1978g) The need for in-patient care for the patient with terminal cancer. *St Thomas's Hospital Medical School Gazette,* 1978; 76: 17–23

Saunders, C. (1978h) Patient care: an introduction. In: Vere, D.W. (ed), *Topics in Therapeutics 4.* London: Pitman Medical: 72–4


## 1979

Saunders, C. (1979a) The care of the dying. *Murmur,* Cambridge University Medical Society Magazine, March: 14–16

Saunders, C. (1979b) The hospice. In: University of the Air *Death and Dying*, South Africa Broadcasting Corporation: 10–14

Saunders, C. (1979c) [Watch with Me] Kangogaku Zasshi. *Japanese Journal of Nursing*, 1979; 43(6) June: 621–7

Saunders, C. (1979d) The nature and management of terminal pain and the hospice concept. In: Bonica, J.J., Ventafridda, V. (eds), *Advances in Pain Research*, Vol 2. New York: Raven Press: 635–51

Saunders, C. (1979e) Hospice care. *Indian Journal of Cancer*, 16(3–4) Dec: 1–4


**1980**

Saunders, C. (1980) Caring to the end. *Nursing Mirror*, 4 September: [page numbers not known]


**1981**

Saunders, C. (1981a) Current views on pain relief and terminal care. In: Swerdlow, M. (ed), *The Therapy of Pain*. Lancaster: MTP Press: 215–41

Saunders, C. (1981b) Caring to the end. *The Way*, March: 5

Saunders, C. (1981c) The hospice: its meaning to patients and their physicians. *Hospital Practice*, 16(6) June: 93–108

Walsh TD, Saunders CM. (1981d) Oral morphine for relief of chronic pain from cancer [Letter]. *New England Journal of Medicine, Dec* 305: 1417

Saunders, C. (1981e) Hospices. In: Duncan, A.S., Dunstan, G.R., Wellbourn, R.B. *Dictionary of Medical Ethics,* 2nd edition. Oxford: Oxford University Press

Saunders, C., Summers, D., Teller, N. (eds), (1981f) *Hospice: the living idea.* London: Edward Arnold: pp 198


**1982**

Saunders, C. (1982) Principles of symptom control in terminal care. *Medical Clinics of North America,* 66(5) September: 1169–83


**1983**

Saunders, C., Baines M. (1983a) Living with Dying: The management of terminal disease, 1st edition. Oxford: Oxford University Press: pp 74

Saunders, C. (1983b) *Beyond All Pain: A companion for the suffering and bereaved.* London: SPCK: pp 88

Saunders, C. (1983c) Living with dying. *Radiography,* 49(580) April: 79–83

Saunders, C. (1983d) Terminal Care. In: Weatherall, D.J., Ledingham, J.G.G., Warrell, D.A. *Oxford Textbook of Medicine.* Oxford: Oxford University Press

**1984**

Walsh TD, Saunders CM. (1984a) Hospice care: the treatment of pain in advanced cancer. *Recent Results in Cancer Research*, (89): 201–211

Saunders, C. (1984b) The nature and nurture of pain control. *World Medicine*, 21 Feb: [no page numbers]

Saunders, C. (1984c) On dying well. *Cambridge Review*, 27 Feb: 49–52

Walsh TD, Saunders CM. (1984d) Heroin and morphine in advanced cancer [Letter]. *The New England Journal of Medicine*, March 310(9): 599

Saunders, C. (1984e) A pioneering approach to the dying (interview by Laurence Dopson), *Nursing Times*, 80(13), March 28–Apr 3: 16–18

Saunders, C. (1984f) Pain and impending death. In: Wall, R., Melzack, R. (eds), *Textbook of Pain*. Edinburgh: Churchill Livingstone: 472–78

Saunders, C. (ed), (1984g) *The Management of Terminal Malignant Disease*, 2nd edition. London: Edward Arnold: pp 252

Saunders, C. (1984 h) Facing death. *The Way*, October: 296–304

Saunders, C. (1984i) Evaluation of hospice activities [Letter]. *Journal of Chronic Diseases*, 37(11): 871–3

**1985**

Saunders, C. (1985a) Foreword. In: Lichter, I. *Communication in Cancer Care*, Dec 1985) London: Churchill Livingstone (1 page, unnumbered)

**1986**

Saunders, C. (1986a) Current views on pain relief and terminal care. In: Swerdlow, M. (ed), *The Therapy of Pain*, 2nd edition. Lancaster: MTP Press: 139–59

Saunders, C. (1986b) The last refuge. *Nursing Times*, 82(43), 22 October: 28–30

Saunders, C., Baines, M. (1986c) *La Vie aidant la Mort: Thérapeutiques antalgiques soins palliatifs en phase terminale* [translated by Michèle Salamagne]. Paris: Medisi

Saunders, C. (1986d) The modern hospice. In: Wald, F.S. (ed), *In Quest of the Spiritual Component of Care for the Terminally Ill: Proceedings of a Colloquium*. Yale: Yale University School of Nursing: 39–48

Saunders, C. (1986e) A philosophy of terminal care. In: Christie, M.J., Mellett, P.G. (eds), *The Psychosomatic Approach: contemporary practice of whole person care*. London: Wiley: 427–36

Saunders, C. (1986f) Foreword. In: Autton, N. *Pain: An exploration*. London: Darton, Longman and Todd: ix–x

Saunders, C. (1986g) Hospice evolution. *Nursing Times*, 82 [volume number not known], 4 October: [page numbers not known]

Saunders, C. (1986h) The nature and nurture of pain control. Editorial, *Journal of Pain and Symptom Management*, 1(4) Fall: 199–201

Saunders, C. (1986i) Sister death. *The Tablet*, 13 December: 1556

Saunders, C. (1986j) «On saying ‹Yes.»› [Reprint of «Sister Death» article (1986i) in pamphlet form] A.G. Bishop and Sons Ltd., Orpington Kent: pp 3

## 1987

Saunders, C. (1987a) The philosophy of terminal care. *Annals of the Academy of Medicine; Singapore*, 16(1) Jan: 151–54

Saunders, C. (1987b) Hospice UK: some basic principles. *The Care of the Dying: A comparison of objectives and patterns of delivery in the UK and USA* [Papers presented at a national conference, London, January 13, 1987]. University of Keele: Health Services Manpower Review.

Saunders, C. (1987c) *The Modern Hospice.* Occasional Paper No. 5, The Churches Council for Health and Healing. London: Churches Council for Health and Healing: pp 6

Saunders, C. (1987d) Terminal Care. In: Weatherall, D.J., Ledingham, J.G.G., Warrell, D.A. (eds), *Oxford Textbook of Medicine,* 2nd edition. Oxford: Oxford University Press: 28.1–13

Saunders, C. (1987e) What's in a name? *Palliative Medicine*, 1(1): 57–61

Saunders, C. (1987f) I was sick and you visited me. *Christian Nurse International,* 3(4): 4–5. (Published earlier as 1965c, under the title «Light at the end of the road»)

Saunders, C. (1987g) Hospice for AIDS patients. New teams should be developed for AIDS care. *American Journal of Hospice Care,* 4(6). Nov–Dec: 7–8

## 1988

Saunders, C. (1988a) The evolution of the hospices. In: Mann, R.D. (ed), *The History of Pain Management: from early principles to present practice.* Carnforth: Parthenon: 167–78

Saunders, C. (1988b) *St Christopher's in Celebration.* London: Hodder and Stoughton.

Saunders, C. (1988c) Spiritual pain. *Hospital Chaplain,* March

Saunders, C. (1988 d) Spiritual pain. *Journal of Palliative Care,* 4(3) Sept: 29–32.

## 1989

Saunders, C. (1989e) L'hospice: un lieu de rencontre pour la science et la religion. In: Vanier T. *Science and Faith,* Flammarion: Paris: 263–76

Saunders, C. [and M. Baines]. (1989f) Living with Dying: The management of terminal disease (2nd edition). Oxford: Oxford University Press, pp 76.

## 1990

Saunders, C. (ed), (1990a) *Hospice and Palliative Care: An interdisciplinary approach.* London: Edward Arnold, pp 120.

Saunders, C. (1990b) A weekend at St Christopher's [check title], *Nightingale Fellowship Journal,* January, 122: 536–37.

Saunders, C. (1990c) Beyond the Horizon. London: Dartman, Longman and Todd, pp 99

## 1991

Saunders, C. (1991a) Decision-making in cancer of the head and neck [Letter]. *Palliative Medicine,* 5(2): 174–76.

Saunders, C. (1991b) The hospice way of dying. *Free Inquiry,* 12: 20

O'Brien, T., Kelly, M. and Saunders, C. (1992a) Motor neurone disease: a hospice perspective. *British Medical Journal,* 304(6825) Feb. 22: 471–3.

## 1992

Saunders, C. (1992b) Enforced death: enforced life. *Journal of Medical Ethics,* 18(1) Mar: 48.

Saunders, C. (1992c) Entry on Dame Albertine Winner, in *Dictionary of National Biography*

Saunders, C. (1992d) Letter [on Alfred Worcester] *The American Journal of Hospice and Palliative Care,* July/August: 2

Saunders, C. (1992e) Euthanasia: definition, dangers, alternatives. *Palliative Care Today,* Autumn (4): 52–4.

Saunders, C. (1992f) Kaleidoscope view of hospice future. *Information* Exchange No 2, Summer: 4

Saunders, C. (1992g) Voluntary euthanasia (editorial). *Palliative Medicine,* 6(1): 1–5

## 1993

Saunders, C. (1993a) [in Polish] St Christopher's Hospice and the origins of the palliative care movement. *Nowotwory* [page numbers not known]

Saunders, C. (1993b) Mother Mary Aikenhead, The Irish Sisters of Charity and Our Lady's Hospice for the Dying. American Journal of Hospice and Palliative Care. 10(5): 3.

Saunders, C. and Sykes, N. (eds), (1993c) The Management of Terminal Malignant Disease (3rd edition). London: Edward Arnold, pp 305.

Saunders, C. (1993d) Hospice future. In: Morgan, J. (ed), *Personal Care in an Impersonal world: A multidimensional look at bereavement.* Amityville, NY: Baywood, 247–251

Saunders, C. (1993e) Some challenges that face us. *Palliative Medicine,* 7(2) Supplement: 77–83.

Saunders, C. (1993f) Facing up to legal and ethical dilemmas of euthanasia [Letter]. *The Times*: 17

Saunders, C. (1993g) Foreword in D. Doyle, G. Hanks and N. MacDonald, *The Oxford Textbook of Palliative Medicine*. Oxford: Oxford University Press, v–viii.

Saunders, C. (1993h) Dame Cicely Saunders: an Omega interview. *Omega* 27(4): 263–69.


**1994**

Saunders, C. (1994a) Foreword. In: Corless, I.B., Germino, B.B., Pitman, M. (eds), *Dying, Death and Bereavement: Theoretical perspectives and other ways of knowing.* Boston and London: Jones and Bartlett, xi–xiv.

Saunders, C. (1994b) Afterword – the problems of euthanasia. In: Du Boulay, S. *Cicely Saunders: The Founder of the Modern Hospice Movement*, 2nd edition. London: Hodder and Stoughton: 239–44.

Saunders, C.M. (1994c) At the crossroads: which direction for the hospices? [Letter] *Palliative Medicine* 8(2): 169.

Saunders, C. (1994d) Euthanasia – definition, dangers, alternatives. *Annals of the Academy of Medicine; Singapore*. 23(2) March: 300–3.

Saunders, C. (1994e) The «medicalization of death». *European Journal of Cancer Care*, 3(4) December: 148.

Saunders, C. (1994f) The dying patient. In: Gillon, R. (ed), *Principles of Health Care Ethics*. Chichester: Wiley, 775–782.

Saunders, C. (1994/5) Past, present and future hospice and palliative care. *History of Nursing Journal*, 5: 43–5.


**1995**

Saunders, C., Baines, M. et Dunlop, R. (1995a) *La Vie Aidant La Mort: Thérapeutiques antalgiques et soins palliatifs en phase terminale 2e edition.* Translated by Michelle Pradel, Preface to the French edition by Michèle-H. Salamagne. Paris: Arnette Blackwell, pp 80

Saunders, C., Baines, M. and Dunlop, R. (1995b) Living with Dying: a guide to palliative care (3rd edition). Oxford: Oxford University Press, pp 65.

Ellershaw, J.E., Sutcliffe, J.M. and Saunders, C. (1995c) Dehydration and the dying patient. *Journal of Pain and Symptom Management*. 10(3) April: 192–7.

Saunders, C. (1995d) In Britain: fewer conflicts of conscience. *Hastings Center Report*, 25(3) May–Jun: 44–5.

Dunlop, R.J., Ellershaw, J.E., Baines, M.J., Sykes, N. and Saunders, C. (1995e) On withholding nutrition and hydration in the terminally ill: has palliative medicine gone too far? A reply. *Journal of Medical Ethics*, 21(3) Jun: 141–3.

Saunders, C. (1995/96) A response to Logue's «Where hospice fails – the limits of palliative care». *Omega*, 32(1): 1–5.

**1996**

Saunders, C. (1996a) A weekend at St Christopher's, *European Journal of Palliative Care*, 1(2): 70–71

Saunders, C. (1996b) Hospice, *Mortality*, 1(3): 317–22.

Saunders, C.M. (1996c) Sustenance for the dying. *Tablet*, March 8: 255.

Saunders, C. (1996d) A personal therapeutic journey. *British Medical Journal* 313(7072) Dec. 21–28: 1599–601.

Saunders, C. (1996e) Foreword. In: Kearney, M. *Mortally Wounded*. Dublin: Marino: 11–12.

Saunders, C. (1996f) A lifetime of listening. *View*, 7: 16–20.


**1997**

Saunders, C. and Kastenbaum, R. (eds), (1997) *Hospice Care on the International Scene*. New York: Springer.


**1998**

Saunders, C. (1998a) Foreword. In: Dunlop, R. *Cancer: Palliative Care (Focus on Cancer)* London: Springer, vii.

Saunders, C. (1998b) Why I welcome TV cameras at the death bed. *Daily Mail*, Friday, 20 March.

Saunders, C. (1998c) Foreword. In: Murray Parkes, C., Markus. A. (eds), *Coping with Loss*. London: BMJ Books, viii.

Saunders, C. (1998d) Caring for cancer. *Journal of the Royal Society of Medicine*, Vol 91, August: 439–41.

Saunders, C. (1998e) Foreword. In: Oliviere, D., Hargreaves, R., Monroe, B. *Good Practices in Palliative Care: A psychosocial perspective*. Aldershot: Ashgate, ix–x.

Saunders, C. (1998f) Foreword. In: Pratt, M., Wood, M. (eds), *Art Therapy in Palliative Care: The creative response*. London: Routledge: vii.

Saunders, C. (1998g) The home round the window. Interview. In: Bowman-Eadie, R., Dodds, G. (eds), *Communities of Hope*. London: Darton, Longman and Todd: 85–105.


**1999**

Saunders, C. (1999) Origins: international perspectives then and now. *The Hospital Journal* 14(3/4): 1–7


**2000**

Saunders, C. (2000a) Foreword. In: Barnard, D., Towers, A., Boston, P., Lambrindou, Y. *Crossing Over: Narratives of palliative care*. New York: Oxford University Press, v–vi

Saunders, C. (2000b) Kjoerlighet. *Omsorg* 1: 5–10
Saunders, C. (2000c) Foreword. In: Oliver. D., Borasio, G.D., Walsh, D. *Palliative Care in Amyotrophic Lateral Sclerosis*. Oxford: Oxford University Press, iii–iv
Saunders, C. (2000d) The evolution of palliative care. *Patient Education and Counselling* 41: 7–13

**2001**
Saunders, C. (2001a) Chapter in: Hendin & Foley (eds), *The Case Against Assisted Suicide,* USA
Saunders, C. (2001b) Contribution in: Encyclopaedia of Death and Dying – *Lessons from the Dying*. Macmillan USA.
Saunders, C. (2001c) *Social Work and Palliative Care – the early history*. British Journal of Social Work, 31: 791–799

**2003**
Saunders, C. (2003a) *The Evolution of Palliative Care*. The Pharos, Summer edition, Alpha Omega Alpha Honor Medical Society, California, USA
Saunders, C. (2003b) Watch with Me. Inspiration for a life in hospice care. Sheffield: Mortal Press, pp 50. Reprinted by Obervatory Publications, Lancaster, 2005, pp 50.
Saunders, C. (2004a) David Tasma *hospice information bulletin* May: 6–7

**2004**
Saunders, C. (2004b) Introduction. In: Sykes N., Edmonds, P., Wiles J. (eds), *Management of Advanced Disease,* 4th edition. London: Arnold, pp 3–8.

**2006**
Saunders, C. (2006a) Foreword. In: Ferrell, B.R., Coyle, N. (eds), *Textbook of Palliative Nursing,* 2nd edition. Oxford: Oxford University Press, v–vi.
Saunders, C. (2006b) *Cicely Saunders; Selected writings 1958–2004*. Oxford: Oxford University Press, pp 300

**2009**
Saunders, C. (2009) *Sterben und Leben [Watch with Me]*. Zürich: Theologischer Verlag Zürich, pp 83.

**2011**
Saunders, C. (2011) *Velad Conmigo [Watch with Me]*. Houston: IAPHPC Press, pp 87.

# Bildnachweis